高速公路施工实用技术研究

崔成男　洪　亮　余锦耀 ◎ 著

吉林科学技术出版社

图书在版编目（CIP）数据

高速公路施工实用技术研究 / 崔成男，洪亮，余锦耀著. -- 长春 ：吉林科学技术出版社，2023.5
ISBN 978-7-5744-0434-2

Ⅰ．①高… Ⅱ．①崔… ②洪… ③余… Ⅲ．①高速公路－工程施工－研究 Ⅳ．①U415.12

中国国家版本馆 CIP 数据核字(2023)第 105724 号

高速公路施工实用技术研究

GAOSU GONGLU SHIGONG SHIYONG JISHU YANJIU

作　　者	崔成男　洪　亮　余锦耀
出 版 人	宛　霞
责任编辑	王丽新
幅面尺寸	185 mm×260 mm
开　　本	16
字　　数	280 千字
印　　张	12.25
版　　次	2023 年 5 月第 1 版
印　　次	2023 年 5 月第 1 次印刷

出　　版　吉林科学技术出版社
发　　行　吉林科学技术出版社
地　　址　长春市净月区福祉大路 5788 号
邮　　编　130118
发行部电话/传真　0431-81629529　81629530　81629531
　　　　　　　　　81629532　81629533　81629534

储运部电话　0431-86059116

编辑部电话　0431-81629518
印　　刷　北京四海锦诚印刷技术有限公司

书　　号　ISBN 978-7-5744-0434-2
定　　价　75.00 元

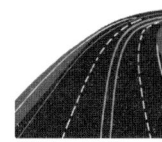

前　言

近几年，我国高速公路蓬勃发展，每年以几千公里的速度递增。现在高速公路建设已成为拉动内需、促进国民经济快速发展的重要因素之一，受到各级政府高度重视。高速公路的不断延伸，也为道路运输的迅速发展创造了有利条件。最近十年车辆更新换代步伐加快，高档客车和大吨位货车日益增多，高速公路运输效率、服务水平和道路运输空前提高，这是十分可喜的。

高速公路具有交通量庞大、运输性能高的特性，与一般公路相比其设计标准起点要高很多，除了交通规划完善、路标指引明确、分隔清晰、道路划分标准外还配有许多人性化服务设施、交通控制管理设施及美化、绿化设施。高速公路建设有效地改善了我国传统的交通运输结构，使通过汽车运输产生的社会经济效益大幅度提高。高速公路的出现为体积小、价值高、对运输时间有较高要求的货物运输提供了安全、快速的保障。四通八达的高速公路为长距离的快速运输提供了衔接紧密、服务人性化的保障。同时，高速公路的完备建设为构建现代化交通事业的统一体系提供了有力的支撑，使公路运输摆脱了以往在综合运输体系中的从属地位，形成了与其他运输方式相匹配、相适应的更加强大的运输体系。

经济发展离不开交通建设。因此，为了满足我国当前的经济发展需要，现阶段对公路建设质量的要求越来越严格。高速公路建设具有技术含量高和工序复杂等特点，所以在作业时就应当根据具体的作业方案和特点开展，以此达到控制质量和降低成本的目的。基于此，本书从高速公路交通工程及沿线设施介绍入手，针对高速公路路基施工技术、超薄层沥青混凝土面层技术进行了分析研究；对高速公路边坡施工技术、高速公路隧道机电设施施工及养护安全技术做了一定的介绍；还对公路环境保护施工技术、高速公路机电系统工程施工做了研究。本书可以作为从事高速公路建设等专业的技术人员的参考，也可以作为高等学校路桥工程专业、机电工程专业等相关专业的教学参考用书。

作者

2023年×月

目 录

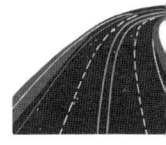

第一章　高速公路交通工程及沿线设施

第一节　交通工程安全设施

交通安全设施包括交通标志、标线、护栏、隔离设施、防炫设施、视线诱导设施、防噪声设施以及照明设施等。交通安全设施直接影响高速公路功能的发挥和经济效益的实现，对减少交通事故、减轻事故严重程度、排除各种纵向干扰、提供视线诱导、增强公路景观起着重要的作用。

一、交通标志

（一）标志的分类

交通标志的作用是指明道路特点，提示驾驶员操作，确保交通安全。高速公路指路标志按照功能可分为路径指引标志、沿线信息指引标志、沿线地点设施指引标志及其他标志等。

1.路径指引标志

路径指引标志是为高速公路用户提供从出发地到目的地沿途所经路线信息的交通标志，包括路线编号（名称）、沿线可达地区或地点的名称、行驶的方向及到达目的地或出口的距离等信息，可分为：

①入口指引标志，包括入口预告标志、入口地点方向标志、入口标志（命名编号标志）、路名标志。

②行车确认标志，包括地点距离标志、命名编号标志、路名标志。

③出口指引标志，包括下一出口预告标志、出口预告标志及出口地点方向标志等。

2.沿线地点信息指引标志

沿线地点信息指引标志是为高速公路用户提供所处位置的信息，包括国家高速公路起、终点标志，行政区界标志；著名地点标志、里程牌和百米牌、停车领卡标志、车道数变少标志、车道数增加标志、监控设备标志、车距确认标志、特殊天气建议速度标志、隧道出口距离预告标志。

3.沿线设施指引标志

沿线设施指引标志包括：紧急电话标志、救援电话标志、收费站预告及收费站标志、ETC车道指示标志、计重收费标志、加油站标志、紧急停车带标志、服务区预告标志、停车区预告标志、停车场预告及停车场标志、爬坡车道标志、超限检测站标志。

4.其他标志

其他标志包括告示标志（信息板）、图形化标志等。

高速公路相比普通公路车速快，交通标志的设计必须保证高速行驶的驾驶员在某一距离看清标志板上的文字或图案，并按标志的内容采取必要措施。另外，为防止驾驶员炫目，高速公路上的交通标志一般不使用发出散射光的光源，而是采用新型照明材料——反光膜。这种反光膜铺贴在交通标志上，当受到其他光源照射时，会将光线定向反射到驾驶员的眼里，使标志清晰明亮。这种反光膜的反射率比普通油漆强，反射距离可达千米以上，使驾驶员在远距离就能发现。

（二）标志信息分级

根据信息的重要程度、高速公路的服务对象和功能，各类信息可分为A层、B层和C层信息，如表1-1所示。

表1-1　高速公路标志信息分级

信息类型		A层信息	B层信息	C层信息
公路编号（名称）		高速公路、国道、城市快速路编号（名称）①	省道、城市主干线编号（名称）①	县道、乡道、城市次干路和支路编号（名称）①②
地区名称信息	主线、并行线、联络线、地区环线	重要地区（直辖市、省会、自治区首府、副省级城市、地级市）③	主要地区（县及县级市）	一般地区（乡、镇、村）
	城市绕城环线、放射线	卫星城镇、城区重要地名、人口密集的居民住宅区④	城区重要地名、人口密集的居民住宅区	
地点名称信息	交通枢纽信息	飞机场、省级火车站、港口、重要交通集散点	地级火车站、长途汽车总站、大型平面交叉、大型立交桥	县级火车站、长途汽车站、较大型平面交叉
	文体、旅游信息	国家级旅游区、自然保护区、博物馆、文体场馆	省级旅游景点、自然保护区、博物馆、文体场馆	地级、县级旅游景点、博物馆、纪念馆、文体中心

注：①公路有正式编号时，应首选公路编号。公路编号（名称）应符合国家统一规定。

②县、乡道宜同时标明编号和名称。

③直辖市、省会、自治区首府等控制性城市可作为沿线的基准地区。

④应根据高速公路的服务功能、所在位置的远近、交通量和互通式立体交叉分布的疏密等因素确定沿线的基准地区。城市绕城环线较长时，基准地区可相对固定，否则可适当变化。城市放射线高速公路可选取城市范围内最远处的卫星城镇或城市城区（市中心）作为两个方向的基准地区。旅游、机场专用高速公路等应以其服务对象作为方向信息。如城市放射线与国家或省级高速公路路线重合，则按照国家或省级高速公路的规定确定基准地区。

（三）标志的设置原则

1.高速公路互通式立体交叉之间的标志按下列顺序设置：入口预告标志—禁令标志（禁止某些车辆通行）—入口标志—速度限制—下一出口预告—车道指示标志—地点、距离标志—车距确认标志—出口预告标志—匝道限速标志—出口标志—收费站标志—方向、地点标志。

2.高速公路互通式立体交叉之间有服务设施、名胜古迹、机场、港口、特大桥梁、长隧道、行政区划边界等地点时，应设置相应的地点标志。

3.高速公路两侧应按里程和紧急电话分别设置里程碑、百米牌和紧急电话标志等。

4.全线立体交叉间距大于20 km应重复设置地点、距离标志，每隔5 km设限速、禁止掉头、禁止停车标志，每隔1 km设劝告性标志。

5.交通标志应设在车辆行进正面方向最容易看见的地方，但不得侵占公路建筑界限，可根据具体情况设置在道路右侧、中央分隔带或行车道上方。

6.高速公路的出口地名应同互通式立体交叉的名称相同，所选地名应为互通式立体交叉所在的市、县、镇名称或当地旅游景点、经济开发区等，并得到建设部门认可。

7.交通标志的设置应进行总体布局，防止出现信息不足或过载的现象。对于重要的信息应给予重复显示的机会。

二、标线

（一）标线的分类

1.按设置方式分类

（1）纵向标线

沿高速公路行车方向设置的标线。

（2）横向标线

与高速公路行车方向呈角度设置的标线。

（3）其他标线

字符标记或其他形式标线。

2.按功能分类

（1）指示标线

指示高速公路车行道、行车方向、路面边缘等设施的标线。

（2）禁止标线

告示高速公路交通的遵行、禁止、限制等特殊规定，车辆驾驶员须严格遵守的标线。

（3）警告标线

促使车辆驾驶员了解高速公路上的特殊情况，提高警觉，准备防范应变措施的标线。

3.按形态分类

（1）线条

标画于路面、缘石或立面上的实线或虚线。

（2）字符标记

标画于路面上的文字、数字及各种图形符号。

（二）标线设置原则

1.高速公路的一般路段应设置行车道边缘线、车行道分界线，车行道边缘线应设置于公路两侧紧靠车行道的硬路肩内，不得侵入车行道内。车行道分界线应设置于同向行驶的车行道分界处。车行道边缘线的宽度应为15 ~ 20 cm，车行道分界线的宽度应为10 ~ 15 cm，交通标线的宽度应根据公路的设计速度和路面宽度确定。

2.经常出现强侧向风的特大桥梁路段、宽度窄于路基的隧道路段、急弯陡坡路段、车行道宽度渐变路段，应设置禁止变换车道线，线宽与车行道分界线一致。

3.路面文字标记应按由近到远的顺序排列，字数不宜超过三个，设置规格应符合规定。最高限速值应按一个文字处理。

4.位于中央分隔带或路侧安全净区内未加护栏防护的桥墩、隧道洞口、交通标志立柱等构造物应设置立面标记，颜色为黄黑相间，线宽及间距均为15cm。立面标记应向车行道方向以45°角倾斜。立面标记宜设置为120 cm高。

5.需要车辆减速或提醒驾驶员注意安全行车处，可根据需要设置减速标线。

6.互通式立体交叉、服务区、停车区出入口交通标线应根据互通式立体交叉、服务区、停车区的型式，准确反映交通流的行驶方向。互通式立体交叉出入口处，宜设置导向箭头。出口导向箭头应以减速车道渐变点为基准点，间距50 m。入口导向箭头应以加速车道起点为基准点，视加速车道长度而定，可设三组或两组。

7.进入收费广场应设置减速标线、收费岛路面标线、岛头标线，各条减速标线的设置间距应根据驶入速度、广场长度经计算确定。收费广场出口端可设置部分车行道分界线。

（三）指示标线

1.车道分界线

车道分界线为白色虚线，用来分隔同向行驶的交通流，设在同向行驶的车道分界线上。在保证安全的情况下，允许车辆越线变换车道行驶。一般白色线长度为6.0 m，宽度为10～15cm，间隔9.0 m画线。凡同一行驶方向有两条或两条以上车道时，应画车道分界线。

2.行车道边缘线

行车道边缘线为白色实线，高速公路应在车道的外侧边缘或在路缘带内侧画实线边缘线。

3.高速公路车距确认标线

车距确认线为白色平行粗实线，用以提供驾驶员保持行车安全距离之参考。视需要设置于经常发生超车、易肇事或其他有需要的路段。车距确认标线应与车距确认标志配合使用。从确认基点0 m开始，每隔50 m设置一组标线，间隔200 m重复设置。

4.高速公路出入口标线

出入口标线是为驶入或驶出匝道车辆提供安全交会，减少与凸出部缘石碰撞的标线。包括出入口的横向标线、三角地带的标线。它的颜色为白色，主要用于高速公路和其他采用立体交叉并有必要画这种标线的道路（如城市快速路）上。出入口标线有直接式和平行式两种。

5.收费岛迎车流方向地面标线

它表示收费车道的位置，为缴费车辆提供清晰标记。收费岛头地面标线的颜色为白色，标线宽45 cm，呈45°斜角，外围标线宽20 cm。标线应画在迎行车方向，长1 500 cm。

6.导向箭头

导向箭头表示车辆的行驶方向，主要用于交叉道口的导向车道内、出口匝道附近及对渠化交通的引导。它的颜色为白色。

（四）禁止标线

高速公路采用的禁止标线主要是禁止变换车道线。禁止变换车道线用于禁止车辆变换车道和借道超车。设于交通特别繁杂而同向具有多条行车道的桥梁、隧道、弯道、坡道、行车道宽度渐变路段、交叉口驶入段或其他认为需要禁止变换车道的路段。本标线为白色实线，线宽为 15 cm。

（五）警告标线

1.减速标线

用于警告车辆驾驶人员前方应减速慢行，设于主线收费广场、出口匝道适当位置。减速标线为白色反光虚线，根据设置位置的不同，可以是单虚线、双虚线和重复三次，垂直于行车方向设置。减速标线应按以下原则配置：使驶向收费车道的车辆通过各标线间隔的时间大致相等，以利于行驶速度逐步降下来（减速度约为 1.8m/s²）。

2.立面标记

立面标记是提醒驾驶员注意，在车行道或近旁有高出路面的构造物，以防止发生碰撞的标记。立面标记可设在跨线桥、渡槽等的墩柱或侧墙端面上，以及隧道洞口和人行横道上的安全岛等的壁面上。立面标记的颜色为黄黑相间的倾斜线条，斜线倾角为45°，线宽及其间距均为 15 cm。在设置时应把向下倾斜的一边朝向行车道。

三、安全护栏

（一）护栏的分类

按护栏的刚度分类，可分为刚性护栏、半刚性护栏、柔性护栏三类。

1.刚性护栏

刚性护栏是一种基本不变形的护栏结构。混凝土护栏是刚性护栏的主要形式，是一种以一定形状的混凝土块相互连接而组成的墙式结构，这种护栏利用失控车辆碰撞其后爬高并转向来吸收碰撞能量。我国高速公路使用较多的是 NJ 型（新泽西型）和 F 型（改进新泽西型）两种混凝土护栏。混凝土护栏防止车辆越过路（桥）外的效果好，但当车辆与护栏的碰撞角度较大时，对车辆和驾乘人员的伤害较大，且对驾驶员有较强的行驶压迫感，乘客的舒适性也较差，因此不推荐其在高速公路上全线设置，仅适用于窄中央分隔带、桥梁及设置较高路肩式挡墙等的特殊路段。

2.半刚性护栏

半刚性护栏是一种连续的梁柱式护栏结构，具有一定的刚度和柔性。波形梁护栏是半刚性护栏的主要代表形式，它是一种以波纹状钢护栏板相互拼接并由立柱支撑而组成的连续结构，利用土基、立柱、波形梁的变形来吸收碰撞能量，并迫使失控车辆改变方向。波形梁护栏具有较强的吸收碰撞能量的能力和较好的视线诱导功能，能与高速公路线形相协调，可在小半径弯道上使用，外形美观，损坏易于更换，适用于高速公路和互通式立体交叉匝道的中央分隔带护栏和路侧护栏（大、中桥的路侧护栏除外）。

3.柔性护栏

柔性护栏是一种具有较大缓冲能力的韧性护栏结构。缆索护栏是柔性护栏的主要代表形式，它是一种以数根施加初张力的缆索固定于立柱上而组成的结构，主要依靠缆索的拉应力来抵抗车辆的碰撞，吸收碰撞能量。这种护栏形式美观，可重复使用，容易修复，车辆行驶时没有压迫感，但视线诱导效果差，适用于交通量低、大型车占有率小、对景观要求高的路段。

（二）护栏的设置原则

1.护栏防撞等级分为五级，各级主要技术指标应符合规定。

2.高速公路在提供足够宽的路侧安全区的路段可不设置护栏。高速公路须设置护栏时，可采用刚性或半刚性或柔性护栏，并根据路侧情况不同采取不同的防撞等级。

3.高速公路路侧护栏的防撞等级应符合表1-2的规定。

表1-2　路侧护栏防撞等级

防撞等级	路侧情况
2级（A）	一般路段、匝道
3级（SB）	临河、傍山路段，桥头引道或隧道洞口连接线路段
4级（SA）	地形陡峭、高挡墙的路段，车辆跃出路外可能发生严重事故的路段
5级（SS）	车辆跃出路外可能发生严重二次事故的路段

4.高速公路路侧设置护栏时，护栏起、讫点端头应做安全性处理。两段路侧护栏之间相距较近时，宜将两段连接而连续设置。

5.高速公路中央分隔带护栏的防撞等级应符合表1-3的规定。

表1-3　中央分隔带护栏防撞等级

防撞等级	中间带情况
2级（Am）	一般路段
3级（SBm）	车辆跃过中央分隔带可能发生严重事故的路段
4级（SAm）	车辆跃过中央分隔带可能发生严重二次事故的路段

6.高速公路整体式断面的中间带必须连续设置护栏。

高速公路整体式断面的中间带宽度大于或等于12 m时，可不设中央分隔带护栏。

7.高速公路的中央分隔带开口处，应设置活动护栏；中央分隔带开口处的护栏端头应做安全性处理。

8.高速公路桥涵护栏的防撞等级符合表1-4的规定。

表1-4　桥涵护栏防撞等级

防撞等级	桥涵位置设置
2级（A）	小桥、涵洞、通道
3级（SB）	中桥
4级（SA）	大桥、特大桥，车辆跃出桥外可能发生严重事故的路段
5级（SS）	跨越深沟狭谷的特殊桥梁，车辆跃出桥外可能发生严重二次事故的地段

9.高速公路的小桥、涵洞、通道应设置与路基段形式相同的护栏。

10.桥梁护栏与路基护栏相衔接处为不同防撞等级或不同形式结构时，应设置过渡段，使护栏的刚度逐渐过渡，并形成为一个整体。

四、活动护栏

高速公路的对向交通是完全隔离的，因此高速公路的中央分隔带开口处必须设置活动护栏（可移动护栏）。可移动护栏是可方便特种车辆（如交通事故处理车辆、急救车辆）在紧急情况下通行和一侧道路施工封闭时临时开启放行的活动设施。活动护栏在正常情况下要求具有一定的隔离性能和防护性能，在临时开放时应能快速、灵活地移动。

可移动技术在一些发达国家的高速公路系统中较为常见，当高速公路采用可逆交通控制时，许多可逆车道采用活动护栏在一到几英里（1英里=1.609 3 km）的间距内控制交通，缓解前方交通拥堵。这种技术也可以改变工作区的宽度、长度，持续保护工作区和毗邻车道的交通流安全运行。

活动护栏是公路交通工程管理设施的一部分，它必须与公路主体和其他交通工程设施互相协调，只有这样才能完全发挥交通工程设施的功能。因此，为保证中央分隔带护栏的视线诱导功能的连续、顺畅，要求活动护栏的高度应该与中央分隔带护栏的高度保持协调。当中央分隔带开口所处的路段有防炫要求时，宜在活动护栏上设置防炫设施。防炫设施的形式选择、设置间距、设置高度、遮光角等技术条件应符合规范防炫设施相关条文的规定。

五、隔离栅与防护网

（一）隔离封闭设施的分类

1.按构造形式分类，可分为金属网（电焊网、钢板网、编织网）、刺铁丝和常青绿篱。

常青绿篱在南方地区与刺钢丝配合使用，具有降噪、美化路容和节约投资的功效。金属网按网片形式可分为钢板网、编织网、电焊网等形式。

2.按立柱断面形式分类，可分为直缝焊接钢管立柱、型钢立柱、Y形立柱及混凝土立柱等。

3.按防腐形式分类，可分为热浸镀锌、热浸镀铝、浸（涂）塑隔离栅。

4.按安装方法分类，可分为整网连续安装和分片式（组合式）安装。

（二）隔离栅的设置原则

1.高速公路沿线两侧应连续设置隔离栅。桥梁、隧道等人工构造物处，或挡土墙高度大于 1.5 m，或两侧有天然屏障的地段，可不设置隔离栅，但隔离栅与人工构造物或天然屏障相连接处应予以封闭。

2.隔离栅高度可根据公路两侧地形及其周边具体情况等因素确定，以 1.50 ～ 1.80 m 为宜。

3.隔离栅应以风力影响为主进行稳定性验算，并考虑人、畜等对隔离栅的破坏因素。

4.隔离栅可选用焊接网、编织网、钢板网、刺铁丝网等。在靠近城镇的路段宜采用焊接网、编织网等。采用刺铁丝网隔离栅时，宜结合当地情况配合常青灌木或荆棘植物以构成绿篱。

5.采用金属类隔离栅时，应进行防腐处理。

（三）防护网的分类

高速公路防护网又被称为"公路护栏网"，是一种专业用于高速公路边坡安全防护的产品，这种网格结构简练、美观实用、便于运输，安装不受地形起伏限制，对于山地、坡地、多弯地带适应性特强，具有隔离栅无法比拟的优点。

高速公路防护网分为主动防护网和被动防护网。主动防护网是以钢丝绳网为主的各类柔性网覆盖包裹在所需防护斜坡或岩石上，以起到限制坡面岩石土体的风化剥落或破坏以及岩石崩塌的加固作用，或将落石控制于一定范围内运动的围护作用。

被动防护是由钢丝绳网、环形网（须拦截小块落石时附加一层铁丝格栅）、固定系统（锚杆、拉锚绳、基座和支撑绳）减压环和钢柱四个主要部分构成。钢柱和钢丝绳网连接组合构成一个整体，对所防护的区域形成面防护，从而阻止崩塌岩石土体的下坠，起到边坡防护作用。

（四）防护网的设置原则

1.上跨高速公路的桥梁两侧和人行天桥两侧应设置防护网。

2.桥梁防护网高度可根据桥梁两侧及其周边具体情况等因素确定，以 1.80 ～ 2.10 m

为宜。

3.桥梁防护网应以风力影响为主进行稳定性验算，并考虑人对防护网的破坏因素。

4.桥梁金属防护网应做防雷接地设计，其接地电阻应小于10Ω。

5.在可能落石的挖方路段，应设置防护网。

六、视线诱导设施

连续设置视线诱导标是标明公路几何线形走向、线形突变或车流交织，诱导驾驶员视线并予以警示的有效方法；连续设置视线诱导标使用路者能明了前方公路情况，从而能快速、舒适地行驶，增加行车安全，有效避免交通事故。高速公路、一级公路上车辆行驶速度很高，为提高行车的安全性和舒适性，指示道路前方线形非常重要，在夜间视线诱导标的作用就更加明显。

车道数及车道宽度或路肩宽度发生变化的路段，是造成交通流不稳定的重要原因，在夜间往往会引起交通安全方面的问题。如果在该路段设置轮廓标和凸起道钉等视线诱导标，使用路者了解车道数或车道宽度的变化，这对顺利通过瓶颈路段防止事故发生是十分有效的。

七、防炫设施

（一）防炫设施的分类

防炫设施是为了保证夜间行车安全，防止驾驶员受对向车辆前照灯炫目的设施。防炫设施按构造物可分为三类：防炫板、防炫网、植树（间距型、密集型）。

（二）防炫设施的设置条件与要求

1.防炫设施的设置条件

①夜间交通量大或大型车比例较高的直线较长的路段，或中间带宽度等于或小于2 m的路段应设置防炫板。

②中间带宽度等于或大于12 m，或上下行车道中心线高差大于2 m，或路段有连续照明时，可不设置防炫板。

③设置防炫板的路段，应验算其停车视距，不满足停车视距规定的路段必须采取相应的技术措施。

④凹形竖曲线底部设置防炫板时，应适当增加防炫板的高度。

2.设置要求

防炫设施设置要求一般有以下四个方面：

①防炫设施的设置应注意连续性，避免在两段防炫设施之间留有短距离的间隙。在长区段设置防炫设施时，应考虑在形式或颜色上有所变化，可把植树和防炫板交替设置。一般每隔5 km左右宜适当改变形式或颜色。

②防炫板的宽度应根据中央分隔带宽度确定，并注意与道路景观相协调。

③防炫设施与各种护栏结构组合设置时，要根据不同地区的情况，结合防风、防雪、防炫、景观等多方面的综合要求，考虑设置组合结构的合理性。

④中央分隔带设置防炫设施后，应逐段按停车视距的规定进行验算，不符合停车视距的路段必须采取相应的技术措施。

第二节　管理与控制设施

一、管理机构

（一）管理中心

宜设置收费中心、监控中心、通信中心，负责全省（自治区、直辖市）高速公路的管理与养护，收集监控、收费、运行信息并反馈决策信息，应具备从行政、技术和信息等方面对全省（自治区、直辖市）路网和任一路段进行实时监视、调度、管理和控制的能力。

（二）管理分中心

宜设置收费分中心、监控分中心、通信分中心，负责所辖区域或路段的管理工作，应具备收集、分析所辖区域或路段管理各部门有关资料与数据，随时掌握公路状况和交通情况，实现对公路运行和信息的监视和控制的能力。

（三）管理站

根据行政区划或路段长度、构造物特性以及管理需要，宜设置路段监控站、通信站、收费站、隧道管理站、特大桥管理站，负责所辖范围内交通安全、收费、监控、通信等设备的业务管理和保养维护，应具备收集、分析、整理公路运行和信息，并按时逐级上报的能力。

（四）养护工区

负责所辖路段的保养与维护，应具备收集、分析所辖路段公路各设施的相关资料、数据，掌握公路运用状况，并按时逐级上报的能力。

（五）管理机构的设置

1.管理中心宜设在省会或自治区首府城市、直辖市，每省（自治区、直辖市）一处。

2.管理分中心、管理站、养护工区，宜靠近所辖路段或区域设置。

3.收费站应设在主线或匝道收费广场的一侧。

二、监控系统

（一）高速公路监控系统的概念

高速公路监控系统，由信息采集、数据传输、中心控制和信息发布等子系统组成，具有监测和控制两大功能。

监测是指利用高速公路沿线的车辆检测器、气象监测器、能见度仪、摄像机等信息采集设备，对道路交通状况、路面、天气状况和设备工作状况等参数进行实时观察和测量，并通过传输系统将相关结果传送至监控中心控制室。

控制是指由监控中心控制计算机或监控员实时处理系统的各种数据，按照一定计算模式进行分析、判断和决策，并将最终决策结果和下达的控制命令通过通信系统传送到监控现场的信息发布设备（可变情报板和可变限速标志）、收费口控制设备或者匝道控制设备，将路况及各种控制信息提供给驾驶人员，以促进行车安全，提高行车效率。对于引起延误的事件，能够迅速响应，提供紧急服务，并快速排除事件，把事件引起的延误控制到最小，从而达到调节和控制道路交通状况的目的。

（二）高速公路监控系统的特点

1.监控系统地域覆盖面大，监控设备分散，对环境适应性要求高。

2.传输媒体种类多，有语音、图像、数据等，对通信带宽和实时性要求较高。

3.外场设备种类繁杂、原形不一、接口多样、速率不同，维护管理有一定难度。

4.涉及技术面广，包括计算机网络、视频监视、数据采集与处理、通信、多媒体图像处理、计算机软件设计等。

（三）高速公路监控系统的构成

为完成系统的监视与控制功能，高速公路监控系统由信息采集子系统、视频监控子系统、信息提供子系统、交通控制子系统、计算机网络系统等组成。

1.信息采集子系统

该子系统将采集的数据，如车辆检测器采集的车流量数据，气象监测器等采集的高速公路各路段的温度、湿度、能见度、雨雪雾等气象数据，及时、准确地传送至监控中心，同时根据原始数据进行统计运算，生成各类报表。该子系统采集的数据是监控中心进行实时分析、处理和决策的基础。

该子系统主要包括环形线圈检测器、超声波检测器、红外检测器、道路气象检测器等。

2.视频监控子系统

视频监控子系统是监控系统信息采集的一个重要组成部分。通常在高速公路的一些特殊路段和事故易发地段安装摄像机，如对收费站、服务区、特殊构造物（长大桥梁、长大隧道或隧道群）、特殊线形（连续下坡、连续弯道等）、区域性气候、高边坡、事故多发点、临江临河、地质灾害易发点等进行重点监控，利用图像通信来监视这些区段的交通状况。一旦出现车辆故障或发生交通事故，能提供事故发生的现场图像信息，以便控制中心迅速做出反应并及时地协调管理和事后处理。由于图像监控具有图像逼真、清晰、直观等特点，因而在监控系统中有便于调度和指挥的实用价值。国内许多交通量较大的高速公路项目，摄像机监视范围已覆盖整个区段，实行全程监控。

该子系统由摄像机、解码器、云台、光端机、图像计算机、监视器、投影仪、矩阵切换器、多画面分割器、录像机、控制键盘及附属设备等组成。

3.信息提供子系统

本系统的主要任务是向道路使用者提供某个区段内的交通、气象、事故和道路状况情报以及速度限制情报，作为道路使用者的行车指南，辅助调节主干线上交通流，参与交通管理与调度。

主要由地图模拟屏、可变道路情报板、可变限速标志和路侧广播、信号灯、公共信息电话或终端等组成，向车辆提供准确的交通状态和警告。

4.交通控制子系统

该子系统对所采集的各路段交通和气象原始数据进行分析和处理，并综合各相关数据，通过专家系统生成最优的路网调度和交通控制方案。交通控制方案包括：交通控制目标、交通控制方法、交通控制参数等。其中，控制参数以一定的控制形式作用于交通流，控制方法可以分为主线控制、匝道控制、通道控制三大类。控制算法中有基于稳态交通模型、动态交通模型的准确推导方法，基于模糊理论的算法、基于神经网络原理的算法等，这些算法理论在实践中不断得到发展和完善，为高速公路交通控制奠定了良好的理论基础。

5.计算机网络传输子系统

通过计算机网络系统，可以将数据采集、视频监视、交通控制、信息提供等其他子系统连接为一个有机的整体，使之真正成为一个功能强大的控制系统。计算机网络系统设备主要包括计算机硬件设备和监控系统应用软件。计算机硬件设备包括交换机、服务器、客户机、打印机、路由器、调制解调器等，监控系统应用软件包括计算机操作系统、数据库系统、计算机网络管理系统等。

三、高速公路通信系统

高速公路管理需要将多种信号沿公路传输和交换，通信系统的作用是要实现监控和收费设施的数据、语音、图像等信息准确而及时地传输，保持高速公路各管理部门之间业务联络通信的畅通，并为高速公路内部各部门和外界建立必要的联系；同时高速公路通信系统作为交通专用通信网的重要组成部分，是交通信息的主要传输载体，为各种网络服务。

（一）高速公路需要传输信息分类

高速公路需要传输的信息，按用途可划分为以下五类：

1.监控、收费、隧道消防等机电子系统的控制指令，监测和收费数据（数字信号）。

2.闭路电视的视频信号。

3.程控数字交换电话和紧急电话的语音信息。

4.管理部门与车辆用户的多媒体（语音、数据、图像）信息传输。

5.车辆用户与卫星通信（从卫星获取GPS信息）。

（二）高速公路专用通信系统

1.光缆数字传输系统

近期建造的公路通信系统采用同步数字系列（SDH）自愈环光缆系统，所有的数据和控制指令、电话语音和视频图像全部转换为数字信号，由光纤数字传输线路与各个固定点的计算机及各种终端连接成广域通信网络。也有单位对多芯光缆的各根光芯分配专门业务传输，如有的按SDH等级传输数据，有的专用于环路载波电话，有的传送CCTV视频图像等。

2.紧急电话系统

为车辆客户提供直接呼救求援的专用通信系统，目前有线、无线两种并存。我国采用独立于光缆之外的专线系统较多。

3.移动通信系统

公路内部各种工作车辆须在运行和工作过程中及时和管理中心进行联系，为此建立专用无线移动通信或专用集群移动通信系统。

4.专用近距微波传输系统

车辆用户和公路交通智能化都要求建立车辆与管理部门间的专用近距离多媒体通信，

如电子全自动收费系统在收费点和运动车辆间交换收费数据；遥测装置和固定监控站间的数据传输；路侧监控站对车辆的检测、通信和遥控等。为此，出现专用近距通信技术——厘米波短距通信。电子收费系统已使用这种通信技术，车辆多媒体应用将来也须依靠它。

（三）高速公路通信系统的特点和要求

1.专用性强，通信对象主要是公路管理部门内部各个单位和沿线行驶的客户。

2.需要传输的信号种类繁多，有语音、活动图像、数据和GPS定位信号等，对各类信号的传输有明确要求，如活动图像和语音的实时性、控制指令和报警信号的高可靠性、收费数据严格的连续性等。

3.通信方式繁多，几乎包含当前的所有通信方式，如光缆通信、程控电话、计算机网络数据和多媒体通信、移动电话、微波和卫星通信等。

4.数据、图像、语音的传输和处理直接相连，通信系统是作为监控、收费等计算机网络的通信支网出现的，计算机直接参与通信是公路通信的特点之一。

5.要求高可靠性，系统每天24 h不间断运行，中断若丢失重要数据或造成事故处理不当。

6.公路通信里程为50 ~ 400 km，终端通常不超过1 000个，可归属小型通信系统范畴。

高速公路通信系统建立分级管理体制，在各管理分中心建有通信分中心，为了保证信号长距离传输不产生严重失真，根据需要还可设立中继站。

针对上述特点，对公路通信系统的突出要求为高可靠性、低差错率。对各专用子系统和主要部件应有具体技术性能指标，通信设施在设计、建造、试运行和验收时，严格贯彻执行。

四、供配电与照明系统

（一）供配电系统组成与基本要求

高速公路供配电系统主要由高低压供配电系统、电力线路、备用电源、道路及隧道照明系统、防雷接地系统等组成。供配电系统是高速公路交通机电系统必不可少的支持系统，它的作用是保证24 h无间断供应电能，既能正常供电，又能紧急供电。

供电系统包括变压器、高压和低压开关柜、各种配电屏和配电箱等。

紧急供电系统一般配备柴油发电机组、防酸漏铅电瓶或UPS电源等。

电力线路是电流的传输通道，一般按电力线路电压高低，将1 kV以上线路称为高压线路，1 kV以下称为低压线路；电力线路按其结构又可分为架空线和电缆线路。

高速公路供配电设施是高速公路附属工程配套设施，其目的在于确保用电的安全、合理和可靠性，满足高速公路管理部门生产、生活的需要，确保高速公路安全、通畅、经济、快速和舒适等综合效益最大限度地发挥，实现高速公路运营与管理过程的现代化。它一般是采用集中或相对集中供电，所用电源从发电厂或从附近地区的高压电网引出10kV或35kV高压送至高速公路自己的变电所，用降压变压器产生220 V/380 V的供电电压，然后再由低压配电屏及输电线送至有关用电设备。为此，供配电设施必须达到以下基本要求：

1.安全——在电能的供应、分配和使用中，不应发生人身事故和设备事故。

2.可靠——应满足用户对供电可靠性的要求。

3.优质——应满足用户对电压质量和频率等方面的要求。

4.经济——投资要少，运行费用要低，并尽可能地节约电能和减少有色金属的消耗量。

此外，在工作中，应合理地处理局部和全局、当前和长远的关系，既要照顾局部和当前的利益，又要有大局观念，能顾全大局，适应发展。

（二）照明系统的分类和功能

高速公路照明大致可分为以下两类：

1.为运行车辆提供的照明

这类照明是指为高速公路使用者提供必要的视觉信息而进行的照明，如主线照明、互通式立交照明及隧道照明等。其主要功能是使驾驶员观察到必须观察的对象及其背景，如道路的几何线形、前方道路上是否有障碍物、路面状况信息以及特殊场所信息等。

2.为高速公路管理业务及乘客提供的照明

这类照明既要保证高速公路管理工作人员的正常业务要求，又应满足车辆行驶的视觉需求。如高速公路的收费广场与收费遮棚，既要满足收费人员的工作环境照明，也应兼顾车辆在收费广场内的行驶需求。服务区广场的照明也应兼顾乘客与驾驶员在场内各种活动对照明的需要。这类照明属于一般照明业务范畴，可采用通常的照明方法与标准。

照明系统的功能在于满足驾驶员所必需的视觉条件，能够使车辆安全、舒适地在公路上行驶。照明设置标准应使驾驶员能够在相当远的距离内准确地获得以下一系列的视觉信息：

①道路上是否有障碍物或行人以及其形状、大小、移动速度及方向等信息。

②关于道路宽度、线形及道路结构的信息。

③关于道路特殊场所，如立体交叉、分合流路段、收费站、桥梁及隧道等的交通环境

信息。

④路面破损状态及缺损状况信息。

⑤道路交通指示标志与标线的信息。

⑥关于车辆自身状况的信息。

第三节　服务区

一、服务区规划与布局

（一）服务区间距设置

服务区建设需要大笔设施修建费用，而且很大程度上受交通量、景观、交通目的等的左右，所以不同国家应根据自身的具体情况来确定服务区的间距。

我国交通运输部公路科学研究院对全国几大片区20多条干线公路的近百个服务区进行了调查，结果显示：61%的服务区间距在35 ~ 55 km，平均间距为45.6 km。高速公路服务设施建设规模应根据公路设计车流量、交通构成、自然环境、用地条件等因素综合确定。服务区、停车区位置应根据路网规划，相邻高速公路服务设施所提供的项目、内容以及沿线人文景观等条件确定。高速公路服务区应设置停车场、公共厕所、加油和车辆维修、餐饮与商店等配套设施，服务区平均间距不宜大于50 km；最大间距不宜大于60 km。

根据驾驶员的精神状态、汽车耗油量、事故救援等多种因素综合考虑。50 km大概为半小时车程，符合人体的新陈代谢生理周期，而且基本上所有的汽车在油箱油耗的指示灯亮起后，都可以再行驶50km。除此之外，也要根据高速公路沿线的地形、地貌特征，适当调整距离，保证高速公路的通行能力，且最大限度地节约成本。

（二）服务区的选址

选址主要遵循以下五方面的原则：

1.合理的建设地点

考虑服务路段的行车特性、相邻服务设施的间距与交通枢纽及沿线城镇的地域关系。

2.可控的建设条件

包括征地的难易程度、非耕植用地的利用、建设期土石方等工程量的控制。

3.适宜的运营环境

包括建成后服务设施的总体环境，运营期供电、给排水、物资供应的成本控制，以及拟选场址对自然和人文环境的可利用性。

4.与主线相适应的交通技术条件

包括对主线线形的适应性、对路网发展或完善的适应性，以及行驶车辆对沿线服务设施的易识别性。

5.满足现行的节能环保需求

包括建（构）筑物与自然环境融洽性、对既有地形地貌及植被能妥善保护、雨污水能结合既有沟渠合理疏导并达标排放。

（三）服务区规模

车辆的驶入率和交通量决定服务区规模的大小，我国高速公路服务区用地一般由八大类设施构成：引导车道，停车场，驾乘人员、旅客休息区（含餐饮、购物、休息厅、厕所等），车辆维修区，加油区，旅客休闲广场，绿地景观，员工生活区。这些设施所占空间，不但与交通量有关，而且与交通量的组成有关。在交通量相同的情况下，如果大客车的比例高，停车场、餐厅、厕所等服务设施的容量就应该大一些；相反如果货车比例高，停车区占地面积应大一些。

应根据公路设计交通量、交通组成、自然环境、用地条件等因素确定。停车场、餐饮等的建筑面积可按预测的第10年交通量设计；交通量大、大型客车多、靠近旅游景点等处，可按实际情况确定。但用地及其预留、预埋等相关工程应按预测的第20年交通量设计。

（四）高速公路服务区功能设置的依据与原则

对于服务区功能配置，要确定合适的服务功能，在一段路上的功能安排是否合理，是否能满足过往车辆以及人员的需求。

根据服务区功能层次划分原则，服务区功能配置与层次划分应该首先要满足人、车的需求，而且从国内外服务区以及停车区确定方法来看，都是以人、车的发生频率最高、对行车及安全影响最大的需求入手而确定的，比如以车辆油量灯警示后运行距离确定加油站的间距等。因此服务区需求频率、续期的弹性及对安全行车影响是确定服务区间距及功能配置的重要依据。

各种服务设施的布置有着各自的原则性，主要原则有以下五点：

1.为车辆服务的设施如加油站、汽车维修站、停车场等，与为人服务的设施如餐厅、旅社、商店、小卖部、公共厕所等，原则上应单独、分开设置，尽量避免车流与人流的交叉，为人们休息提供更安全的场所。

2.关于汽车维修站的位置，有以下两种意见：

第一，一般认为汽车维修站应与加油站并排布置。这样布置便于共用通信设备、浴室、盥洗室及室外场地，提高设备和场地的利用率。但是一定要注意按照消防规范进行设计。

第二，汽车维修站与加油站分开布置。根据使用的经验，认为维修站设在进口、加油站设在出口为好。驾驶员进入服务区后先维修车辆，然后休息，临走时再去加油。使用者认为这样顺当，而且较安全，也不用采取特殊的消防措施。

3.餐厅、旅社、商店、小卖部、办公用房等宜设在同一栋综合服务楼内，以方便旅客，减少人流和车流的交叉，提高安全性。

4.公共厕所宜靠近大型车辆停车场，便于大批旅客使用。厕所同时要靠近餐厅、旅社和商店。如服务区规模大，则可分设几处。

5.其他如给排水设施、供电设施、垃圾处理设施等应尽量设在较隐蔽的地方。

（五）服务区的总体布局形式

服务区的总体布局形式随其主要设施如停车场、加油站、厕所及餐厅等的布置位置不同而有所不同。

1.停车场的位置

有分离式和集中式两种。

（1）分离式

上、下行车道停车场分别布置在高速公路两侧。

（2）集中式

上、下行车道停车场集中布置在高速公路一侧。

由于高速公路上、下行车道中央有中央分隔带分开，两侧行驶的车辆都要使用停车场，所以分离式停车场更便于停车，车辆可直接开到停车场，不必绕到对面停车场去。同时，在高速公路上采用分离式停车场，还可以防止驾驶员互相交换通行卡和收费票据等作弊现象。

所以，一般高速公路都采用分离式停车场。

2.餐厅的位置

有外向型、内向型和平行型三种。

（1）外向型

在餐厅和高速公路之间布置停车场、加油站等其他服务设施。这种布置适用于服务区外侧地形较开阔的情况，旅客在用餐时可避开嘈杂的汽车声的干扰，在安静的环境中得到较好的休息，是一种常用的布置形式。

（2）内向型

餐厅与高速公路相邻，餐厅的另一端布置停车场和加油站等其他服务设施。这种布置适用于服务区周围比较封闭、旅客无法向外远眺的情况，如四周位于乡镇街道路段或挖方路段。内向型的服务区不便于停车，只有在地形条件受到限制时，才采用内向型的方案。

（3）平行型

餐厅和停车场、加油站等服务设施相邻，沿高速公路方向做长条形布置。这种布置方式用于地势狭长和山区地段。

3.加油站的位置

有入口型、出口型和中间型三种。

（1）入口型

加油站布置在服务区的入口处，车辆一进入服务区就可以立刻进行加油。入口型有利于场区合理布置、交通流畅以及行人行车的安全，但加油车辆较多时，可能会妨碍入口匝道上车辆的行驶。

（2）出口型

加油站布置在服务区的出口处，驾驶员稍事休息后出服务区时再给车辆加油。

（3）中间型

加油站布置在入口和出口之间，使用起来比较灵活。

由于停车场（P）、餐厅（R）、加油站（G）、公共厕所（W）等主要设施的布置与地形、地貌、沿线自然特征、土地利用、投资费用以及管理条件等因素有关，实际上服务区的形式是通过对各种因素的综合分析和比较，并且按照上述不同分类进行组合确定的。我国目前常见的服务区形式主要有分离式外向型和分离式平行型等。国外常用的服务区形式还有分离式餐厅主线上空型和中央集聚型等。

（六）服务区场区标志、标线设计原则

高速公路服务区场区属于高速公路封闭独立的交通系统的一个节点。与高速公路主线满足车辆高速通达的功能不同，它是专门针对机动车在低速和静止状态下产生的需求提供服务的特定场所。因此，高速公路服务区场区的标志和标线，既不同于高速公路主线的交通标志和标线，又区别于城镇道路、城市广场、居民小区以及停车场等市政交通标志系统。

特别要注意的是，标志的设置应根据场区的功能分区、交通流线、驾驶员的行为特征等因素综合考虑，标志设置应全面、系统、连续、均衡。标线设计应考虑驾驶员的行为习惯，符合车辆行驶轨迹要求；设计时，应根据场区路线设计、交通组织、其他交通设施的情况，合理地利用道路有效面积，设置标线。在匝道进入服务区处应设振荡轮廓标或凸起路标，提醒驾驶员减速。

二、服务区的建设与运营管理

高速公路建设是一项庞大、复杂的系统工程，投资巨大，影响深远。如果在设计期考虑不全面，建设期质量控制不好，不仅会给国家造成巨大的损失，而且将给今后的养护管理、改扩建背上沉重的包袱，在社会上造成恶劣的影响。服务区建设作为高速公路建设的一部分，在设计时，应进行总体考虑、合理布局；工程建设时，严把质量关。

（一）服务区的建设与管理理念

1.科学规划设计理念

科学规划设计要求服务区建设要做到三个统筹考虑：一是按照服务区的合理服务半径30～60 km，统筹考虑区段路线和运网路线的地形地貌，做到合理选址。规划服务区应沿主线两侧对称布置，尽可能有较好的基础设施配套条件（如供水、配电、通信等）；提高设计水平，尽量利用废弃地、荒山和坡地，或结合弃土场设置，尽量不占用农田。二是统筹考虑不同时段的客运流量，做到合理确定规模。三是统筹服务区用地条件和功能设置要求，做到合理布局。高速公路服务区采用单向服务，服务区功能设计应追求旅客对休息场所、卫生间、加油站、休闲广场等中心设施的方便使用以及管理的效率性，各项服务设施的布置应符合进出车辆的流线要求，结合现有地形尽量减少人流车流交叉，出入口应考虑以匝道与主线连接，以减少对主线交通的影响。

2.生态建设理念

生态建设理念是指在建设服务区中贯彻生态伦理和生态美学的观念。首先，在规划设计阶段，认真做好工程可行性研究，精心勘探设计，使服务区必需的功能设施和地形地貌态势相融，既体现服务区设计的"丰富性与多功能性"，又充分利用自然景观，突出休闲区环境设计，为旅客创造良好的休息空间。其次，遵循统一规划，远近结合，创造能展现高速公路运动感和速度感的象征性建筑，并与周围环境及人文景观相兼容，体现地方文脉特征。最后，在服务区平面设计中应充分考虑人性化需求，服务区功能组织应充分考虑过境旅客及司机的使用要求，停车场、休闲广场、综合服务楼、加油站等依次安排在与道路平行的轴线上，人车流线清晰简便而不交叉；创造建筑造型个性鲜明、气氛优雅和服务便利的休息环境；为方便两侧服务区工作人员相互联系，服务区之间应设人行通道等。

3.弹性经营理念

目前服务区设施的后期配套建设资金主要依赖招商引资渠道，服务区的经济效益决定着引资规模，而高速公路客流量的季节性变化和司乘人员需求结构，造成了服务区经济效益的不稳定。因此，推进服务区持续发展，必须以经营效益为目标，实施弹性经营理念。一是拓展服务领域，增加富有地方特色的品牌商品，以多样化服务功能实现弹性经营。二是重塑人员队伍的组织管理模式，建立人力资源储备数据库，以长、中、短期等灵活多样的聘用方式来实现弹性经营。通过人力资源储备库，建立各类多层次人员的档案，在旺季时增加人员聘用，淡季时则减少，可以有效地节约运营成本，并保证从业人员的技能和素质。三是增强服务区信息化建设，借助智能化、网络化设施实现弹性经营。除了建立人力资源储备库，还可以建立服务区客流量预测系统、服务区局域网络、服务区功能监测系统等，以智能化和网络化的手段，强化服务区管理的可控性，为弹性经营奠定基础。

（二）服务区的特点

高速公路服务区有别于一般性的生活服务区，它具有如下特点：

1.服务对象的唯一性

服务区的服务对象一般为通过高速公路的司乘人员，单纯到服务区为目的的顾客较少，因而服务对象单一。

2.服务对象的流动性

过往司乘人员的流动性很大，住宿一般不超过一宿，"回头客""常住客"少，这点与一般宾馆、饭店有明显不同之处，从而增加了服务难度。

3.服务要求的多样性

过往司乘人员的需求层次不一样，消费水平也不一样，客观上要求服务区在设施和服务上能够满足各种不同层次的需求，这就给服务区的经营提出更高的要求。

4.服务效益的不稳定性

由于服务区所处位置及客流情况不一，使得各服务区服务内容相差很大。另外，客流的变化很不稳定，具有突发性，这些都造成服务效益的不稳定性。

总之，服务区是高速公路管理体系中的重要一环，它具有自己的规律特点和管理模式，管理好服务区既是高速公路管理体系的自身要求，更是广大司乘人员的迫切愿望，它将随着高速公路的不断发展而逐渐显示其重要性。

（三）服务区的管理原则

正因为高速公路服务区所具有的种种特点和服务区依附于高速公路的特性，所以无论何种管理模式，无论何时何地，都应该有一个共同的行为准则作为管理者决策的指针，服务区的管理应掌握以下四方面原则：

1.以服务为主的原则

服务区是在全封闭高速公路内供司乘人员旅途生活而设置的，因此，必须坚持以服务为主的原则。

2.统一规划的原则

在建设和管理上，为了实现服务于高速公路的目标和提高管理水平，对于资金的投入和使用，对于物资的调配，对于物价、卫生、服务等方面的标准和要求，都应实行统一规划和管理。

3.自主经营、独立核算的原则

为了提高服务水平，应建立一支专业化的管理队伍，所以，服务区必须坚持自主经营和独立核算。

4.不断发展的原则

人们的需求层次在不断地提高，人类的物质文明和精神文明在不断地发展，服务区的设施、管理、服务等方面也应随着时代的发展而进步。

（四）服务区的投资管理模式

1.公司化

由高速公路管理部门成立以经营管理服务区为重点工作的企业公司，对服务区实行系统化、专业化管理。公司对服务区在经济上实行收取管理费和折旧费的方式管理，在行政上对服务区的人、财、物予以控制，并对服务质量管理予以约束。

2.实行承包经营

在合理确定利润水平的基础上实行承包经营，并对物价、服务等方面实行严格控制。

3.实行租赁

在考虑到折旧、更新改造以及物价和服务等方面的因素后，在较长时间内对外实行租赁。

服务区的工作重点在于服务，其次才是效益，因此，在人、财、物等各方面需要直接得到高速公路管理部门的扶持，特别是在服务区投入运营的前几年，在固定资产投入、流动资金的使用、人员的配备和职工培训等诸多方面予以资助，并考虑服务区的长远发展。

（五）服务区的内部管理机制

1.人员组织机构

服务区的负责人员应该具备独立工作的能力，并具有比较全面的经营管理知识，掌握有关的各项法律、法规和政策，对服务区的发展要勇于开拓和探索。

一般服务区应设以下几个部门：财务部、后勤部和业务部。业务部负责餐厅、旅店、商店、修理厂和加油站等的管理工作；后勤部负责后勤保障和停车场区与公共厕所等公共项目的管理工作；财务部负责整个服务区的财务管理工作。各部门的管理人员必须能够掌握较为系统的专业知识，以保证各部门的服务水平。

服务区的普通工作人员一般以合同工为宜，其特点是易于管理，保证服务队伍的年轻化，服务区工作人员都要经过培训后上岗。

2.财务管理

无论是在事业单位体制下，还是在企业管理体制下，服务区在财务上历来采取独立核算的形式。为此，在服务区的财务管理上，应遵循各项财务会计制度，严格执行有关法律、法规和政策。

3.服务区的内部管理

由于各部门的专业性业务与同类行业有诸多共同之处，故在此只论及不同之处的管理问题。

（1）加油站

服务区的加油站是顾客需求量最大、最关键的部门，也是效益最高的部门。

由于服务区加油站多处偏僻地区，来往客流复杂，安全管理就成为加油站管理中的头等大事。首先，加油站应按规定配备充足的消防器材，并制定出严格的安全管理制度和处罚办法。它不仅要求内部服务人员在操作过程中严格按规程办事，而且要求外来人员严格遵守安全制度。对由于麻痹大意、造成安全隐患或事故者，要严厉处罚。在钱和票证管理上要严格遵守财务管理的有关规定。

（2）汽车修配厂

服务区的修配厂初期以中、小修为主，因而修配厂应具备中、小修常见车型的修理技术力量及设备，并保证维修质量，不得购置假冒、伪劣产品，严格按规定收费，并消除垄断经营思想。

（3）旅店、饭店和商店

服务区的旅店一般为中级档次，顾客中暂住者多，这在客观上制约了服务质量的提高，也给旅店的管理带来难度。因此，应把提高服务质量放在首位。

服务区的餐厅应该具备满足各种层次需求的能力，应以中、低档为主。餐厅在设计、室内布置以及服务等各方面都要考虑具备满足各种要求的能力。

（六）服务区的经营

高速公路服务区的经营具有服务对象的唯一性、服务对象的流动性、服务对象层次不一、季节性强等特点，为此在经营时应根据这些特点，正确选择经营方式和经营战略。实际工作中应从以下三方面着手：

1.以品种制胜

高速公路服务区不仅给顾客提供简单、应急性的服务，还应尽可能提供琳琅满目的商品以满足不同消费层次的需要，从心理上给人以丰足感，以便使顾客在休息中消费。

2.以质量取胜

高速公路服务区在经营中求得效益的同时，必须给司乘人员提供良好的服务质量。用较高的标准来要求员工，同时培训员工，并制定相应的奖罚制度。

3.重视宣传的作用

在市场经济条件下，宣传、推销自己是在激烈的市场竞争中取得成功的关键环节。在服务区的经营中，宣传自己的特点、信誉、舒适的环境、优质的服务是十分必要和强有力的手段。实践证明，重视宣传工作已给服务区的经营带来了一定的效益。

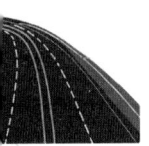

第二章　高速公路路基施工技术

第一节　路堤施工与路堑施工

一、路堤施工

（一）路堤施工的特点

与路堑开挖相比，路堤工程有以下特点：

1.路堤基底处理

路堤是在天然地基上人为构筑的土体，是破坏原有状态而按一定要求填堆的土体，并与原面接触而呈结合状态。它对路基质量有着重要的影响，特别是对路基的稳定性影响很大，需要根据地形和土质条件做适当的处理。正式施工前，除了必须进行伐树除根，清除杂草垃圾及不稳定的石块以外，横坡较大时，还需要做表土翻松，开挖台阶或凿毛（石质基底）。特殊土质，如软土、沙滩和有地下水上溢的地段，必须做进一步的稳定处理或换土。

2.填土要求

路堤对填土要求很严格，使用不适当的土填筑会直接影响路堤的稳定性和强度。例如使用淤泥或腐殖质含量较高的土料填筑的路堤，会产生路堤整段或局部的变形，也可能因自重的原因产生滑坡，严重时将影响道路的使用。因此，一般最好采用强度高、水稳定性好的材料作为填料。另外，即使填土材料良好，但由于其所处状态不同，特别是含水率不同，所表现出的结果往往相差很大，解决填土的含水率问题是填筑路堤中一个很重要的环节，在一定程度上左右着工程的施工作业。

3.填方压实

路堤的填筑都要通过压实以达到路基土体要求的密实度，所以填筑必须是分层作业。同时，由于土的种类以及所处状态不同，使施工的作业程序、环节变得复杂，铺填土料厚度、填土方式、层间结合及压实机械和压实工艺，都成为施工中必须认真对待的问题，这是路堤填筑的又一特点。

（二）基底及填土材料的处理

1.路堤基底的处理

路堤基底是指路堤填料与原地面的接触部分。为使两者结合紧密，避免路堤沿基底发生滑动，防止因草皮、树根腐烂而引起路堤沉陷，须视基底的土质、水文、坡度和植被情况及填筑高度采取相应的处理措施。对于一般的基底处理，通常包括以下内容：

（1）伐树除根及表土处理

路堤填筑时，如果不清除结合面上的草木残株等有害于路堤稳定的杂物，路堤成形后，一旦杂物腐烂变质，地基将发生松软和不均匀沉降等现象。为了预防这种情况，就必须在填土之前做好伐树、除根和表层土壤处理工作，特别当路基填筑高度小于1.0 m时，应注意将路基范围内的树根、草丛全部挖除。伐树、除根和清除草丛作业可采用人工方法或机械方法作业。

如基底的表层土系腐殖土，则须将其表层土清除换填，厚度视具体情况而定，一般应不小于30 cm，并予以分层压实，压实度应符合规范要求。如发现草炭层、鼠洞、裂缝、溶洞等，都必须注意处理好，以防造成日后塌陷。有些清除物（如腐殖土），堆弃在易于取回的地方，路堤修筑后，可取回作为护坡保护层使用，也可作为中央分隔带及绿化带的回填土。

（2）耕地、水田的处理

路堤通过耕地时，筑填施工之前，必须预先填平压实，如其中有机质含量和其他杂质较多时，碾压时因弹性过大，不易压实，应换填干土。对于稻田，其表面往往存在一层松软薄层，如果直接填土，不但机械通行性很差，难以作业，而且填土也不能充分压实。若填土厚度大，第一层要填至0.5 ~ 1.0 m厚，施工机械才能通行，以后按规定厚度铺填，能够充分压实时可不必进行其他处理。若填土层较薄时，第一层则不能填得太厚，否则填土无法得以碾压密实。这时，应当在基底挖沟排水，使填土底层保持干燥，再进行填方压实作业。如果水田水位过高，简单地设置排水沟也不能使水充分外排，不能保证机械通行，且由于地下水毛细管作用侵入填土，恶化填土性质，应在原表土和填土之间加砂垫层，以利于水的排出。

如果填土基底有小池塘或泉眼，就应敷设暗排水管等排水设施，或者用耐水性强的道砟或碎石充填压实到原水位高度以上，在填土后进行有效排水，防止浸入填土。

（3）坡面基底的处理

填方路堤，如基底为坡面时，在荷载作用下，粒料极易失稳而沿坡面产生滑移。因此在施工前必须注意对基底坡面处理后方能填筑。以往的高速公路施工经验表明，当坡度较小，在1：10 ~ 1：5之间时，只须清除坡面上的树、草杂物后，将翻松的表层压实后即可保证坡面的稳定。但当坡度较大，在 1 ∶ 5 ~ 1 ∶ 2.5 之间时。应将坡面做成台阶形，一般宽度不宜小于 2.0 m，高度最小为 1.0 m，而且台阶顶面应做成向堤内倾斜 4% ~ 6% 的坡度。如果基底坡面超过 1 ∶ 2.5 时，则应采用修挡土墙、护脚等措施对外坡脚进行特殊处理。

2.路堤填料的选择和处理

用于路堤填筑的土料，原则上就地取材或利用路堑挖方土壤，但对填土料总的要求是：具有良好的级配和一定的黏结能力，易于压实稳定；具有基本上不受水浸软化和冻害影响等。淤泥、腐殖质等稳定性较差的土一般不宜作为填土，必须使用时，应根据公路技术规范有限制地选用。

对于透水性良好的石块、碎（砾）石土、粗砂、中砂和湿度未超过所设计规定极限值的亚砂土、轻亚黏土和黏土等，均可用于填筑路堤。在特殊情况下，受工程作业现场条件的限制，在路堤填筑工地附近可能没有合适的填土材料，而从远处运来又不经济，这时通常是对附近不符合施工规范要求的土料进行适当处理后，作为填土使用。

（三）路堤的填筑作业

1.路堤填筑方法

路堤填筑是把填料用一定方式运送上堤进行铺平、碾压密实的过程。路堤填筑分为水平分层填筑法、纵坡分层填筑法、横向填筑法和混合填筑法四种方法。

（1）水平分层填筑法

填筑时按照横断面全宽分成水平层次，逐层向上填筑。若原地面不平，应从最低处分层填起，每填一层经过压实符合规定要求后再填上一层。

（2）纵向分层填筑法

宜用于推土机从路堑取料填筑距离较短的路堤，填方侧应按要求，人工开挖土质台阶后，依纵坡方向分层，逐层向上填筑碾压密实。原地面纵坡大于 12% 的地段常采用此法。

（3）横向填筑法

从路基一端或两端同时按横断面的全部高度，逐步推进填筑，仅用于无法自下而上填筑的深谷、陡坡、断岩、泥沼等运土和机械无法进场的路堤。横向填筑因填土过厚，不易压实，施工时须采取下列措施：

①选用高效能压实机。

②采用沉陷量较小的砂性土或附近开挖路堑的废石方，并一次填足路堤全宽度。

③在底部进行拔土夯实。

（4）联合填筑法

即路堤下层用横向填筑，而上层用水平分层填筑，使上部填料经分层压实获得需要的压实度。混合填筑法适应于因地形限制或填筑堤身较高，不宜采用水平分层法或横向填筑法自始至终进行填筑的情况。

上述方法中，后三种路堤填筑施工方法工程质量较难保证，同时也不易检测。因此，除非工程特殊要求外，一般应尽可能采用第一种方法施工。

2.路堤机械化作业

（1）推土机作业

①推土机横向填筑，这是一种水平分层填筑方法。推土机在路堤一侧或两侧取土场取土，一般沿线路分段进行，每段距离以20～40 m为宜，可以单机作业，也可多机作业，多在地势平坦或两侧有可利用的山地土场的场合采用。

推土机在路堤单侧取土时，可采用穿梭法进行作业。作业时，推土机铲满土料，推送至路堤的坡脚，卸土后，按原路返回到铲挖位置，如此往复在同一路线上。采用槽式作业法送2～3刀就可挖到0.7～0.8 m深，然后做斜线倒退，向一侧移位，同样方法可推送相邻土料。整个作业区段完成后，可以沿作业时相反方向侧移，可推净遗留土坡，整平取土坑。

当推土机由路堤两侧取土场取土时，每侧作业方法与上述方法相同，所不同的是路堤用土由两侧运来，分别推至路基中心线即可。作业时，为使中心线两侧运土的接合处能充分压实，两侧运来的土料均应推送超过中线。采用这种作业方法时，每个作业区段最好由两侧相同台数的推土机相向同步作业，可使路堤均衡对称地成形。

用推土机从两侧取土填筑路堤，适用于取土距离较短、路堤较低的场合，一般在1 m以下。作业时要分层有序地进行，每层层厚视土质及压实特性而定，一般为20～30 cm，并须随时分层压实。

②推土机纵向填筑路堤，用推土机进行移挖填土施工时，多采用这种方法（一般多用在丘陵、山地）。可做纵坡分层，只要挖方土壤符合填土要求，即可采用，但以开挖部分坡度不大于1∶2为限。开挖中应随时注意复核路基标高和宽度，避免超挖和欠挖。

③综合作业法，这是上述两种方法的综合，即在纵横方向联合作业。沿线路分段进行，每段长60～80 m，每段中部设有横向送土道，用横向作业的方式，将两侧土壤送上路堤，再由另外的推土机纵向推送铺平，同时，分层压实。

（2）铲运机作业

利用铲运机填筑路堤，其基本方法与推土机大致类似，仅以作业现场条件不同而有所区别。其最大特点是曲线作业散落料少，故有更灵活的作业路线，并适宜于较远距离取土（一般为100 m以外，且填筑高度为2 m以上）。其作业的运行路线，在根据地形条件考虑施工效率时，有以下几种基本方式，可在实际工作中灵活应用。

①椭圆形运行路线，此方法适用于填土高度在1.5～2 m，且工作长度在100 m以下

的情况。主要缺点是重载上坡转向角大，转弯半径小；每一循环，铲运机需要转两次180°大弯。

②"8"字形运行路线，实际上是上述椭圆形路线的组合，每一个作业循环，在同样两次180°大转弯的情况下，可完成两次铲装、运送、卸土的过程。而且可以容纳多机作业，工效比单椭圆形作业路线有一定程度的提高，多用于工作段较长（一般为300～500 m）的填筑作业，要求取土场在路堤两侧。作业区段较长时，可以多个"8"字形工作面首尾相连，可在整个区段内连续作业，适宜于群机作业。如果各机间隔适当，可使其互相不受干扰，并把每次填挖段与上次的错开，作业均衡，缺点为一次循环的时间较长。

③全堤宽循环作业，上述几种方法，均在路堤单侧取土（指一个循环内），对于两侧取土场同时取土作业时，可采取全堤宽循环作业的方法。即铲运机连续相间地在路堤两侧取土场取土，而在路堤全宽上均匀铺散。这种作业方法，适宜于作业区段较长，且宽度较大的路堤填筑，铲运机每次循环中，多次装卸土壤，运行路线可均匀错开，因此碾压质量较好。

用铲运机填筑路堤，无论采取何种运行路线，在路堤整个宽度上，应注意从两侧分层向中间填筑，始终保持两侧高于中间，可防止铲运机向外翻车。当两侧填至标高时，再填平中间并按要求修整成一定的坡度。

另外，铲运机进行路堤填筑作业时，经常是利用自重压实的。因此，作业过程中，卸土应均匀分布在堤面上，同时铲运机车轮应使路堤上的卸土都能被压到，以保证路基的压实质量。

当路堤高度在1 m以上时，应修筑运行通道。高度大于2 m时，每隔50～60 m修筑一个通道或缺口，最小宽度为4 m，使铲运机转弯半径不小于6 m。上坡通道坡度一般为15%～20%，下坡极限坡度为50%，整个填筑作业完成后，所有进出口通道应予封填。

（3）挖掘机（或装载机）与运输车辆配合作业

用正铲、反铲和抓斗挖掘机或装载机与运输车辆配合进行路堤填筑施工，适用于取土场较远或特殊地形的施工条件下作业，工作过程比较简单。挖掘机或装载机按其基本作业方法进行挖掘装载，由运输车辆将土料送上路堤，然后由推土机或铲运机按规定厚度铺平并由压实机械压实。采用这种作业方法，影响工效的主要因素是：与一定装载能力的挖掘装载机械相配合的运土车辆数及运行路线。

挖掘机在取土场设有四个掘进道，而汽车运行路线视土质优劣，分两路运行，填土运上路堤按路堤放样边桩分层、有序卸填，弃土直接运往弃土地点。

其他挖掘机和装载机作业时，方法与此相同，仅在于各种挖掘装载机械施工条件不同。如拉铲装车较为困难，要求司机操纵技术熟练，由于抓斗对土壤适应性差，一般不做直接挖土工作，这些类型的工作装置进行填土作业时，效率不及正铲。

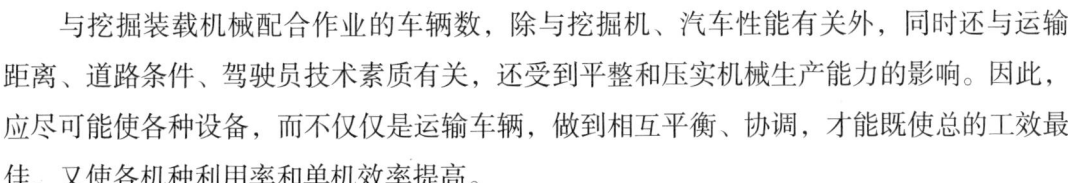

与挖掘装载机械配合作业的车辆数，除与挖掘机、汽车性能有关外，同时还与运输距离、道路条件、驾驶员技术素质有关，还受到平整和压实机械生产能力的影响。因此，应尽可能使各种设备，而不仅仅是运输车辆，做到相互平衡、协调，才能既使总的工效最佳，又使各机种利用率和单机效率提高。

二、路堑施工

路堑开挖是路基施工中工程量最大、最普遍的施工内容，有多种施工机械，路堑开挖主要采用机械化施工。

（一）路堑施工的特点

从作业程序上说，路堑施工较为简单，按一定要求把土挖掘并运到弃土地点，不像路堤填筑有材料选择、分层碾压密实等问题存在。然而，从以往施工经验和公路使用的角度看，路基上发生的问题，却大多出在路堑上。例如，路堑施工往往成为整个工程的控制工程，影响工期。施工中常发生塌方、落石等事故。在道路使用过程中，路堑地段又是塌方、滑坡、翻浆、冒泥、冻害等路基病害的多发区段，而这些又在很大程度上与路堑施工不当有着密切的关系。如由于开挖坡度不合适或弃土太近，使土体失去平衡而发生塌方；由于排水不良造成土体松软发生边坡溜滑；由于没有及时修筑挡土墙等防护工程而发生滑坡现象。因此，在路堑施工中，对采取的作业方式、开挖步骤、弃土位置等应予充分重视，进行全面规划，保证有较高的质量和效率。在挖掘作业特别是深挖掘作业时，应将粗加工和挖掘作业同时进行，使坡面作业尽量减少，并且必须经常不断地检查尺寸。单面挖掘、单面堆土时，应尽量避免土堆太高，即使设计上没有防滑措施，也要将基底面进行阶梯挖掘，才比较合理。

深挖掘的另一特别需要注意的问题是：应保证施工过程中或竣工后的有效排水。一般应先开挖排水沟槽，并设法排除一切可能影响边坡稳定的地面水和地下水。

（二）路堑的开挖

路堑开挖前，应做好现场伐树除根等清理工作。如果移挖作填时，还须将表层土壤单独掘弃。路堑的开挖根据现场施工条件，可采用以下五种基本方法：

1.全断面开挖法

从开挖路堑的一端或两端按断面全宽一次挖到设计标高，逐渐向纵深挖掘，挖出的土方一般都是向两侧运送。这种方法适用于深度不大且较短的路堑。

2.分层横断面挖法

从开挖路堑的一端或两端按横断面分层挖至设计标高，每层都有单独的运土出路和临时排水设施，适用于开挖深而短的路堑。土方工程数量较大时，各层应纵向拉开，做到多层、多方向出土，可安排较多的劳动力和施工机械，以加快施工进度。每层挖掘深度视工作方便和安全而定，一般为 1 ~ 2 m。

3.分段纵挖法

当路堑较长、开挖深度不大时，把开挖路堑横断面分成若干段，并沿纵向条形开挖，一般出土于两侧。若是傍山路堑，一侧堑壁不厚，选择一个或几个地方挖穿路堑壁出土。

4.分层纵挖法

如果路堑宽度及深度都不大，可以纵向分层挖掘。在短距离及大坡度时，可用推土机施工，较长的宽路堑则宜用铲运机作业。

5.通道纵挖法

在开挖路堑全长上，沿路堑纵向先挖出一通道，然后开挖两旁，这是一种快速施工的有效方法，通道可用于机械通行或运输土料车辆的运土。

（三）路堑开挖机械化施工

1.推土机作业

推土机操纵灵活、运转方便，既可开挖土方，又能短距离运输土料，在路堑开挖作业中被广泛应用。

采用推土机开挖路堑，根据具体情况可有两种施工作业方法。

（1）平地上两侧弃土，横向开挖

用推土机横向开挖路堑，其深度在 2 m 以内为宜。开始时，推土机以路堑中线为界，向两侧用横向"穿梭"推土作业法进行，将路堑中挖出的土送至两侧弃土堆，最后再做专门的清理和平整。当开挖深度超过 2 m 时，则须与其他机械配合作业。

此外，对上述施工作业，推土机也可采用环形作业法。推土时，推土机可按椭圆形或螺旋路线运行，这种运行路线可利用推土机本身对弃土堆进行分层压实和平整。

不论采用何种作业路线进行路堑开挖，都要注意不允许路堑的中部下凹，以免积水。在整个开挖段上，应做出排水方向的坡度以便排除降雨积水。在接近挖至规定断面设计线时，应随时复核路基的标高和宽度，避免出现超挖或欠挖。通常在挖出路堑的粗略外形后，多采用平地机整修边坡和边沟。

（2）纵向开挖山坡路堑

①开挖傍山半路堑。一般多用斜铲推土机进行。开挖时首先由路堑边坡的上部开始，沿线路行驶，渐次由上而下，分段、分层将土推送至坡下填筑路堤处。推土机的水平回转角根据土壤的性质来调整，在Ⅰ、Ⅱ级轻质土壤上作业时，可调至60°；在Ⅲ、Ⅳ级土壤作业时可调至45°。由于推土机沿山坡施工，要特别注意安全，推土机始终应行驶在坚实

稳定的土壤上，填土部保持道路外侧高于内侧，行驶的纵坡角不宜超过推土机最大爬坡角。采用上述方法时，铲刀的平面角使土料沿刀身向填土部送出，当使用直铲推土机完成这种路堑作业时，土料只能由推土机曲线行驶，方可卸土于填土部。这时，最好铲土数次，将几次铲起的土壤集至一处堆起，然后再将土壤一起推运到边坡前沿卸土。这样不但可提高推土机的生产效率，而且比较安全，直铲推土机进行开挖半路堑作业只适用于坡度不大（25°以下）的场合。

②开挖深路堑。开挖深路堑运土作为填土路堤作业时，应首先做好准备工作，要在开挖路堑的原地面线顶端各点和填挖之间零点处，设置标记，同时挖半小丘，使推土机能顺利进入作业现场。如果推土机能沿斜坡驶至最高点时，则可以由路堑的所在坡面上顶点处开始，逐层开挖至路堤处，开挖时可用 1 ~ 2 台推土机沿线路中线的平行线进行纵向推填。当路堑挖到设计深度的一半位置时，再用另外 1 ~ 2 台推土机，横向分层推削路堑斜坡。由斜坡上推削下来的土壤，仍由下面的推土机送至填土区段，直至路堑路堤全部完成为止。

这种深路堑的开挖顺序，每层均按沟槽运土法开挖，并尽量利用地形做到下坡推土。

2.铲运机作业

铲运机开挖路堑也有两种作业方法，一是横向弃土开挖；二是纵向移挖作填。路堑应分层开挖，并从两侧开始，每层厚 15 ~ 20 cm。这样做既能控制边坡，又能使取土场保持平整，同时还应沿路堑两侧做出排水纵坡。

路堑在以下情形下，宜采用横向开挖，即：堑顶地面有显著横坡，而上游一侧须设置弃土堆，阻挡地面水流入路堑；路堑中纵向运土距离太长，超过铲运机的经济运距，严重影响工效；不需要利用土方或利用有剩余时；长路堑由于施工条件的限制，机械只承担其中一段，两端又无法纵向送土时。横向开挖路堑的施工运行线路与路堤横向取土填筑类似。

铲运机纵向移挖作填，当路堑须向堑口外相接的路堤处运土填筑时，铲运机应当利用纵坡自路堑端部开始做下坡铲土，适用于逐渐向堑内段延伸挖土长度，而填筑路堤也应做相应的延伸。

一般铲运机可在路堑内做 180° 转向，从路堑两端分别开挖。当延伸到路堑中部且长度在 30 m 以内时，可改用直线迂回运行圈的方法，做纵向贯通运行，往返交替向两端挖运。如果地面纵坡过陡，铲运机不能运行时，应先用推土机在路堑的端部推出 15° 左右的缓坡。此外，在挖土区段内，每隔 20 ~ 30 m 宽度为铲运机开通一条回驶上坡道，并延伸至填土区段内。这样铲运机可用较大功率下坡铲土，在填土区段上回驶坡道卸土填方，并逐步扩大通路宽度，直到工作面的全宽普遍具备正常运行条件。

铲运机开挖路堑作业，应先从两侧开始。这样可避免造成超挖欠挖，否则将大大增加边坡修整的工作量，特别是边坡大于 1 ∶ 3 且不能用机械修整时尤其应当注意。另外采取先挖两侧的顺序，亦利于雨后排水。

3.挖掘机作业

用挖掘机开挖路堑，一般是与运输车辆配合作业。

（1）正铲挖掘机开挖路堑

正铲挖掘机进行路堑开挖作业，可采用全断面开挖和分层开挖两种方法。路堑深度在 5 m 以下时，可采用全断面开挖，挖掘机一次向前开挖路堑全宽至设计标高，运输车辆停在与挖掘机同一平面，且并列布置，或在挖掘机后侧。这种方法施工简单，但挖掘机须横向位移，才能挖到设计标高。

当路堑深度为 5 m 以上时，宜采用分层开挖，即挖掘机在纵向行程中，先把路堑开通一部分，运输车辆在挖掘机一侧布置，并与开挖路线平行，如此往返几个行程，直至将路堑全部开通。第一开挖道高度，应以停在路堑边缘的车辆能够装料为准，其余各次开挖道都可以按要求位于同一水平之上，这样可以利用前次挖好的开挖道作为运输车辆的行驶路线。

各次的开挖道在全作业段完成后，可退返或掉头做反向开挖，视现场具体情况而定，但务必注意每次开挖道的排水问题。

挖掘机各次开挖后在边坡上留下的土角，可由推土机修整。

（2）反铲挖掘机开挖路堑

由于反铲挖掘机只能挖掘停机面以下的土壤，因此开挖路堑作业时，是停在路堑顶部两侧进行，一般只适用开挖深度在挖掘范围内的路堑，可视现场情况采用沟端、沟侧的作业方法。

（3）拉铲挖掘机开挖路堑

用拉铲挖掘机开挖路堑作业时，如卸料半径能及至两侧弃土堆位置，则挖掘机可停在路堑中心线上，采取沟端挖掘的方法进行，否则必须采用双开挖道作业。当弃土堆位于路堑一侧时，挖掘机沿路堑边缘移动，为了保证安全，挖掘机内侧履带应与路堑边沿保持 1 ~ 1.5 m 的距离。

（4）推土机和铲运机联合作业

在组织大型土方机械开挖路堑作业时，往往投入作业的机型很多，各自又有不同的运用范围和作业效果，为多机联合作业提供了可能性。其中，不同功率的推土机和不同斗容量的铲运机联合作业最为常见。

在组织推土机与铲运机联合开挖作业时，应根据它们各自的特点将它们安排在最能发挥各自优势的部位进行作业。

推土机动作灵活，可正驶推运、倒驶空返，当推运翻松土壤时效率较高。其中大型推土机载运土量较大、爬坡性能最好；而中型推土机，进退速度较快。当推土机增设侧挡板后推运翻松土壤，可提高经济运距和载土量。而铲运机能下坡铲土入斗，上坡可以斜驶使上料损失最小，具有较好的整形性能，在干土地质进行深挖高填的大运距作业时，其工效与推土机相当，工程成本可降低。

（四）边坡作业

路堑挖土边坡施工的基本要求基本上与填土边坡类似，除了边坡坡度符合设计规范外，也应做好放样、布设标准坡面等工作。但是，与填方边坡相比又有自己的一些特点，首先表现为作业对象多——土壤土质的多样性。路堤边坡由于是由填土而成，所以，其工程性质差异不大。而路堑边坡则是由自然状态土、石方挖掘形成，随线路经过地带不同而有较大变化，其工程性质不仅不同，有时还差别很大，施工作业难易程度也就有一定的区别。根据以往施工经历，下面介绍路堑开挖边坡的几种类型及其施工要点：

1.砂土边坡

挖出的斜坡要留有足够的余量，然后打桩定线进行坡面整修。具体做法是，先用机械开挖，留有20～30 cm的余量，后用人工修整或用平地机修整，也可用小型反铲挖掘机修整。如果采用挖掘机修整边坡，要求操作人员有较高的技术水平，否则，很容易造成超挖或欠挖。

2.岩石边坡

如果坡面是软岩，可用镐或风镐开挖；如果是硬质岩石，要用手动冲击式钻机，沿着需要修整的坡面先开炮孔，然后，注意不要使剩下的岩盘松动，装少量炸药进行爆破。在大型工程中，也可直接爆破成斜面，然后进行放坡作业。

岩石边坡施工，特别应注意地质变化，岩盘和风化土界限实际高度与估计的不一样，施工时要视情况采取一定措施。总之，边坡一旦放好，是不容易变更的，所以，施工时，事先做好地质调查工作非常重要。

3.碎石类土边坡

影响碎石类土挖方边坡的因素，主要是土体结合的紧密程度。其坡度要结合土壤、地质水文等条件确定。

碎石类土的潮湿程度及边坡高度，对边坡的稳定有较大影响。一般湿度大、边坡高时，宜采用较缓坡度；对密实度差的土体，应避免深挖。同时，要注意到由于边坡过缓，受雨水作用面积增大，故不宜过缓，并根据具体情况采取边坡防护和加固措施，切实做好排水工作，以免影响边坡稳定。

（五）石质路堑开挖

由于岩石坚硬，石质路堑的开挖往往比较困难，这对路基的施工进度影响很大，尤其是工程量大而集中的山区石方路堑更是如此。因此，采用何种开挖方法以加快工程进度，是石质路堑开挖需要解决的重要问题。通常，应根据岩石的类别、风化程度、节理发育程度、施工条件及工程量大小等选择爆破法、松土法或破碎法进行开挖。

1. 爆破法开挖

爆破法是利用炸药爆炸的能量将土石炸碎以利挖运或借助爆炸能量将土石移到预定位置。用这种方法开挖石质路堑具有工效高、速度快、劳动力消耗少、施工成本低等优点。对于岩质坚硬，不可能用人工或机械开挖的石质路堑，通常要采用爆破法开挖。爆破后用机械清方，是非常有效的路堑开挖方法。

根据炸药用量的多少，爆破法分为中小型爆破和大爆破，其中使用频率最高的是中小型爆破，大爆破的应用则受多种因素的限制。例如开挖山岭地带的石方路堑时，若岩层不太破碎，路堑较深且路线通过凸出的山嘴时，采用大爆破开挖可有效提高施工效率。但如果路堑位于页岩、片岩、砂岩、砾岩等非整体性岩体时，则不应采用大爆破开挖。尤其是路堑位于岩石倾斜朝向路线且有夹砂层、黏土层的软弱地段及易坍塌的堆积层时，禁止采用大爆破开挖，以免对路基稳定性造成危害。

爆破对山体破坏较大，对周围环境也有较大影响。因此必须按有关施工规定和安全规程进行作业，严格按设计文件实施。通常应做试爆分析，其结果作为指导施工的依据。

2. 松土法开挖

松土法开挖是充分利用岩体的各种裂缝和结构面，先用推土机牵引松土器将岩体翻松，再用推土机或装载机与自卸汽车配合将翻松的岩块搬运到指定地点。松土法开挖避免了爆破作业的危险性，而且有利于挖方边坡的稳定和附近建筑设施的安全。凡能用松土法开挖的石方路堑，应尽量不采用爆破法施工，随着大功率施工机械的使用，松土法愈来愈多地应用于石质路堑的开挖，而且开挖的效率也愈来愈高，能够用松土法施工的范围也不断扩大。

松土法开挖的效率与岩体破裂面情况及风化程度有关，岩体被破碎岩石分隔成较大块体时，松开效率较高。当岩体已裂成小石块或呈粒状时，松土只能劈成沟槽，效率较低。砂岩、石灰岩、页岩等沉积岩有沉积层面，是比较容易松开的岩石，沉积层愈薄愈容易松开。片麻石、片岩、石英岩等变质岩，松开的难易程度要视其破裂面发育程度而定。花岗岩、玄武岩、安山岩等岩浆岩不呈层状或带状时，松开比较困难。

多齿松土器适用于松动较破碎的薄层岩体。单齿松土器则适用于松动较坚硬的厚层岩体。松土器型号及松土间隔应根据岩石的强度、裂隙情况、推土机功率等选择，最好通过现场松土器劈松试验来确定。遇到较坚硬的岩石，松土器难以贯入，引起推土机后部翘起或履带打滑时，可用另一台推土机在松土器后面顶推。坚硬完整的岩石难以翻松，可进行适当的浅孔松动爆破，再进行松土作业。

3.破碎法开挖

破碎法开挖是利用破碎机凿碎岩块，然后进行挖运等作业。这种方法是将凿子安装在推土机或挖土机上，利用活塞的冲击作用使凿子产生冲击力以凿碎岩石，其破碎岩石的能力取决于活塞的大小。破碎法主要用于岩体裂缝较多、岩块体积小、抗压强度低于100 MPa的岩石。由于开挖效率不高，只能用于前述两种方法不能使用的局部场合，作为爆破法和松土法的辅助作业方式。

以上三种开挖方法各有特点，应视施工条件合理选用。

（六）深挖路堑的作业

路堑边坡高度等于或大于20 m时称为深挖路堑，深挖路堑的施工方法与一般路堑的施工方法基本相同，但有一些特殊问题和要求需要注意。

1.施工前的准备

深挖路堑因为它的边坡较高，易于坍塌，且工程数量大，常是影响全线按期完工的重点工程。因此，施工前准备工作的一个重要任务，就是要详细复查设计文件所确定的深挖路堑地段的工程地质资料及路堑边坡，并收集了解土石界限、工程等级、岩层风化厚度及破碎程度等岩层工程特征。若路堑为砂类土时，应了解其颗粒级配、密实程度和稳定角；路堑为细粒土时，应了解含水率和物理力学性质，以及不良地质情况，地下水及其存在形式等。根据详细了解的工程地质情况、工程量的大小和工期，编制施工组织设计，确定配备机械设备类型和劳动力，这对保证工程质量和按期完成是非常重要的。

施工前准备工作的另一重要任务是对工程地质进行补探工作，过去有些深挖路堑常缺乏工程地质资料或者仅有地表面1～2 m深的探坑地质资料，有些资料只根据天然露头确定工程难易等级，这对保证深挖路堑边坡稳定的论证是不够的，更不能以此编制施工组织设计和指导施工。因此，在施工前，必须进行工程地质补探工作（补做工程地质勘探时应以钻探为主），解决原设计文件中工程地质资料缺乏或严重不足的问题，补做工程地质勘探并验算后，若高路堑边坡难以稳定将造成长期后患，则应按补做的地质资料进行方案的选择，并报请审批后实施。

2.土质高路堑

深挖路堑边坡是否能够稳定，因素很多，最主要的是边坡坡度大小。若坡度小，边坡平缓，则易于稳定；反之，则不稳定。同时亦与气候有关，因此要求边坡应严格按照设计坡度施工，但遇到土质情况与设计资料不符，特别是土质较设计松散时，应向有关方面提出修改设计的意见，批准后实施，以保证路堑边坡的稳定。

路堑边坡按一定高度设平台，与从上至下一个面坡相比，虽然设平台的综合坡度与一面坡的坡度相同，但前者边坡较稳定些。此外，分层设有平台还可起到碎落台作用。因此，在施工高路堑边坡时，应每隔 6 ~ 10 m 高度设置一个平台，平台宽度人工施工不应小于 2 m，机械施工不应小于 3 m，平台表面横向坡度应向内倾斜，坡度约为 0.5% ~ 1%；纵向坡度应与路线平行，平台上的排水设施应与排水系统连通。

施工过程中修建平台后的边坡如果仍然不能稳定，应根据其不稳定因素，如设计边坡过陡、过大造成含水率增加、土的内摩擦角降低、边坡中地下水的影响等，采用修建石砌护坡、边坡上植草皮或做挡墙等防护措施。若边坡上有地下水渗出时，还应根据地下水渗出的位置、流量，修建排水设施将其排走。

土质单边坡和双边坡深挖路堑的施工方法，与一般高度的平边坡路堑的施工方法基本相同，只不过须多分几层施工。

单边坡路堑可采用多层横向全宽挖掘；双边坡则通常采用分层纵挖法和通道纵挖法。若路堑纵向长度较大，一侧边坡的土壁厚度和高度不大时，可采用分段纵挖法。施工机械可采用推土机或铲运机。当弃土运距较远，超过铲运机的经济运距时，可采用挖掘机配合自卸汽车作业，或采用推土机、装载机配合自卸汽车作业。

土质深挖路堑施工中应注意的是，不能采用不加控制的爆破法施工和掏洞取土法施工。不加控制的爆破法施工会造成路堑边坡失稳，易于坍方；掏洞取土易造成土坍塌伤人。特别应注意在靠边坡 3 m 以内禁止采用爆破法，即使是土质紧密，为加快施工进度在距边坡 3 m 以外准备采用爆破法施工时，也应进行缜密设计，以免炸药量过多，爆破时将边坡上的土炸松，使边坡不能稳定，造成后患。

3. 石质高路堑

石质高路堑宜采用中小爆破法施工，只有当路线穿过独山丘，开挖后边坡不高于 6 m，且根据岩石产状和风化程度，确认开挖后边坡稳定，才可考虑大爆破方案。

单边坡石质深路堑已有一面临空，为了使爆破后的石块较小，便于推土机清方，绝对不能采用松动爆破、减弱松动爆破或药室爆破。前两种爆破方法虽然能节约炸药，但爆破后石块太大，有些大石块还要重新钻眼爆破将石块炸小（二次爆破），或须用人工以撬棍将大石块慢慢移走，无法使用机械施工，导致施工进度太慢。药室爆破虽然爆破方量较大，但可能将边坡炸松，而且构建药室时都是人工操作，花费时间多。正确的做法是采用深粗炮眼、分层、多排、多药量、群炮、光面、微差爆破方法。其原则是打炮眼尽量使用机械，可使爆破后石块小一些，便于机械清除。若最后一排炮眼靠近边坡时，应采用光面爆破设计施工。

双边坡石质深挖路堑的施工较单边坡的困难一些。首先须用纵向挖掘法在横断面中部每层开辟一条较宽的纵向通道，以便运走爆破后的石料，同时成为两侧未炸石方的临空面，然后横断面两侧按单边坡石质路堑的施工方法作业。

第二节　路基压实与路基排水施工

一、路基压实

（一）土质路基的压实

土质路基的压实过程，其本质上是土体在压力作用下，克服土颗粒间的内聚力和摩擦力，使原有结构受到破坏，固体颗粒重新排列，大颗粒之间的间隙被小颗粒所填充，变成密实状态，达到新的平衡。在施工作业中，表现为土壤的体积被压缩，而达到一定程度后，这个过程不再持续。这是因为在颗粒重新排列后，土中气体被挤出，由快变缓，最终趋于结束。这时，作用于土体的压力，只能引起弹性变形，而压力过大时，则可能使土壤产生剪切破坏，影响土体强度。

1.影响压实效果的主要因素

影响路基压实效果的因素是多方面的，有内因也有外因，但与施工作业有关的主要因素有以下六点：

（1）土的含水率

任何有黏结力的土，在不同的湿度下，用同样压实功能来挤压，将获得不同的密实度和不同的强度。压实开始时，原状土相对湿度低，土颗粒之间的内摩阻力大，因而，外力难以克服，故压实的干密度小，表现出土的强度高、密度低；当相对湿度缓慢增加时，水分在土粒间起润滑作用，压实的结果，使被压材料（土粒）得以重新调整其排列位置，达到较紧密的程度，表现出密度增大，但与此同时，由于水的作用，内摩阻力有所减小，因而强度继续下降。当含水率继续增加，超过图中曲线顶点等最优值时，水的润滑作用已经足够，水分过多，使起润滑作用以外多余水分进入土粒孔隙中，反而促使土粒分离而不易得到良好压实效果，从而降低了土的干密度。又由于土粒间距增大，内摩阻力与黏结力减小，使土的强度也随之减小，在压实曲线中出现驼峰形式。这就是说，在一定功能的压实作用下，含水率的变化会导致土的干密度随之变化，在某一含水率（最佳含水率）下，干密度达到最大值（最大干密度）。

（2）土的性质

不同土质的压实性能差别较大。一般来说非黏性土的压实效果较好，而且最佳含水率较小、最大干密度较大，在静力作用下，压缩性较小，在动力作用下，特别是在振动作用下很容易被压实。黏质土、粉质土等分散性土的压实效果较差，主要是由于这些细分散性的土颗粒的比表面大、黏聚力大、土粒表面水膜需水量大，最佳含水率偏高，而最大干密度反而偏小。

（3）压实功能

压实功能是由碾压（或锤击）的次数及其单位压力（或荷重）所决定的，若在一定限度内增加压实功，则可降低含水率数值，提高最佳密实度的数值。

土在不同压实功能作用下的压实性质，是决定压实工作量和选择机具，选择施工方法的依据。

事实上，对任何一种土，当密实度超过某一限值时，欲继续提高它的密实度，降低含水率值，往往需要增加很大的压实功能。而过分加大压实功能，不仅密实度增加幅度小，还往往因所加荷载超过土的抵抗力，即土受压部位承受压力超过土的极限强度，而导致土体破坏。因此，对路基填土的压实，在工艺方法上要注意不使压实功能太大。

（4）碾压时的温度

在路基碾压过程中，温度升高可使被压土中的水黏滞度降低，从而在土粒间起润滑作用，易于压实，但气温过高时，又会由于水分蒸发太快而不利于压实。温度低于0℃时，因部分水结冰，产生的阻力更大，起润滑作用的水更少，因而也得不到理想的压实效果。含砂低液限黏土在不同温度下的压实特性，表明温度在正常温度（20℃）以上或以下时，土的含水率与可达到的密度的关系，说明同一种土壤的最佳含水率随温度不同而有所变化。

（5）压实土层的厚度

土受压时，能够以均匀变形的深度（即有效压实深度），近似等于两倍的压模直径或两倍的压模与土接触表面的最小横向尺寸，超过这个范围，土受到的压力急剧变小，并逐渐趋于零，可认为此时土的密实度没有变化。钢筒式压路机碾压土时沿垂直方向的压力分布（此时轮子与土的接触面是一个宽度很小的矩形，其宽度可视为压模的最小横向尺寸），当深度大于$2a$（成为最小横向尺寸）时，传至的压力已经很小，不起压实作用。

土所受的外力作用，随深度增加而逐渐减弱，当超过一定范围时，土的密实度将与未碾压时相同，这个有效的压实深度（产生均匀变化的深度）与土质、含水率、压实机械的构造特征等因素有关。所以正确控制碾压铺层厚度，对于提高压实机械生产率和填筑路基质量十分重要。

（6）地基或下承层强度

在填筑路堤时，若地基没有足够的强度，路堤的第一层难以达到较高的压实度，即使采用重塑压路机或增加碾压遍数，也只能是事倍功半，甚至使碾压土层起"弹簧"。因此，对于地基或下承层强度不足的情况，填筑路堤时通常采取以下措施处理：

①填筑路堤之前，应先碾压地基。

②若地基有软弱层，则应用砂砾（碎石）层处理地基。

③路堑处路槽的碾压，先应铲除30～40 cm原状土层并碾压地基后，再分层填筑压实。

2.压实标准与碾压控制

（1）压实标准

压实标准包括两个方面：一是确定标准干密度的方法；二是要求的压实度。

标准干密度的确定方法，主要是采用重型击实试验法。土的最大干密度是土压实的主要指标，与路基的强度和稳定性有密切的关系，一般作为压实质量评价的依据。在路基压实施工中，由于受各种因素的影响和限制（气候、土的天然含水率等），所施工的路基实际干密度不能达到室内重型击实试验求得的最大干密度。但是为了保证压实质量的基本要求，必须规定压实后土基压实度范围。所谓压实度，即现场检查测得的土基干密度ρ_d与室内求得的最大干密度$\rho_{\max}$之比，常用K表示。

$$K = \rho_d / \rho_{\max} \times 100\% \qquad （式2-1）$$

（2）路基压实工作的控制

①确定不同种类填土的最大干密度和最佳含水率

高速公路系带状构造物，一条公路往往连绵数十公里甚至上千公里。用于填挖路基的沿线土石材料的性质往往发生较大变化。在路基填筑施工之前，必须对主要取土场（包括挖方利用方），采集代表性土样，进行土工试验，用规范规定方法求得各个土场土样的最大干密度和最佳含水率，以便指导路基的压实施工。

②检查控制填土含水率

由于含水率是影响路基土压实效果的主要因素，故须检测欲填入路基中的土的含水率ω，当ω接近最佳含水率ω_0时，填筑碾压的质量才有保证。当$\omega > \omega_0$时，表明土中含水率过大，碾压时容易起"弹簧"，应将土晾干或换干一些的土。当$\omega < \omega_0$时，说明土太干，难以达到要求的压实度，应适当洒水再碾压，其加水率按下式计算：

$$m_1 = (\omega_0 - \omega) m_2 / (1 + \omega) \qquad （式2-2）$$

式中：m_1——所需加水质量，kg；

$\quad\quad m_2$——需要加水的土的质量，kg；

$\quad\quad \omega$——填土原有的含水率，以小数计；

$\quad\quad \omega_0$——填土的最佳含水率，以小数计。

③正确选择和使用压实机械

a.压实机械的选择

压实机械的类型和数量选择是否恰当，直接关系到压实质量和工效，选择时应综合考虑以下三点：

第一，土的性质、状态。不同的压实机械，对不同的压实机具，不同土质的压实效果不同。如对砂性土，以振动式机械效果最好，夯击式次之，碾压式较差；对黏性土，则以碾压式和夯击式较好，而振动式较差甚至无效。而且，压实机械的单位压力不应超过土的强度极限，否则会立即引起土基破坏。选择机械时，还应考虑土的状态及对压实度的要求。一般地，土的含水率小，压实度要求高，应选择重型机械，反之可选轻型机械。

第二，压实工作面。当工作面较大时，可采用碾压机械，较狭窄时宜用夯实机械。

第三，机械的技术特性与生产率。选择机械类型，确定机械数量，应考虑与其他工序的配合，使机械的生产能力互相适应。

b.压实机械的使用

为了能以尽可能小的压实功获得良好的压实效果。在压实机械的使用上应注意以下两点：

第一，压实机械应先轻后重，以便能适应逐渐增长的土基强度。

第二，碾压速度宜先慢后快，以免松土被机械推走，形成不适宜的结构，影响压实质量，尤其是黏性土，高速碾压时，压实效果明显下降。通常压路机进行路基压实作业行驶速度在4 km/h以内为宜。

此外，在路基土的压实中，除了运用不同性能的各种专用压实机械外，还应特别注意尽可能利用其他土方施工机械和运输车辆进行分层压实，有计划、有组织地利用运土车辆碾压填方土料。施工中要注意采用合理的技术措施，一般应控制填土厚度不大于30 cm，并用推土机或平地机细致平土，控制合适的含水率；同时，还要在机械的运行线路上使各次行程能大体均匀分布到填土土层表面，保证土层表面全部被压到。

④分层填筑、分层碾压

分层填筑。一方面，要把握每层填土厚度的大小。填土层厚度过大，其深部不能获得要求的压实度；填土层厚度过小，会影响工作效率和经济效益。一般认为，对于细粒土，用12～15 t光轮压路机时，压实厚度不得超过25 cm，用22～25 t振动压路机时（包括液压振动），压实厚度不超过60 cm。另一方面，每层填土应平整，且自中线向两边设置2%～4%的横向坡度，及时碾压，雨季施工时更应注意。

分层碾压。碾压前应对填土层的松铺厚度、平整度和含水率进行检查，符合要求后方可进行碾压。分层碾压的关键是控制碾压遍数。在大规模施工前，取100～200 m路基填筑做试验段，确定达到要求压实度所需的碾压遍数。

在施工中，当含水率为最佳含水率时，还可采用下列经验值，对低黏质土压实所需的碾压遍数平均为4～6遍，对黏质土压实所需的碾压遍数平均为10～12遍。

一般压实遍数宜控制在10遍以内，否则应考虑减少填土层厚，经压实度检验合格后方可转入下道工序。不合格处应进行补压后再检验，一直达到合格为止。

⑤全宽填筑、全宽碾压

填筑路基时，应要求从基底开始在路基全宽度范围分层向上填土和碾压。压实路线为直线段，宜先两侧后中间，小半径曲线段由内侧向外侧，纵向进退式进行；横向接头，对振动压路机一般重叠0.4～0.5 m，对三轮压路机一般重叠轮宽的1/2，前后相邻而区段（碾压区段之前的平整，预压区段与其后的检验区段）宜纵向重叠1.0～1.5 m，使路基各点都得到压实，避免土基产生不均匀沉陷。以往的施工实例表明，凡不注意全宽碾压的，当路堤填筑到一定高度时，均出现程度不同的纵向裂缝，严重的还影响到路面，使之也出现纵向裂纹。

使用夯锤压实时，第一遍各夯位宜紧靠，如有间隙则不得大于15 cm，第二遍夯位应压在第一遍夯位的缝隙上，如此连续夯实，直至达到规定的压实度。

3.现场压实度的评定

正确评定施工现场路基土的压实度，必须解决现场准确测定密度和含水率的问题，然后根据检测数据利用数理统计方法做出评定。

（1）现场测定土的密度

压实度由标准干密度和现场压实后的干密度所决定。一般来说对某种土类的标准击实密度变化是不大的，由此可知压实度与现场实测的密度有着密切的关系。根据试验资料，一般土的最大干密度介于1.7～1.9 g/cm³之间。如果以压实度为96%要求值考虑，则压实度差1%时，反映在干密度的绝对值只差0.017～0.019 g/cm³。因此准确测定土基的现场压实密度，对正确评定压实度尤为重要。

（2）压实质量的评定

根据所测的压实度如何评价某一路段的压实效果，规范中提出了压实度要求值，而没有明确提出具体评价的方法。现场测量干密度和实验室条件差别较大，特别是现场土质的变化，即使是小的变化都将导致压实度发生变化，用灌砂法测定现场密度是逐个试洞进行，各试洞都受土质、施工均匀性影响极大。即使试洞布置很密，所得干密度也不可能相同，这主要是由于各层铺筑、碾压及含水率等不均匀性，以及土质的变化引起的。

（3）现场评定压实质量

①现场压实度检验的频率最小数量，即对某一面积的路基土，至少应做多少点密度检验。

②由于现场压实质量存在不均匀性，即现场密度测定所求出的平均压实度小于标准值时，包含了整体中部分的不合格点在内。检验路段试验资料计算的标准偏差愈小，说明该路基压实质量均匀性愈高，要求的概率愈大，允许的误差范围愈小，则需要的试验数据就愈多。因此利用平均值来评定现场压实度时，尚应考虑一个保证率系数，从而得出某一保证率条件下的变动范围，高速公路保证率系数为95%。

（二）填石、土石混填及高填方路堤的压实

1.填石路堤

（1）压实质量标准

填石路堤压实质量见表2-1。

表2-1　填石路堤上、下路堤压实质量标准

分区	路面地面以下深度（m）	硬质石料孔隙率	中硬石料孔隙率	软硬石料孔隙率
上路堤	0.8 ~ 1.5	≤ 23%	≤ 22%	≤ 20%
下路堤	> 1.5	≤ 25%	≤ 24%	≤ 22%

填石路堤施工前，应先修筑试验路段，确定满足表2-1中孔隙率标准的松铺厚度、压实机械型号及组合、压实速度及压实遍数、沉降差等参数。

在填石路堤施工过程中的每一压实层，可用试验路段确定的工艺流程和工艺参数，控制压实过程，用试验路段确定的沉降差指标检测压实质量。

（2）压实方法及检查

填石路堤在压实之前，应用大型推土机摊铺平整。个别不平处应用人工配合以细石屑找平，使石块之间无明显高差台阶才便于压路机碾压，或使夯锤下坠到地面时，受力基本均匀，不致使夯锤倾倒。

填石路堤填料石块本身是密实而不能压缩的，压实工作是使各石块之间松散接触状变为紧密咬合状态。由于石块粒径较大，质量较大，必须选用工作质量18 t以上的重型振动压路机、工作质量2.5 t以上的夯锤或25 t以上的轮胎压路机压（夯）实，才能达到规定的紧密状态。用振动压路机或夯锤压实能在压实时产生振动力和冲击力，可使石块产生瞬时振动而向紧密咬合状态移位，其压实厚度可达1.0 m。当缺乏上述两种压实机具，只能采用重型静载光轮压路机或轮胎压路机压实时，应减少每层填筑厚度和石料粒径，其适宜的压实厚度和粒径应通过试验确定，但不应大于50 cm。

填石路堤应先压两侧后压中间，压实路线对于轮碾应纵向互相平行，反复碾压。压实路线对夯锤应呈弧形，当夯实密实程度达到要求后，再向后移动一夯锤位置。行与行之间

应重叠40～50 cm，前后相邻区段应重叠1.0～1.5 m，其余注意事项与土质路基压实相同。

填石路堤使用各种压实机具时的注意事项与压实填土路基相同，而填石路堤压实到所要求的紧密程度所需的碾压或夯压的遍数应经过试验段确定。采用重锤夯实时，重锤下落时不下沉而发生弹跳现象，可进行压实度检验。

填石路堤顶面至路床顶面80 cm范围内应填筑符合路床要求的土，并按要求进行压实。

2.土石混填路堤

土石混填路堤的压实方法与技术要求，应根据混合料中巨粒土的含量百分比确定。当混合料中巨粒土（粒径大于200 mm的颗粒）含量多于70%时，其压实作业接近于填石路堤，应按填石路堤的方法和要求进行。当混合料中巨粒土的含量低于50%时，其压实作业接近于填土路堤，应按前述填土路堤的方法和要求进行。

土石路堤的压实度可采用灌砂法或水袋法检测。其标准干容重应根据每一种填料的不同、含石量的最大干容重做出标准干容重曲线，然后根据试坑挖取试样的含石量，从标准干容重曲线上查出对应的标准干容重。当采用灌砂法或水袋法检验有困难时，可根据填石路堤的方法进行检验，即通过18 t以上振动压路机压实试验，当压实层顶面稳定，不再下沉（无轮迹）时，可判定为密实状态。

如几种填料混合填筑，则应从试坑挖取的试样中计算各种填料的比例，利用混合料中几种填料的标准干容重曲线查得对应的标准干容重，用加权平均的计算方法，计算所挖试坑的标准干容重。

土石路堤的压实度标准，可采用灌砂法或水袋法检验，并应符合填土路堤的压实度要求，也可按填石路堤的方法检验，并应用灌砂法或水袋法判定压实度是否合格。

3.高填方路堤

高填方路堤的基底承受路堤土本身的荷载很大，因此对基底应进行场地清理，并按照设计要求的基底承压强度进行压实。设计无要求时，基底的压实度不应小于90%。当地基松软仅依靠对厚土压实不能满足设计要求的承压强度时，应进行地基加固处理，以达到设计要求。当基底处于陡峻山坡上或谷底时，应做挖台阶处理，并严格分层填筑压实。当场地狭窄时，压实工作应采用小型的手扶式振动压路机或振动夯进行。当场地较宽广时应采用自行式12 t以上的振动压路机碾压。

二、路基排水施工

（一）地面排水

排除地面水的各种设施，应充分考虑多方面进入路基范围的水流量，包括因降雨、降雪所产生的路面水流，以及从公路附近地区向道路范围流入的水流，还包括路堑边坡排水和农田横跨道路的排水工程，据此来确定排水设施的排水能力。

地面排水设施主要有边沟、截水沟、排水沟以及跌水和急流槽等。

1.边沟（侧沟）

设置在路堑路肩两侧或路堤的坡脚外侧，用以汇集和排除路基范围内及流向路基方向的少量地面水的沟槽叫作边沟。边沟的断面形式，一般有梯形、三角形和矩形。通常土质边沟多用梯形；石质边沟用矩形；机械化施工时则采用三角形边沟居多。

梯形边沟边坡，靠路基一侧为1：1 ~ 1：1.5，另一侧与路堑边坡相同；三角形边沟边坡一般为1：2 ~ 1：4；矩形边沟用于石质地段或用块石铺砌时，边坡可以直立，亦可稍有倾斜，边沟深度一般取0.4 ~ 0.8 m，边沟底宽不应小于0.4 m，在水流较多的情况下，须适当加宽或加深。

一般情况下，边沟不宜与其他沟渠合并使用。为控制边沟中的水流不致过多，可以充分利用地形，在较短距离内即将边沟水排至路旁洼地、沟谷或河道内，一般每隔300 ~ 500 m设涵沟一道，用以及时将边沟水排至路基范围的外侧。

通常，边沟的纵坡与路线纵坡相同，但不宜小于0.2% ~ 0.5%，以免水流阻滞和使边沟淤塞。当纵坡大于3%时，应对边坡进行加固；当纵坡超过7%时，流速变大而冲刷严重，可采用跌水或急流槽的形式缓冲水流。另外在平曲线区段内，应注意使边沟纵坡与平曲线平顺衔接，以保证水流畅通。在路基外侧，边沟开挖深度应适当加大，保证不致因平曲线引起边沟纵坡坡度变小，而妨碍水流畅通。在平曲线段内调整边坡确有困难时，也在平曲线上游段适当增设涵洞，减少曲线段边沟的水流量。

边沟的出水口，必须妥善处理。在路堑路堤接合处，应设排水沟沿路堑山坡将水流引出路基以外，以免冲刷填方边坡；或者用跌水、急流槽把水直接引到填方坡脚外。当边沟的出口与涵洞间高差较大，可以在涵洞进水口前设雨水井，或根据地形情况，急流槽与跌水并用将水流引入涵洞。若边沟出水口有桥头翼墙等建筑物，也可以用急流槽或跌水将水接引入河道。

2.截水沟

截水沟应设在路基横坡上方的边坡上，垂直于水流方向（大致与线路平行），以截拦外部水流，并引入他处，保证路基不至于被冲刷。截水沟必须排水迅速，不得在沟内积水或沿沟壁土层渗水，否则，会加剧路基病害，截水沟可能成为边坡塌方的顶边线。所以，截水沟应设有合适的纵坡度，最小不应小于0.2% ~ 0.5%，亦不可超过3%，使截水沟边坡冲刷严重。一般取用1%，沟内应适当加固，以保证不渗水，在转弯处用平顺的曲线相连接，保证水流畅通。

截水沟的横断面形状，一般多为梯形，底宽不应小于0.5 m，深度应根据拦截的水流量确定，不宜小于0.5 m。边坡坡度视土质而定，一般土质可取1∶1～1∶1.5。

截水沟离路堑边坡坡顶边缘的距离 d 视土质不同而异，以不影响路堑边坡稳定为原则，一般取 d ≥ 5m。在截水沟与路堑之间，用土壤堆筑挡水土台。

山坡路堤上方的截水沟，应布置在路堤坡脚以外约 2 m 处，截水沟与路堤之间修筑护坡道，顶面以2%的横坡向截水沟倾斜，如有取土坑，则在坑内挖沟，并加以修整。

如果路堑边坡坡顶边缘至分水岭的山坡不宽，坡度较缓，降雨量也不大，土质良好且植被覆盖茂密，此时也可不设截水沟；反之，如坡面很长，降雨量又大时，根据具体情况，可设一道或几道大致平行的截水沟，以分段拦截地面流水。

截水沟也应设有可靠的出水口，需要时应设排水沟、跌水或急流槽，将水引至自然沟及桥涵水流进口处。

3. 排水沟

设置排水沟的目的，在于将水流从路基排泄至低洼地或排水设施中。因此，其位置与地形等条件有关，灵活性较大。路堤有取土坑时，应挖成畅通的沟槽，起排水作用；没有取土坑时，应在路基横向坡度上方一侧，或横坡不明显而路堤较低的情况下，在路基的两侧，挖纵向排水沟，用以截引流向路基的地面水流，不使滞积而危害路基。

排水沟一般为梯形断面，底宽不小于0.5 m，深度根据流量而定，边坡坡度视土质情况取1∶1～1∶1.5，排水沟应尽量做成直线，如必须做成较弯时，其曲线半径不宜小于10～20 m。排水沟长度根据地形情况视需要而定，当排水沟水流流入河道或其他沟渠时，应使水流平顺流畅。

4. 跌水与急流槽

当排水的高差较大，距离较短或坡度陡峻时，应采用跌水和急流槽的形式，以防止过高流速的水流冲刷。

从水力计算特点出发，跌水和急流槽的构造分为进水、缓冲、出水三部分。跌水和急流槽一般用石砌或混凝土筑成，要求基础牢固，不渗水。

（二）地下排水

为了拦截、汇集和排除路基地下水，降低其水位，设置的地下排水设施有暗沟（盲沟）、排水管和排水涵洞几种形式，它们可以布置在路基的不同部位。

地下水排水设施设置，应分析地下水侵入路基土体的途径，抓住关键性矛盾，针对性地采取措施，路基土渗透水的途径有以下六项。

1. 从与道路相连接的高处向路堤渗透。

2. 由地下水通过毛细作用向上渗透。

3. 路面水向下渗透。

4.由于路边土和路基土含水率不同，产生的抽吸渗透。

5.路基土对地下水的抽吸。

6.通过土孔隙，地下水蒸气上升。

针对具体情况，可采用不同形式的排水设施。

第三节　路基防护与加固

一、坡面防护

路基边坡受到降水、融雪、地下水、河水、风吹、日晒及其他自然力的作用，表层极易受到损害，边坡愈陡，土质愈软弱，受害就愈是严重，而且以水害更为突出。所以，边坡坡面防护与加固应和路基排水相结合，综合应用各种方法，对于保护路基效果会更为显著。

（一）植被防护

植被工程是指用植物所做的防护工程，其主要方法是铺草皮、种草或植树等，方法简单易行且又经济有效，目的是减缓地面水流速，调节表层土的水温状况，植被根系深入土中，在一定程度对表土层起着固结作用。

1.种草

种草适用于边坡稳定、坡面冲刷轻微的路堤或路堑边坡，一般要求边坡坡度不陡于1∶1、边坡地面水径流速不超过0.6 m/s，长期浸水的边坡不宜采用。

采用种草防护时，对草籽的选择应注意当地的土壤和气候条件，通常应以容易生长、根部发达、叶茎低矮或有菊小茎的多年生草种为宜，最好采用几种草籽混合播种，使之生成一个良好的覆盖层。

播种的坡面应平整、密实、湿润，播种方法有撒播法、喷播法和行播法等。采用撒播法时，草籽应均匀撒布在已清理好的土质边坡上，同时做好保护措施。对于不利于草类生长的土质，应在坡面上先铺一层种植土，路堑边坡较陡或较高时，可通过试验采用草籽与含肥料的有机质泥浆混合，用喷播法将混合物喷射于坡面。采用行播法时，草籽埋入深度应不小于5 cm，且行距应均匀。

种草应在温度、湿度较大的季节播种，播种前应在路堤的路肩和路堑的堑顶边缘埋入与坡面齐平的宽20～30 cm的带状草皮。播种后，应适时进行洒水、施肥、清除杂草等养护管理，直到植物覆盖坡面。

2. 铺草皮

铺草皮适用于各种土质边坡。特别是当坡面冲刷比较严重，边坡较陡（可达60°），径流速度大于0.6 m/s时，采用铺草皮防护比较适宜。铺草皮的方式有平行于坡面的平铺、水平叠置、垂直坡面或与坡面呈一半坡角的倾斜叠置，以及采用片石铺砌成方格或拱式边框、方格式框内铺草皮等，可根据具体条件（坡度与流速等）选用。

铺草皮须预先备料，草皮可就近培育，切成整齐块状，然后移铺在坡面上。铺时应自下而上，并用竹木小桩将草皮钉在坡面上，使之稳定。草皮根部土应随草切割，坡面要预先整平，必要时还应加铺种植土，草皮应随挖随铺，注意相互贴紧。

铺草皮前，应将边坡表面挖松整平，尽可能在春、秋季或雨季进行，随挖随铺，成活率较高。不宜在冰冻时期或解冰时期施工。路堑边坡铺草皮时，应铺过路堑顶部1 m或铺至截水沟边。为提高防护效果，在铺草皮防护坡面上，尽可能植树造林，以形成一个良好覆盖层。

3. 植树

植树适用于各种土质边坡和风化极严重的岩石边坡，边坡坡度不陡于1∶1.5。在路基边坡和漫水河滩上植树，对于加固路基与防护河岸均有良好的效果，可以降低水流速度。在河滩上植树，可促使泥沙淤积，防止水流直接冲刷路堤。在风沙和积雪地面、林带植树，可以防沙、防雪，保护路基不受侵蚀。此外还可美化路容，调节气候，改善高速公路的美学效果。

植树防护宜选用在当地土壤与气候条件下能迅速生长、根系发达、枝叶茂密的树种。用于冲刷防护时宜选用生长很快的杨柳类，或不怕水淹的灌木类。种植后在树木成长前，应防止流速大于3 m的水流侵害，必要时应在树前方设置障碍物加以保护。植树防护最好与种草结合使用，使坡面形成一个良好的覆盖层，才能更好地起到防护作用。高速公路边坡上严禁种植乔木。

（二）坡面处治

对于岩石边坡的防护，可以采用抹面、喷浆、勾缝、灌浆、嵌补或铆固等方法进行处治，以达到防护的目的。

抹面防护适用于易风化而表面比较完整、尚未剥落的岩石边坡。如页岩、泥岩、泥灰岩或千枚岩等，目的是防止表面风化成害。通常的做法是用石灰炉渣的混合灰浆、三合土或四合土（三合土为石灰、炉渣、黏土按一定比例混合而成，四合土则另加河沙）进行抹面，作业前，应对被处治的边坡加以清理，去掉风化层、浮土、松动石块，并填坑补洞，洒水湿润，以利牢固耐久，抹面后还要进行养生。

喷浆是一种施工简便、效果较好的方法，适用于容易风化和坡面不平的岩石边坡处治，喷射材料可以是水泥砂浆和混凝土，其厚度一般为 5 ~ 10 cm。对于气候条件恶劣或寒冷地区，应适当加厚，喷浆前也应对坡面进行清理，有条件时可将铁丝网固定在边坡上，之后进行喷浆。对于一般不重要的工程，可以采用水泥、石灰、河沙混合浆喷浆，比较经济。

勾缝适用于比较坚硬，但节理裂缝多而细的岩石边坡处治，主要为防止水侵入岩层内造成病害。灌浆则适用于坚硬但裂缝较深和较宽的岩石边坡处治，它借助砂浆或混凝土使坡面表层形成一防水整体。

嵌补主要用于补平坡面岩石中较大凹坑，以防岩面继续破损碎落，以保证整个边坡稳定。材料多使用浆砌块石，也可根据需要用钢筋穿牢，再灌入水泥混凝土。

（三）结构物防护

即用片石、块石、圆石或水泥混凝土预制块铺砌护坡，其主要目的是在小于 1 ： 10 缓坡上防止坡面风化和被侵蚀，用于没有黏结力的砂土、硬土，以及易于崩塌的黏土等地段。

砌石有单层和双层两种形式，方法有干砌或浆砌。

用结构物防护还可采用护面墙的形式，作为浆砌石铺层的覆盖物，多用于封闭各种软质岩层的挖方边坡，以防止严重风化；或设在破碎岩层上，防止碎落；也有设在较软的夹层面上的（如粉砂、细砂或坡积层），防止碎落成凹坑。显然，这种方法比抹面等护坡措施要求更高，作用也更明显，但又不像挡土墙那样能承受压力作用，护面墙只能承受自重作用，所以要求被防护的边坡必须是稳定的。

二、挡土墙

路基支挡防护，可以利用石料、干砌或浆砌石料形成挡土墙等结构物，其中挡土墙结构类型多、适应性广，是山区公路重要结构物之一。永久性的挡土墙，造价较高，应与路线位置移动、放缓边坡等措施结合，综合比较，选择使用。

（一）挡土墙的种类及其适用范围

按挡土墙的位置不同，可分为路肩、路堑、路堤和山坡式四种。其中路肩或路堤挡墙，设在较陡山坡上，可保证填方稳定，缩小占地宽度，减少填方量，不拆或少拆原有建筑物。沿河路堤还可少占河床，防止水流冲刷路基。路堑或山坡挡墙，则可以少挖方，避免破坏原地层的天然平衡，降低边坡高度，放缓边坡，并支挡边坡，保证边坡的稳定。

按构造形式与特点的不同，挡土墙可分为重力式、悬臂式和扶壁式等，其中以重力式运用比较普遍，它结构简单，施工方便，有利于就地取材。但圬工体积大，砌体较重，要

求地基有较高承载力，在使用上受到一定的限制。

（二）挡土墙构造与布置

重力式挡土墙因其墙背不同，有仰斜式、俯斜式、垂直式三种形式的挡土墙。

仰斜式挡土墙所受土压力较小，墙身断面较为经济，用作路堑挡墙时，墙背与开挖的临时边坡比较吻合，开挖和回填的土石方量较少。但当墙趾处的地面横坡较陡时，如果采用这种形式，则会增高墙身和加大断面尺寸。因此，仰斜式适用于作为路堑挡墙，亦可用作墙趾处地面平坦的路肩挡墙或路堤挡墙。

俯斜式挡土墙所受土压力较大，通常在地面横坡较陡时选用，以利用陡直的墙面与填料之间的摩擦力，有利于减小墙高。如做成台阶式还可提高墙背挡墙的稳定性。俯斜式适用于做路肩或路堑挡墙，是常用的挡墙形式之一。

垂直式挡土墙，在其墙背上设有衡重平台，上墙俯斜，下墙仰斜，适用于做陡坡上的路肩或路堤挡墙，也可用作路堑挡墙。因为墙身上设有平台，借助于上面填方的垂直压力，有利于墙的稳定，而且下墙仰斜，易与挖方边坡相吻合。上、下墙高比例，与平台宽度以及同上、下墙背斜坡有关，依照断面经济的原则，一般可取 2：3。

挡土墙基础以上的墙面，一般是稍向内侧倾斜的直线，倾斜度为 1：0.05～1：0.20，如果原地面比较平坦，可放缓至 1：0.4。在地势平坦处修建高度为 2～4 m 的矮墙时，墙面可以垂直。除此之外，通常均采用俯斜，以利于稳定，墙背斜坡，对于俯斜式不宜陡于 1：0.25。对于仰斜式最好同墙面一致，虽然仰斜墙背坡度越缓，越可以减小主动土压力，但也增加了施工难度。一般以 1：0.25 为宜，最缓不宜超过 1：0.36。对于垂直式挡土墙，墙面可直立，上墙背俯斜在 1：0.25～1：0.45 范围内，下墙背仰斜一般为 1：0.25。

挡土墙顶的最小宽度，浆砌块（片）石为 0.4 m，干砌时为 0.5 m。路肩挡墙加混凝土或粗料石台帽时，台帽的厚度不宜小于 0.4 m，顶部帽檐悬出的宽度为 0.1 m。高度在 6 m 以上的挡土墙，连续长度超过 20 m 时，必须设护栏。挡土墙顶设护栏时，不得占用路肩宽度，保证护栏内侧与路面边缘之间，具有规定的最小路肩宽度。

第四节　路基安全施工与环境保护

一、一般规定

1.工程开工前必须进行现场调查，根据施工地段的地形、地质、水文、气象、环境等，制定相应的安全技术和环境保护措施。施工中应及时掌握气温、雨雪、风暴、汛情等预报，做好防范工作。

2.路基施工前，应了解施工范围内地下埋设的各种管线、电缆、光缆等情况并与相关部门联系，制定合理的安全保护措施。施工中如发现有危险品及其他可疑物品时，应立即停止施工，报请有关部门处理。

3.应按照国家有关规定配置消防设施和器材，设置消防安全标志，施工现场应设置醒目的安全、警示标志和安全防护设施。

二、安全施工

1.路基施工应制订安全预案，具备安全生产条件，确保施工安全。

2.施工现场的临时用电应严格执行现行《施工现场临时用电安全技术规范》（JGJ 46-2005），夜间施工时，现场应设有保证施工安全要求的照明设施。

3.施工便道、便桥应设立警示和交通标志。必要时应设专人维护，指挥交通，施工车辆必须遵守道路交通法规。

4.施工作业人员，必须遵守本工种的各项安全技术操作规程。作业人员、进入现场人员必须按规定佩戴和使用劳动防护用品。由人工配合机械进行辅助作业时，作业人员应注意观察，严禁在机械正在作业的范围内进行辅助作业。

5.多台机械同时作业时，各机械之间应注意保持必要的安全距离。机械在路基边坡、边沟、基坑边缘、不稳定体（地段）上作业时，应采取必要的安全措施。

6.在靠近结构物附近挖土时，必须采取安全防护措施，对于在路基范围内暂时不能迁移的结构物，应留出土台，土台周围应设警示标志。

7.结构物基坑开挖，应根据土质、水文和开挖深度等选择安全的边坡坡度或支撑防护。在施工过程中进行监测，并及时采取相应的处理措施。开挖弃土或坑边材料的堆放不得影响基坑的稳定。沟槽（基坑）开挖深度超过 2 m 时，其边缘上面作业应按高处作业要求进行安全防护并设置警告标志。开挖沟槽（基坑）位于现场通道或居民区附近时，应设置安全护栏。

8.采用围堰法施工沿河路基防护基础时，应制订针对洪水、渗漏水、流砂、涌砂、围堰变形等情况的安全预案。

9.作业高度超过1.2 m时，应设置脚手架。脚手架应通过专业设计，必须进行强度、刚度及稳定性等方面的验算。施工过程中，对脚手架应经常检查，发现松动、变形或沉陷应及时加固。

10.用提升架运送石料时，应有专人指挥和操作，严禁超负荷运行，严禁使用提升架载人。临时起吊设备的制作、安装必须符合国家相关规定。

11.砌筑作业时，脚手架下不得有人操作及停留，不得重叠作业。砌筑护坡时，严禁在坡面上行走，不得采用从上到下自由滚落的方式运输材料。

12.喷浆作业时应密切注意压力表变化。出现异常时，应停机、断电、停风并及时排除故障，作业区内严禁在喷浆嘴前方站人。

13.预应力张拉时，预应力张拉设备必须安装牢固。千斤顶近旁严禁站人，无关人员不得进入现场。

14.预制构件安装前，应根据现场条件制订详细的吊装方案，所有起重设备必须符合国家关于特种设备的安全管理规定。

15.拆除作业应制订安全可靠的拆除方案，拆除的废弃物应运到指定地点。

16.爆破作业。

第一，进行爆破工程设计时，应制定安全技术操作规程，爆破作业应严格执行现行《爆破安全规程》（GB 6722—2014），确保爆破安全。

第二，爆破作业人员必须持证上岗，进行爆破器材保管、加工、运输及爆破作业的人员，不得穿戴易产生静电的衣物。

第三，爆破器材应按规定要求进行检验，失效和不符合技术条件要求的不得使用。

第四，选择炮位时，炮孔应避开正对的电线、路口、结构物，严禁在残眼上打孔。

第五，爆破时，应清点爆炸数与装炮数量是否相符。发生哑炮时，必须按相关规定进行处理，如发现危坡、危石等，应按规定及时处理。处理前，应在现场设立警戒或危险标志，无关人员不得接近。

第六，清方过程中，发现有哑炮、残药、雷管时，必须及时请爆破人员进行处理。

第七，已装药的炮孔必须当班爆破。

第八，夜间不宜进行爆破作业，遇雷雨时应停止爆破作业，所有作业人员应立即撤离爆破区。

三、环境保护

（一）防止水土污染和流失

1.施工前，应制定相应的预防水土污染和水土流失措施，考虑土地资源的合理利用，缩短临时占地使用时间。

2.在崩塌滑坡危险区和泥石流易发区严禁取土、挖砂、采石。

3.施工过程中，各种排水沟渠的水流不得直接排放到饮用水源、农田、鱼塘中。

4.不得随意丢弃生产及生活垃圾，垃圾的掩埋或处理应按当地环保部门的要求进行，不得随意排放含油废水及生活污水。

5.使用工业废渣填筑路基，当废渣中含有可溶性有害物质时，可能造成土质、水污染时，应采取措施，予以处理。

6.在自然保护区、森林、草原、湿地及风景名胜区进行施工时，应遵守国家环境保护的相关规定。

（二）噪声、空气污染的防治

1.在居民聚居区或其他噪声敏感建筑物附近施工时，当噪声超过规定时，应及时采取措施，减少施工活动对沿线居民的干扰。

2.对施工作业人员，在噪声较大的现场作业时，应采取有效防护措施。

3.路基施工过程中应采取措施控制扬尘、废气排放等。

4.路基施工堆料场、拌和站、材料加工厂等宜设于主要风向的下风处的空旷地区，当无法满足时，应采取必要的环保措施。

5.粉状材料运输应采取措施防止材料散落。

6.粉煤灰、石灰等在露天堆存时，应采取防尘、防水措施。

7.采用粉状材料作为路基填料或对路基填料进行现场改良施工时，应避免在大风天作业，施工人员应佩戴防尘口罩等劳动保护用品，并采取环境保护措施。

四、文物保护

第一，在文物保护区周围进行施工时，应制定相应的保护措施，严防损毁文物古迹。

第二，施工中发现文物时，应暂停施工，保护好现场，并立即报告当地文物管理部门研究处理，不得隐瞒不报或私自处置。

第三章 超薄层沥青混凝土面层技术

第一节 超薄层沥青混合料设计关键技术

一、集料级配选用关键技术

超薄层沥青混凝土厚度很小，摊铺厚度受到了限制，主要用于路面功能层，因此，必须具备一定的抗滑性能和耐久性要求。实践证明，传统的连续密实型级配，不能满足这一性能要求。

（一）超薄层沥青混凝土级配类型及基本要求

鉴于超薄层沥青混凝土上述特征，因此，它一般为细粒式沥青混凝土，公称最大粒径一般不大于13mm，国外采用0 ~ 10型或0 ~ 6型级配。由于我国没有公称最大粒径为6mm的混合料级配，所以以0 ~ 10型级配为主。

1.超薄层沥青混凝土级配类型

超薄层沥青混凝土，可分为粗集料断级配密实型沥青混合料和开级配沥青混合料两种。前者具有比较好的耐久性，强度也高，适用范围广，在国际上是常用级配类型，例如：SMA、SUP、BBTM、OGFC，国内SAC级配也属于这种类型的混合料。

2.超薄层沥青混凝土粗集料含量分析

超薄层沥青混合料粗细级配，按集料级配类型的不同，一般以4.75mm或2.36mm为分界线，大于该分界线为粗集料，小于者为细集料。

①DOGFC-10级配中，4.75mm以上粗集料含量高达80% ~ 90%，是一种典型的开级配混合料。新建路面构造深度，可达到1.8mm以上。

②SMA-10级配中，大于4.75mm的碎石含量一般在70% ~ 80%，此外，它的矿粉含量较高，达到10% ~ 14%。按照混合料的粗集料间隙率不大于粗集料本身的间隙率标准，SMA-10和OGFC-10均是骨架嵌挤型结构。新建的SMA-10构造深度，一般能达到1.0 ~ 1.2mm，具有良好的抗滑性能。

③SAC-10的4.75mm以上的碎石含量一般控制在60% ~ 70%，0.075mm以下的矿粉

含量也略低于SMA1-0，它是介于骨架嵌挤和骨架悬浮之间的一种级配，混合料的构造深度一般在0.6 ~ 1.0mm之间，且具有比较好的耐久性能。

④Sup-9.5及其他几种混合料，粗集料含量明显降低，混合料的密实性较好，而构造深度明显偏小，用于表面层其抗滑性能明显不足，如Sup-9.5的构造深度一般在0.5mm左右，AC-10L的构造深度不足0.3mm。

通过上述分析，应当说SAC-10是一种兼具两种要求的、比较理想的超薄沥青混凝土级配类型。

（二）断级配与完全断级配

沥青混凝土级配是指：粗、细集料和矿粉之间相互配合的最佳比例关系。按照传统的级配理论，集料级配分为连续级配和断级配，前者的级配曲线平顺圆滑，具有连续不间断性质，可用一条指数曲线拟合，可以是密级配，也可能是开级配。后者的级配曲线是间断的，是用两条或两条以上曲线拟合，大多数常用的断级配都是密实型级配，如SMA、SAC等，并不一定是开级配。

SAC-10混合料级配特征：构造深度比较好，但混合料空隙率水平不稳定。为了改善其密实性，可在保证粗集料含量不变的前提下，完全间断级配中某个区域集料，对于这种级配称之为完全断级配。应特别注意：完全断级配只是突出地减少级配中某个区间内集料含量，甚至没有。

根据国内表面层沥青混合料所用集料生产情况，将完全断级配间断区间放在4.75 ~ 2.36mm之间，4.75mm以上的粗集料含量两种级配保持不变，0.075mm以下的矿粉含量也不变。其区别在于，完全断级配在4.75 ~ 2.36mm的机制砂采用2.36mm以下的中、细砂代替，两种级配在4.75mm处出现明显的间断点，是一种典型"S"形级配曲线，且完全断级配在2.36 ~ 4.75mm之间出现一个平台，说明在这个区间内的集料理论上含量为零，因此称为完全断级配。

在实际工程中，通过调整0.3 ~ 0.5mm的机制砂含量，可以达到完全断级配的目的。直观感觉完全断级配比断级配更容易密实。当采用空隙率确定油石比时，完全断级配混合料的油石比小于断级配，且混合料中细集料比表面积大于断级配，但沥青膜比后者薄，混合料冻融劈裂试验结果比后者也差，常温条件下的强度也低于后者，但高温性能明显好于后者。

如果使用改性沥青的SAC-10断级配改为完全断级配后，在相同油石比下，完全断级配混合料实测密度及饱和度明显提高，孔隙率显著降低。这说明完全断级配细料更容易填充粗骨料构成的孔隙，使试件更加密实，所以要达到相同的孔隙率，完全断级配用油量会减少。在相同的油石比下，完全断级配比一般断级配有更好的密实性。

二、超薄沥青混凝土配合比设计关键技术

伴随着交通量增长、重车增多、超载严重，沥青混凝土性能表现出严重不足。从混合料设计角度分析，沥青混凝土设计标准偏低是其中一个主要原因；说它设计标准偏低，具体体现为击实功偏小。显然，增加击实功是提高混合料设计标准和改善混合料路用性能技术措施之一。

（一）粗集料、断级配混合料空隙率与渗水性能关系

一般来说，沥青混合料空隙率大小与其吸水率有密切关系，直接影响其路用性能。对于超薄沥青混凝土，这种关系变化规律如何，是值得关注的问题。

四种混合料随着油石比增加，其空隙率和开口空隙率逐渐减小，而闭口空隙率则基本保持不变。由此可以认为，混合料的闭口空隙是由混合料集料级配规律所决定的，与混合料油石比没有直接关系，而混合料开口空隙率的大小，则与其油石比有十分密切的关系。当细集料保持不变时，随着公称最大粒径增大，混合料粗集料级配逐渐改善，其闭口空隙率逐渐减小。

（二）粗集料、断级配沥青混合料体积指标

沥青混合料体积指标，主要有空隙率和集料间隙率，两者既有关联又有明显区别；混合料空隙率相同，集料间隙率未必相同。集料间隙率又分为混合料集料间隙率和粗集的料集料间隙率（VCA）混合料粗集料间隙率变化，它能够反映出混合料粗集料骨架结构变化情况。

（三）粗集料、断级配混合料构造深度及耐久性

超薄沥青混凝土，由于受到厚度限制，集料的公称最大粒径一般小于10mm，如何提高它的构造深度及其耐久性，这是一个十分重要的问题。

1.影响沥青混合料构造深度因素

影响沥青混合料构造深度的因素，一般有石料、集料级配、沥青性能、油石比、使用温度等多方面。石料的耐磨性能好、沥青黏度高，都是改善沥青混合料构造深度、提高其耐久性十分有利的因素。

（1）集料级配

大量的实体工程检测结果表明，密实性连续型级配构造深度，明显小于粗集料断级配沥青混合料。

（2）粗集料含量对构造深度影响

设定级配均为粗集料断级配，但混合料中碎石含量不同，其构造深度水平如何？现选

用A、B、C、D四种SAC-10混合料级配，9.5 ~ 4.75mm粗集料含量分别为45%、55%、65%和75%，2.36mm以下的细集料含量分别为38%、33%、27%和21%，矿粉含量分别为6%、7%、8%和10%。

当粗集料达到65%以上时（采用4.75mm为标准），其构造深度增加很快，当粗集料达到75%时，构造深度增加比较缓慢。说明粗集料在65% ~ 75%之间，是构造深度敏感区域。因此，可以认为：SAC-10型级配，在满足其他路用性能的前提下，在65% ~ 75%之间可适当调整粗集料含量，对提高混合料的构造深度十分有利。换句话说，要保证混合料具有良好的构造深度，粗集料含量不宜低于65%。

2.油石比对构造深度的影响

为了探讨油石比对构造深度影响，仍选用SAC-10类型的混合料，油石比从4%变化到5.8%，每隔0.3%设定一级，拌制成沥青混合料，制备试件后分别测定的构造深度从0.48mm减少到0.355mm，整个变化过程可用二次曲线拟合。

当油石比在4.0% ~ 5.2%之间时，随着油石比增加，构造深度明显降低。当油石比进一步增加时，构造深度本身已经达到较低的水平，其衰减速率逐渐放缓，直至趋于稳定。

又如，前述的A、B、C、D四种不同级配的SAC-10混合料，测定的4.7%、5.1%、5.5%三个不同油石比下的构造深度。尽管级配不一样，但都存在一个共同的趋势：随着油石比的增加，它们的构造深度逐渐减小。对于级配D，粗集料含量较高，构造深度本身比较大，油石比影响减小或不明显；相反，当油石比过大时（如5.5%），由于析漏率增加，会导致构造深度增加的假象。

表3–1　不同油石比下构造深度　　　　　单位：mm

SAC-10 类型	不同油石比下构造深度		
	4.7%	5.1%	5.5%
A	0.279	0.246	0.212
B	0.330	0.319	0.316
C	0.440	0.366	0.341
D	0.650	0.625	0.628

3.试验温度对构造深度影响

选用SAC-10- Ⅰ、SAC-10- Ⅱ、SAC-16、SAC-13四种混合料，制备成车辙试件，直接在车辙板上测试不同温度下的构造深度。然后，采用幂函数模型建立起构造深度 TD 与温度 TB 的相关关系：$TD = a \times T_B$ 进行回归分析（表3-2）。

表3-2 不同温度条件下混合料构造深度（mm）变化

混合料	温度（℃）	样本1（mm）	样本2（mm）	样本3（mm）	样本4（mm）	平均值（mm）	a	b	R^2
SAC-10-Ⅰ	1	0.91	0.98	0.83	1.04	0.95	0.967 3	-0.066	0.844 0
	20	0.80	0.86	0.76	0.91	0.83			
	40	0.76	0.82	0.72	0.86	0.79			
	60	0.64	0.72	0.67	0.72	0.69			
SAC-16	1	0.93	0.93	0.98	1.07	0.98	0.991	-0.043 8	0.830 3
	20	0.84	0.86	0.91	1.04	0.91			
	40	0.82	0.84	0.82	0.93	0.85			
	60	0.72	0.76	0.80	0.91	0.80			
SAC-10-Ⅱ	8	0.72	0.80	0.66	0.74	0.73	0.907 9	-0.110	0.977 5
	22.5	0.66	0.67	0.56	0.63	0.63			
	40	0.64	0.64	0.54	0.62	0.61			
	60	0.63	0.59	0.53	0.58	0.58			
SAC-13	8	0.93	0.76	0.80	0.62	0.77	0.894	-0.072 8	0.950 6
	22.5	0.86	0.66	0.74	0.56	0.71			
	40	0.82	0.63	0.72	0.53	0.67			
	60	0.76	0.69	0.72	0.53	0.67			

从表3-2看到，温度对构造深度影响很大：SAC-10-Ⅰ在1℃时构造深度为0.95mm，60℃时下降到0.69mm，降低27%；SAC-16在1℃时构造深度为0.98mm，60℃时下降到0.80mm，降低18%；SAC-10I在8℃时构造深度为0.73mm，60℃时则下降到0.58mm，降低21%；SAC-13在8℃时构造深度为0.77mm，60℃时下降到0.67mm，降低14%。而且，公称最人粒径越小的混合料，对温度的敏感性就越强。

4.构造深度耐久性

上述讨论的构造深度影响因素，都是在试件没有经过荷载碾压条件下测定的，相当于实际工程中刚刚铺筑完成情况下的水平。因此，还需要检验混合料构造深度耐久性问题。

在检测混合料构造深度的试件，沿轮迹带切割呈矩形，然后，进行车辙试验，以检验试件车辙试验前后的构造深度变化。该变化情况反映出在荷载作用下混合料表面构造深度衰减水平，即混合料构造深度的耐久性。

三、OGFC混合料配合比设计方法

OGFC是另一种超薄沥青混凝土。一般来说，它的配合比设计主要有四个指标：析漏率、空隙率、飞散磨耗率和浸水条件下飞散磨耗率。

（一）OGFC超薄沥青混凝土设计指标

1.析漏率

析漏率是一个施工和易性指标。它是配合比设计及现场施工检验质量的一个试验方法（T0732），技术规范规定，OGFC的析漏率要求小于0.3%。

混合料油石比过大，会导致沥青在拌和、运输中流淌，严重的将会影响到碾压成型。换句话说，析漏率指标实际就是混合料油石比控制上限 ω_{min1}。

2.空隙率

空隙率是OGFC混合料的关键指标，影响到其各种路用性能。当级配一定时，油石比过大将会降低混合料空隙率，使其丧失或降低一些主要的路用性能，如排水能力。因此，根据设计空隙率要求确定混合料油石比时，它是配合比设计中的又一个控制上限 ω_{min2}。

上述两个控制上限的最小值，即 $\min\{\omega_{max1}, \omega_{max2}\}$，为OGFC混合料设计油石比的上限。

3.飞散磨耗率

超薄层表面层，构造深度比较大，粗集料外露，空隙中经常充满水，在车辆反复作用下，当集料与沥青黏结力不足时，集料颗粒脱落、掉粒、飞散，导致路面出现坑槽，甚至破损。

4.浸水飞散磨耗率

在炎热天气下，沥青混合料会膨胀，沥青也会老化，影响集料与沥青之间的黏结力。于是，在60℃水中浸泡48h后，检验其沥青混合料损失情况。在寒冷地区也可进行低温飞散试验，目的也是验证混合料中的沥青最少用量。

为了保证OGFC混合料具有一定的强度、稳定性，国内外大多采用飞散试验进行验证，一种是在干燥、常温环境下的行，另一种是在高温饱水之后试验。两种条件分别有两种不同的磨耗率标准，分别得到两个满足磨耗率标准的混合料最小油石比界限，即 ω_{min1}，ω_{min2}。当低于此油石比时，混合料的磨耗率不能满足要求。

同样，这两个控制下限的最大值，即 $\min\{\omega_{max1}, \omega_{max2}\}$，为这种混合料设计油石比的下限。因此，0GFC混合料配合比设计中理论上是给出一个设计油石比的范围 $\max\{\omega_{min1}, \omega_{min2}\}$，$\min\{\omega_{min1}, \omega_{min2}\}$。

（二）超薄沥青混凝土OGFC混合料设计中遇到的问题

OGFC混合料上述设计理论，虽然比较完善，但是，在实际操作过程中，经常会发生以下两个问题：

第一，混合料析漏率太小，当达到析漏率标准时，混合料的油石比已经很大了，远远超过一般概念中的范围，甚至达到相同粒径密实型混合料的水平。

第二，用飞散磨耗率水平确定油石比偏小，无论在浸水或非浸水条件下，当采用黏度较高的沥青，或在混合料中掺加一些橡胶粉都会出现这种现象。由此给出的混合料设计油石比范围比较宽，有时超过0.5～1%，这给实际工程选择油石比带来一些混乱。

（三）OGFC-10设计程序

OGFC混合料配合比设计，实际上只有空隙率一个标准，一旦根据空隙率标准确定出油石比后，再用上述验证相关的技术性能是否满足要求，否则调整空隙率标准或级配。

第二节　超薄层表面层施工关键技术及应用

超薄层沥青混凝土，在高速、一级、二级及城市道路上，都分别修建了不同厚度、不同级配、不同结合料、不同集料试验路或实体工程，铺层厚度一般为20～40mm，并经过了一年以上通车检验，收到了良好的效果。实践证明，它不仅适用于老路养护，也适用于新建工程。

超薄层沥青混凝土表面层，所采用的级配有：SAC-10、SMA-10、Sup-10、SMA-13、OGFC-10；所用集料有：玄武岩、石灰岩、花岗岩、破碎卵石。结合料采用SBS改性沥青、橡胶沥青（湿拌法）、普通沥青。为了提高混合料水稳定性，还采用水泥代替矿粉，部分试验段掺加不同目数与比例精细橡胶粉。

一、超薄沥青混凝土施工工艺关键技术

通过研究，总结各地工程实践证明，超薄沥青混凝土与一般沥青混凝土在拌和、摊铺、碾压工艺上，彼此之间并没有明显区别，其成功关键因素在于严格施工管理及质量控制。一般来说，现有的绝大部分沥青混凝土摊铺机，都可以进行超薄沥青混凝土摊铺。

（一）超薄沥青混凝土结构要求

超薄沥青混凝土能否成功应用，不应局限于其本身质量，还应包含一般路面结构设计的所有内容。为此，从功能角度出发，提出如下技术要求：

1.半刚性基层或刚性基层应满足承载能力要求。

2.加强层间黏结及应力消减设计。

3.合理减薄厚度，选取适当、适度满足路面功能要求，整体上节省造价；其结构形式：半刚性基层＋超薄沥青混凝土＋层间黏结及玻璃格栅。

（二）超薄沥青混凝土施工工艺关键技术

超薄沥青混凝土施工工艺与一般沥青混凝土施工并无两样，关键在于严格控制施工质量。严格控制工艺质量经验归纳如下：

1.超薄沥青混合料拌和

目前，超薄沥青混合料选用的集料规格，一般分为5～10mm、3～6mm和＜3mm三档。鉴于其混合料中60%以上为5～10mm粗集料，为了保证冷料仓准确、及时地进料，应采用两个冷料仓同时运送5～10mm规集料。

（1）5～10mm粗集料应进一步细化

适当控制5～10mm粗集料中比例，有利于改善混合料技术性能。为此建议，宜在拌和场将5～10mm的粗料进一步细分，分为5～7.5mm和7.5～10mm两档。

（2）热料仓个数和筛孔尺寸

热料仓筛孔尺寸选择至关重要。其筛孔孔径选择不当，不仅无法控制混合料级配，而且还会导致拌和过程中严重溢料、等料现象，造成生产能力不足，废料增加。为了避免发生这种现象，热料仓不宜少于三个；根据冷料仓情况，热料筛孔尺寸一般为3mm、6（5）mm、8mm、10（11）mm，其中8mm筛孔是关键筛孔。

2.超薄层沥青混凝土与下层黏结

超薄层沥青混凝土与下层层间黏结优劣，直接影响表面层受力状况，施工过程必须时刻注意。

（1）超薄层沥青混凝土对下面层要求

在铺设超薄沥青混凝土时，需要对下面层进行严格清理，使其保持干净、干燥状态，以提供良好的层间黏结状况。

正确的清理方法，应采用人工清扫和空压机吹等干燥的施工方法。

下面层干燥是摊铺超薄沥青混凝土必要条件，清理下面层时应严禁用大水冲刷，如遇降雨也应将路面充分晾干后再洒铺黏层油。

（2）施工过程中监测

在摊铺过程中，严禁泥土被带入路面，工作车辆完好，不漏水、漏油。

实践证明，在下面层表面，洒铺一定量的热改性沥青，是强化超薄层沥青混凝土与下面层黏结的最好措施，同时起到一定的防水作用。

3.超薄层沥青混合料摊铺

超薄面层较薄，控制其平整度时，必须从基层开始抓起，应保证各摊铺层平整。摊铺前，调节好摊铺速度和运料车关系，确保持续匀速摊铺。

4.超薄层沥青混合料压实

压实是一个重要施工步骤，它直接影响着工程的最终质量。超薄层厚度很薄，混合料散热快，必须严格控制碾压工序的每一步。

（1）混合料运输应采取保温措施

在运输过程中，应对混合料采取覆盖措施，减少料温损失，保证摊铺温度和初压温度，保证在高温条件下压实混合料。

（2）摊铺后碾压要求

混合料摊铺后，压路机应紧跟摊铺机，保证及时碾压，做到随摊随压。

（3）最后碾压要求

终压时，应采用重型钢轮振动压路机和重胶轮进行碾压，要保证压实的遍数和终压温度。在整个碾压过程中，应设专门施工人员进行指挥。

5.超薄层沥青表面层下防水黏结层

表面层下设防水层，一般有三种类型，一是改性沥青防水黏结层，二是稀浆封层防水层，三是改性沥青砂胶防水、应力吸收层。

（1）不同防水层功能比选

①改性沥青防水黏结层，是通过洒铺较大剂量改性沥青，然后再撒布单一粒径碎石，并经过碾压而形成的。利用改性沥青本身的密闭性、黏结性和回弹性，在沥青面层结构中形成一个良好的防水黏结功能层。

②稀浆封层是一种常用的路面防水功能层，它是采用乳化沥青或改性乳化沥青等冷拌类材料，结合撒布碎石而形成的，厚度一般为0.5～1cm。乳化沥青洒铺量一般为1～1.4kg/m²，实际用量大约为0.5kg/m²。无论减缓反射裂缝，还是增强层间黏结，它的效果难以与改性沥青防水层媲美，只能作为施工期间保护基层的一种手段。

③改性沥青砂胶防水、应力吸收层，系采用一种高性能改性沥青与细集料（公称最大粒径小于4.75mm）拌和而成的细粒式沥青混合料，用它铺设在基层或水泥混凝土板面上，利用其低模量、大变形特性，吸收混凝土板缝附近集中应力，减少反射裂缝的作用。

综上所述，以上不同类型的防水黏结层相比，改性沥青防水层具有更好的使用效果、低造价、施工方便等优势。

（2）改性沥青防水层施工关键技术

改性沥青防水层，常与超薄沥青混凝土组合为一体，设计总体厚度可采用3cm。

①改性沥青洒铺用量一般控制为2～2.4kg/m²。当用量小于1.5kg/m²时，进行拉拔发现，沥青面层结构薄弱面处在上下面层之间；当用量增加到1.8kg/m²以上，上下面层的黏结强度不低于混合料本身的黏结强度。不过洒铺过大也会导致混合料碾压不实、滑动，严重的会产生泛油。

改性沥青洒铺应采用专门的施工机械，严格控制洒铺剂量，这是改性沥青防水层施工成功的关键。

②撒布一层单粒径的碎石，洒铺上改性沥青后，为了能让施工机械在上面运行，防止轮胎与改性沥青黏结，故需要撒布一层碎石。所撒布的碎石技术要求：

所撒布的碎石，宜为较大单一粒径，不宜为小粒径2.36 ~ 4.75mm石屑，以免导致满铺成层，违背改性沥青防水层设计原理。碎石撒布之前，应先将其烘干、除尘，保持干净、干燥，以利于与改性沥青黏结。撒布密度为60% ~ 70%，以不黏结轮胎为宜，对于过多或局部堆积应适当清理。在撒布上碎石后，应及时用胶轮压路机进行碾压，以固定碎石。

二、超薄沥青混凝土表面层与薄层路面结构结合使用

超薄沥青混凝土表面层与薄层沥青混凝土路面结构则是两个不同性质的概念。前者的主要作用是抗滑，后者则是结构问题，是相对于较厚的沥青混凝土面层而言的。

（一）薄层路面典型结构

超薄沥青混凝土表面层，与薄层路面结构结合使用，期望进一步减薄面层厚度，缩短建设周期，节省投资，改善使用性能，并验证使用效果。为实现这一构想，我们铺筑薄层沥青路面与减薄结构层厚度，节约建设投资。当然，沥青面层厚度减薄不仅仅是降低成本，重要的是使用性能的优化。

通过对沥青路面早期损坏研究，其病因是沥青混合料热稳性、水稳性和层间黏结问题所致。对于裂缝问题，无论哪种基层结构都是存在的，国外也是如此。如果及时养护、封缝，在高速行驶状态下，乘客并没有明显的不舒适感，也未见产生其他大面积的水损坏。

由此看来，路面裂缝（主要是横向裂缝）仅是路面病害的初级阶段，如能采取及时有效的养护，其对路面使用性能影响是有限的。因此，我们认为，沥青路面结构设计应把重点放在改善沥青面层水稳定性、提高高温性能、改善层间黏结等问题上。

减薄沥青面层厚度对提高沥青面层整体高温抗车辙能力是有利的。沥青面层水损坏与沥青面层厚度本身没有直接必然联系，因此，没有必要通过增加沥青面层厚度来改善面层水稳定性。

对于薄面层结构来说，层间黏结是一个比较突出的问题，特别是半刚性基层（或刚性基层）与沥青面层黏结的问题。从理论上讲，由于半刚性材料与沥青混合料的刚度相差较大，为此提出：在下面层与基层之间增加一层改性沥青防水黏结层，一方面加强路面结构的防水功能，减少裂缝产生后对基层冲刷的可能性，另一方面加强基层与面层黏结。

（二）薄面层结构关键技术

诸多工程实践表明，在薄面层与强度较高的半刚性基层之间，存在较大的刚度差，但是，这并不是影响半刚性基层与面层黏结效果好坏的主要因素。综合成功经验和失败的教训，只要采取一定的技术措施，改善其层间黏结问题，这个问题是不难解决的：

1.设置改性沥青防水黏结层。但光这个是远远不够的，还应配套相应的工艺措施。

2.在铺设改性沥青防水黏结层前，应严格清理基层表面，达到干净、干燥、露骨标准。露骨指的是把基层表面浮浆除去，露出基层本身的粗骨料。

3.对于水泥稳定类材料，应采用洒水养生；对于二灰类材料，宜采用草帘覆盖养生。不宜采用封层或洒乳化沥青进行养生，这是不科学之举。

4.增强基层强度，不仅仅可提高路面结构承载能力，对于改善基层与面层黏结也十分有利。为了改善基层材料的抗冲刷能力，增强基层与面层的黏结，提高基层强度是有必要的。

5.对于南方多雨地区，或地下水位较高的地区，如何考虑减少地下毛细水上升对基层侵蚀是一个重大的问题，特别是铺设改性沥青防水层后，毛细水逐渐积聚到防水层下面，对基层上部进行冲刷。因此，应加强、完善基层内部防排水设计，它对改善基层与面层的黏结也很有益。

总之，当采取以上措施之后，才能比较完善地解决沥青面层与半刚性基层层间黏结的问题，这个问题对薄沥青面层结构来说尤为突出、迫切，对于薄面层结构能否成功使用尤为关键。

第三节　超薄层沥青混凝土设计施工技术

一、材料设计

（一）沥青

1.中等交通量水平或以下，或旅游专用等公路，可选用重交AH70号沥青。

2.重交通量或超重交通量水平的公路，可选用改性沥青或废旧橡胶粉改性沥青混凝土。

3.在没有负温地区的重交通量公路，可选用30号左右的道路沥青，有关含蜡量指标应满足重交沥青的标准。

（二）集料

1.超薄层沥青混凝土的集料，应选用玄武岩、辉绿岩、花岗岩及河卵石等硬质石料轧制的表面清洁、干燥、无浮尘的碎石。

2.集料有关技术指标，应满足现行公路沥青路面设计规范和公路沥青路面施工技术规范中关于抗滑表层集料的技术标准。

3.集料的生产规格，至少分为三档：5～10mm、3～6mm和3mm以下；在有条件地区，宜将5～10mm规格集料进一步分为5～7.5mm、7.5～10mm。

超薄层沥青混凝土的填料，一般宜采用水泥或消石灰代替矿粉技术措施，以改善混合料中集料与沥青的黏附性，提高混合料的水稳定性。掺加的剂量的确定以混合料达到现行规范中改性沥青混合料的残留稳定度、冻融劈裂比值的标准为准。

二、集料级配

1.根据路面石料生产情况，超薄型沥青混合料公称最大粒径为10mm。

2.用于超薄层沥青混合料级配分为两大类：一是以粗集料、断级配、密实性为主的混合料，诸如：SAC-10、SMA-10等；二是以开级配、透水为主的混合料，如：OGFC-10。

3.应从技术经济及适用范围广泛性进行综合评价，宜采用SAC-10级配为主；在南方多雨地区，或环境污染比较少的地区，可以采用OGFC-10型级配，但是，在结构设计中应采取配套的技术措施。

SAC-10分为两种情况：一种是一般意义上的断级配，另一种是完全取消2.36～4.75mm机制砂的完全断级配。

4.当采用废旧橡胶粉技术时，为了保证良好的构造深度和空隙率水平（指OGFC-10混合料），在保证混合料级配中矿粉含量不变的前提下，可适当增加4.75mm以上的碎石含量，一般为5%～10%。

三、超薄层沥青混凝土配合比设计

（一）设计方法

超薄层沥青混凝土配合比设计，采用马歇尔击实试验方法，每面击实75次。击实温度根据沥青的黏温曲线确定，一般重交沥青混合料的击实温度为135～140℃，改性沥青混合料、橡胶粉沥青混合料、硬质沥青混合料需要提高10～20℃。

（二）混合料设计

根据设计空隙率标准，确定混合料设计油石比。其理论密度宜采用真空法确定最大相对理论密度。不论是密实型还是开级配混合料，宜采用钻芯、蜡封方法测定其实际密度。蜡封温度宜控制在70～75℃。

对于没有条件的地区，开级配混合料可采用体积法测量，密实型混合料可采用马歇尔试件直接蜡封方法测量，但应考虑测试方法造成的系统误差。其对开级配混合料空隙率影响为3%～4%。对密实型混合料空隙率影响1%左右。

（三）设计空隙率

密实型超薄沥青混合料设计空隙率为4%～5%，开级配OGFC-10设计空隙率为18%～20%。

马歇尔试件稳定度试验，一阶段稳定度应大于7kN，流值小于2.5mm。

（四）混合料性能指标

超薄层沥青混凝土主要性能指标有水稳定性、构造深度以及高温性能等指标。

1. 水稳性指标

对于密实性混合料，残留稳定度不小于80%，冻融劈裂强度比（按98%压实度标准成型10 cm × 10 cm圆柱形试件）不低于75%。

2. 构造深度指标

对于开级配混合料，浸水条件下飞散磨耗率不大于20%。构造深度指标：

对于SAC-10型级配混合料，在最佳油石比条件下，马歇尔试件两面平均构造深度不低于0.45mm，车辙试验1h后构造深度的残留率不低于80%。

3. 高温性能指标

车辙试验动稳定度不低于1 000次/mm。

四、结构设计

（一）摊铺厚度

超薄层沥青混凝土的实际摊铺厚度不宜小于1.5cm。

（二）适用环境

超薄层沥青混凝土适合于各种交通环境，可用于较厚的沥青面层，也可适用于较薄的沥青面层。

在夏季多雨地区，可采用开级配的超薄沥青混凝土，改善雨天行车安全。

（三）超薄层表面层典型结构

当用于一般沥青面层时，其典型结构为：

3 cm超薄沥青混凝土+改性沥青防水黏结层+下面层沥青混凝土

1.3cm的厚度，包括SAC-10型超薄沥青混凝土和防水黏结层的厚度，超薄层表面层实际摊铺厚度2cm左右。

2.在超薄层沥青混凝土层下，宜设改性沥青防水黏结层，改性沥青的洒铺量控制在1.8～2.0kg/m²，然后撒布单一粒径、干净、干燥的碎石，并用轻型轮胎压路机碾压1～2遍。

3.改性沥青防水层施工，须采用机械化设备，洒铺改性沥青的设备应具有保温并能严格控制剂量的功能。

4.在对下面层进行清理时，严禁采用大水冲刷的措施，施工改性沥青防水层时，下面层应保持干燥、干净。

（四）用于薄层结构时典型结构

当超薄沥青混凝土用于薄层结构时，其典型结构为：

3cm超薄沥青混凝土+改性沥青防水黏结层+5cmSAC-16或SAC-20型中粒式沥青混凝土+改性沥青防水层+半刚性基层

1.5cm下面层厚度，包括下面层层底下的改性沥青防水层和下面层沥青混凝土的厚度。

2.下面层层底的改性沥青防水层，改性沥青洒铺量为2.0～2.4kg/m²，其余要求同上。

3.半刚性基层强度不宜低于4MPa，当强度高于5MPa时，可采用预锯缝措施，锯缝深度不小于5cm，并灌热沥青封缝。

4.水泥稳定碎石基层采用洒水养生，在施工上面层前两天将基层表面清理干净，并保持干燥，然后洒铺透层油和改性沥青防水黏结层。

五、超薄沥青混凝土工艺要求

（一）冷热料仓数量

超薄沥青混凝土拌和时，应使用不少于4个冷料仓；当使用完全断级配时，可采用3个冷料仓。同时，热料仓应使用不少于3个。

（二）热料仓筛孔选择

热料仓筛孔选择应充分考虑石料级配的特点，尽量减少溢料、等料现象发生，保证生产的连续、均匀。

（三）拌和时间

混合料拌和时，干拌时间不少于15～20s，湿拌时间不少于30s。

（四）计量标定

混合料生产前应进行严格的二次抽提标定，确定抽提仪本身修正曲线以及拌和楼本身喷油误差水平，以便实际生产中选定拌和楼的生产油石比。

（五）生产过程要求

在生产过程中，拌和楼操作人员不得随意调整冷、热料仓的比例以及油石比；必要时，由试验室人员根据现场混合料抽检情况予以调整，并做好相关文字记录。

（六）出料温度及运输

对于普通沥青混合料，出料温度不低于160～170℃，对于改性沥青混合料，出料温度不低于170～180℃。

混合料在运输过程中应采取覆盖措施，减少料温损失。

（七）气候和摊铺温度

摊铺现场的气温不应低于15℃。混合料摊铺温度，普通沥青混合料不低于150℃；改性沥青不低于160℃。

（八）混合料摊铺与碾压

1.混合料摊铺时应保证连续摊铺，严格控制摊铺厚度。

2.混合料碾压采用重型碾压设备。压路机应紧跟摊铺机，做到随摊随压。初压温度不低于摊铺温度10℃。

3.可采用重型胶轮压路机初压两遍后，再用重型双钢轮压路机进行复压4～5遍；也可直接采用重型双钢轮压路机进行初压和复压6～7遍。重型双钢轮压路机采用高频低振的碾压模式。

4.终压温度不宜低于80℃。

5.整个碾压过程应有专门施工人员进行指挥。

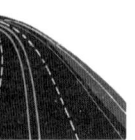

第四章　高速公路边坡施工技术

第一节　高边坡路段施工技术

一、施工准备

（一）准备工作

1.组织技术人员全面熟悉设计文件并进行现场核对和施工调查。

2.核实工程量，按工期要求及施工难易程度组织人员、设备、材料。

3.编制实施性的施工组织设计，报监理工程师和业主批准，提出开工报告。

4.修建生活和工程用房，解决通信、电力和水的供应，修建临时便道、便桥，确保施工设备、材料、生活用品的供应，设立必要的安全标志。

（二）施工测量

1.路基开工前对导线、中线、水准点复测，横断面检查与补测，增设水准点等。

2.根据路线中桩、设计图、施工工艺和有关规定定出路基用地界桩和路堤坡脚、路堑堑顶、边沟、护坡道、弃土堆等的具体位置桩。

（三）清理场地

路基用地范围内的树木、灌木丛等砍伐或移植清理，树根全部挖除并将坑穴填平夯实。

（四）进度计划安排

根据项目部总体施工进度计划，将全标段划分成若干个作业组分别承担相应的路基施工任务，每个作业组再根据各自承担的工作量分成每月应当完成的工作量。

（五）人力资源安排

1.管理人员

a.施工技术组：主要负责执行实施性施工方案、图纸有关要求，编制月施工计划；负责班组技术交底、现场技术指导、测量放线、现场试验等工作。

b.安质组：负责制定保证施工质量及安全的规定、制度，并对施工现场的质量及安全进行有效的控制，最终达到质量及安全的目标。

c.后勤组：编制材料计划，采购各种材料，保证工程施工顺利进行，并对现场各种材料的使用、保管、堆放进行管理。负责机械的调配、维修和管理，为工程的顺利实施做好保障工作。负责日常事务、治安和保卫工作，负责职工生活等工作。

2.施工人员

项目部将全标段的路基工程划分为若干工段，2～3km为一段，设一个作业组负责施工，每个作业组设立组长1名、技术员1名、现场施工员2名、安全员1名，挖掘机司机、装载机司机、推土机司机、翻斗车司机、压路机司机根据机械的台数配备。

（六）每作业组配备机械

挖掘机2台、装载机2台、推土机2台、压路机2台、翻斗车5台以上。

二、土质路堑开挖

路堑边坡高度等于或大于20m时称为深路堑。

1.严格按照设计坡度施工，若边坡实际土质与设计勘探的地质资料，特别是土质较设计松散时，应及时向有关方面提出修改设计的意见，经批准后实施。

2.土方开挖不论工程量和开挖深度大小，均应自上而下进行，严格分层开挖，开挖坡面一次性成型，且应开挖一级防护一级，防止边坡失稳产生滑坍等灾害，对有可能产生滑坍的边坡，应先采取加固措施，并进行稳定性验算，满足稳定系数＞1.25后，方可进行下级边坡开挖。不得乱挖超挖，严禁掏洞取土。

3.在深路堑边坡地段一般山体含水量大，在渗水量大的部位应及时有针对性地按设计要求设置泄水管。为确保深路堑地段路基稳定，应在边沟底设置复式渗沟，防止山体水渗入路基，产生隐患。

4.开挖面高度每3～4m在挖掘机作业高度范围内应对开挖坡面进行一次修整，按设计坡率、线形及平台设置进行修整，同时应对已开挖边坡进行测量，确保开挖面不欠挖不超挖，才可继续施工。

5.现场施工技术人员应配备坡比架、卷尺等随时对开挖边坡坡率进行检查，以便指挥机械操作员进行施工。

6.如果在指定设置弃土场的地方不能满足堆积弃方数量时，应停止开挖，重新选择弃土位置并相应修改施工方案，提交监理工程师批准。

7.土方路堑开挖时，若为短而深的路堑，可采用横挖法施工；若为较长的路堑，可采用纵挖法施工；若为路线纵向长的深路堑，宜采用混合式开挖法。

8.土方路堑开挖时，应设不少于3%的纵、横向排水坡，待开挖贯通后，再自线位较低处起纵向整修路槽。

9.修筑路拱、整修边坡、整平路基顶面时，应采用机械作业，人工配合。

10.沿溪及山坡不能横向弃置废方的开挖路段，应选择可行措施，防止废方侵占良田、河道，损害民房及用地范围以外的其他构造物。

三、石方开挖

（一）爆破方案

路堑边坡坡率设计左侧为1：0.75，右侧为1：1，每8 m台阶高度设置2 m宽的碎落台。根据工程特点，结合进度要求和资源配置等因素，采取按台阶高度分层分段多作业面同时开挖的施工方案，施工中采用深孔微差爆破技术，先拉通路堑主槽，两侧边坡预留1～2m宽的岩体不爆，作为中部主爆体的隔墙，以减少大爆破对边坡的损伤。同时，预留的岩体光面爆破时，可以根据主爆体的爆破情况和岩石性质更准确地选择爆破参数，提高边坡的光爆效果。

（二）主爆区控制爆破参数

采用潜孔钻机垂直钻孔，钻孔直径$d = 50$mm。

底盘抵抗线：$W_底 = 1$m。

炮孔间距：$a = m \times W_底 = 1 \times 1 = 1$m。

炮孔排距：$b = 0.9a \sim 1.0a$，取1m。

钻孔深度：$L = H + h = 1$m。

单位体积耗药量q：考虑路堑上、下部石质坚硬程度不等，一般路堑上部石质较软取$0.25 \sim 0.32$ kg/m^3，路堑下部取$0.30 \sim 0.39$ kg/m^3，每个炮孔装药量。$Q = q \times a \times W \times H$(kg)，最大孔装药量为0.39 kg。

装药结构：施工中选用直径ϕ32 mm的2号岩石铵梯炸药，采用连续装药结构。药量均匀分布在炮孔长度上，炮孔底部30 cm左右为加强段。起爆毫秒雷管，反向捆在炸药药卷上，放在距孔底30 cm处。

堵塞长度：30 cm，最小堵塞长度不得小于25 cm，采用黏土和细砂的混合物堵塞。

起爆方式：采用排间微差顺序起爆。

（三）边坡光面爆破参数

1.最小抵抗线W，根据边坡预留岩体的情况取$1.0 \sim 2.0$ m，边坡预留层不宜过大，否则正常的药量无法克服岩石阻力，容易造成欠挖。

2.炮眼直径 $d=50$mm，光爆炮眼间距取 100 ~ 120 cm。

3.光面爆破单位体积耗药量 $q=0.2$ ~ 0.3kg/m³，每个炮孔装药量 $Q=q\times a\times W\times H$(kg)，最大每孔装药量为0.36 kg，线装药密度为0.36 ~ 0.69kg/m。线装药密度应该进行严格控制，以防药量过大而损伤边坡。

4.装药结构采用不耦合间隔装药法。施工中选用直径由 ϕ32 mm的2号岩石铵梯炸药，不耦合系数为3.13，装药时将炸药间隔捆装在竹片上，再装入炮孔，炮孔堵塞长度为1.5m。

5.光爆炮孔采用同段毫秒雷管传爆，保证各药包同时起爆，以减少飞石和爆破震动。

6.爆破地震安全距离。由于路堑、边坡紧邻二级专线，二级专线车流量较大，为了保证爆破区外车流量及民房安全，参考爆破安全规程规定对爆破地震安全距离进行验算，并根据施工现场的实际情况及个别飞石的特点，安全距离按300 m进行警戒，为减少飞石确保安全，施工中采用无纺布双层及草袋装土覆盖炮孔。

（四）施工工艺控制

爆破施工一般顺序为：施工测量—标定炮孔位置—钻孔—炮孔检查—爆破器材准备—装药—连接爆破网络—布设安全岗哨—炮孔堵塞—爆破覆盖—起爆信号—起爆—消除瞎炮、处理危石—解除警戒—爆破效果分析及资料记录。

1.布孔

炮孔标定必须按照设计好的爆破参数准确地在爆破体上进行标注，不能随意变动设计位置。布孔前应先清除爆破体表面积土和破碎层，根据施工测量确定的边坡线，从边坡光爆孔开始标定，然后进行其他孔位的布置，布孔完成后，应认真进行校核，实际的最小抵抗线应与设计的最小抵抗线基本相符。

2.钻孔

在钻孔过程中，应严格控制钻孔的方向、角度和深度，特别是边坡光爆孔的倾斜度应严格符合设计要求。孔眼钻进时应留意地质的变化情况，并做好记录，遇到夹层或与表面石质有明显差异时，应及时同技术人员进行研究处理，调整孔位及孔网参数。钻孔完成后，及时清理孔口的浮渣，清孔直接采用胶管向孔内吹气，吹净后，应检查炮孔有无堵孔、卡孔现象，以及炮孔的间距、眼深、倾斜度是否与设计相符，若和设计相差较多，应对参数适当调整，如果可能影响爆破效果或危及生产安全，应重新钻孔。先行钻好的炮孔，用编织袋将孔口塞紧，防止杂物堵塞炮孔。

3.装药

装药前，要仔细检查炮孔情况，清除孔内积水、杂物，装药过程中应严格控制药量，把炸药按每孔的设计药量分好，边装药边测量，以确保线装药密度符合要求。为确保能完全起爆，起爆体应置于炮孔底部并反向装药。

4.堵塞

堵塞物用黏土和细砂拌和，其粒度不大于30 mm，含水量15% ~ 20%（一般以手握紧能使之成型，松手后不散开，且手上不沾水迹为准）。药卷安放后应即进行堵塞，首先塞入纸团或塑料泡沫，以控制堵塞段长度（光爆孔口预留30 ~ 50 cm，主爆孔口预留20 ~ 25 cm），然后用木炮棍分层压紧捣实，每层以10 cm左右为宜，堵塞中应注意保护好导爆索。

5.爆破覆盖

它是控制飞石的重要手段，施工中采用双层无纺布及两层草袋覆盖，先在草袋内装入砂土，覆盖后将排间的草袋用绳子连成一片，草袋覆盖时要注意保护好起爆网络。

（五）保证安全、质量的技术措施

1.用塑料导爆管非电起爆技术，起爆系统不受雷电干扰，安全可靠。

2.采用微差爆破技术，改善破碎质量和控制爆破震动，在环境复杂的地段，为了确保附近的建筑设施不受震动的影响，采用孔内、孔外相合的微差起爆形式，做到孔与孔、排与排之间都有一定的时间间隔，最大限度地降低爆破震动，使爆区附近的建筑设施震动速度控制在国家爆破规定安全范围内。

3.采用先进的爆破技术，对石质坚硬、整体较好的岩石进行爆破时，应用宽距离爆破技术，通过增大孔距、减小排距，充分利用炸药能量，在单孔爆破面积和单位耗药量不变的情况下，可以改善破碎质量。

4.为了确保边坡的稳定和平整度，除坚持采用光面爆破外，根据实际情况，适当增大边坡保持层。在石质较差地段，进行深孔爆破时，要减小梯段高度，实行微差爆破，尽量减少爆破药量和分段药量，以免扰动山体。

5.从开始装药，即设置安全警戒，防止非作业人员进入现场。网络连接后，工作人员逐渐撤离，警戒员、防护人员在指定地点就位，实行区段临时封闭，防止人、车等进入施爆区。

6.控爆施工注意事项。严格控制爆渣的破碎程序：要求爆破后的岩石达到"碎而不抛""松动而不散"或"预裂无飞"的效果。

严格控制爆破松动范围：要求施工放样要准确无误，爆破后的断面尺寸与设计尺寸相符。光爆地段在爆破作业过程中光爆效果要满足设计要求，爆破后的边坡平顺而稳定，半孔率不小于90%。

严格控制爆破四害：爆破地震波、空气冲击波、噪声和飞石。

控制滚石：该控爆段山体上部存在危石，在施爆前，必须对其进行加固或处理，确认安全后方可进行爆破施工。

控制飞石：爆破飞石是炸药爆炸后的多余能量对石头产生作用的结果。为控制爆破飞石，在施工中主要采用取优孔径、孔深、孔数、孔距、排距和炸药单耗，采用合适的装药方法和起爆方式，提高炮孔的阻塞质量，使每个炮孔所产生的爆破能量与炮孔周围介质所需能量相等，达到松动而无剩余能量造成飞石。

加大装药的分散合理性：将炸药量进行分散化和微量化处理，采取"密布孔，浅打眼，少装药"的方法将总装药量"化整为零"，合理地、微量地分布在多孔之中，以达到降低爆破地震波、空气冲击波、噪声和飞石的危害。

选择最优抵抗线方向：在最小抵抗线方向，爆破地震强度最小，反方向最大，侧向居中。然而，最小抵抗线方向又是碎块飞散的主导方向。为了综合减震和控制飞石，应使被保护的构造物或边坡居于最小抵抗线两侧位置，分四个控爆作业面若干个台阶沿山体两端向中间推进。

（六）施工安全防护措施

1. 防护排架在搭设过程中要设专职质检员亲临现场指导施工，并设专职安全员解决搭设过程中可能会出现的安全问题。排架分段搭设完毕要经技术负责人检查评定验收后方可投入使用。

2. 防护排架任何一个断面的高度保证高出爆破作业面至少 3 m。

3. 路堑边坡顶部爆破边坡坡面形成后，按间距约 5 m 设置缆风绳，缆风绳采用钢丝绳制作，并用 ϕ 32 钢筋锚固于边坡坡面上。

4. 在爆破施工现场按规定选择适当位置设置爆破标志牌。

5. 炮位覆盖柔性炮被，上另压一层土袋，并对有可能出现滚石的地段加设钢丝绳网或布鲁克网防护。

6. 为防止出现意外事故，爆破作业现场准备抢险接触网杆、钢钎、大铁锤等必备材料并在起爆之前组织足够的抢险人员待命。

7. 为防止爆破作业过程中意外险情影响车辆运行安全，在施工爆破作业现场设防护人员，防护员配备一面红色信号旗，信号旗要求用塑料胶带黏结，在出现特殊意外险情时拦停车辆。

四、锚杆（索）施工

（一）钻孔

锚杆孔的钻凿是控制锚固工程质量的关键工序，应根据地层类型和钻孔直径、长度以及锚杆的类型来选择合适的钻机和钻孔方法。

钻孔机具的选择必须满足土层锚杆的钻孔要求。带十字钻头和螺旋钻杆的回转钻机适合应用于黏性土中。带球形合金钻头的旋转钻机适合松散土和软弱岩层。空气冲洗的冲击钻机适合在坚硬岩层中钻较小孔径。带金刚石钻头和潜水冲击器的旋转钻机适合钻较大孔径时使用，并采用水洗。

在填土、砂砾层等塌孔的地层中，可采用套管护壁、跟管钻进，也可采用自钻式锚杆或打入式锚杆。

穿越填土、砂卵石、碎石、粉砂等松散破碎地层钻孔适合应用跟管钻进工艺。通常用锚杆钻机钻进，采用冲击器、钻头冲击回转全断面造孔钻进，在造孔的同时，冲击套管管靴使得套管与钻头同步进入地层，从而用套管隔离破碎、松散易坍塌的地层，顺利进行钻孔施工。跟管钻具按结构形式分为两种类型：偏心式跟管钻具和同心跟管钻具。同心跟管钻具使用套管钻头，壁厚较厚，钻孔的终孔直径比偏心式跟管钻具的终孔直径小10 mm左右。偏心式跟管钻具具有终孔直径大、结构简单、成本低、使用方便等特点。

（二）锚杆杆体的制作与安装

1.锚杆杆体的制作

钢筋锚杆（包括各种钢筋、精轧螺纹钢筋、中空螺纹钢管）的制作相对比较简单，按设计预应力筋长度切割钢筋，按有关规定进行对焊或帮条焊或用连接器接长钢筋和螺丝杆。为方便预应力筋的插入，常在其前部焊有导向帽，在预应力筋长度方向每隔1 ~ 2m焊有对中支架，支架的高度须大于25 mm，必须满足钢筋保护层厚度的要求。用外套塑料管隔离自由段，对防腐有特殊要求的锚固段钢筋应提供具有双重防腐作用的波形管并注入灰浆或树脂。

钢绞线宜使用机械切割，不得使用电弧切割。杆体内的绑扎材料不宜采用镀锌材料。钢绞线分为有黏结钢绞线和无黏结钢绞线，有黏结钢绞线锚杆制作时应在锚杆自由段的每根钢绞线上施作防腐层和隔离层。

压力分散型锚杆采用无黏结钢绞线、特殊部件和工艺加工制作。钢制U形承载体构造，将无黏结钢绞线绕过承载体弯曲呈U形固定在承载体上，制成压力分散型锚杆。也可采用挤压锚头作为承载体形成压力分散型锚杆。

可重复高压灌浆锚杆采用环轴管原理设置注浆套管和特殊的密封及注浆装置，可重复实现对锚固段的高压灌浆处理，大大提高锚杆的承载力。注浆套管是一根直径较大的塑料管，其侧壁每隔 1 m 开有环向小孔，用橡胶环圈盖住孔外，使浆液只能从该管内流入钻孔，但不能反向流动，有一根小直径的注浆钢管插入注浆套管，注浆钢管前后装有限定注浆段的密封装置，当其位于一定位置的注浆套管的橡胶圈处，在压力作用下即可向钻孔内注入浆液。

2.锚杆的安装

锚杆安装前应检查钻孔孔距及钻孔轴线是否符合相关要求。

一般由人工安装锚杆，大型锚杆有时采用吊装。在进行锚杆安装前应对钻孔重新检查，发现塌孔、掉块时应进行清理，锚杆安装前应详细检查锚杆体，应修复损坏的防护层、配件、螺纹。在推送过程中用力要均匀，避免损坏锚杆配件和防护层。当锚杆设置有排气管、注浆管和注浆袋时，推送时不要转动锚杆体，并不断检查排气管和注浆管，以免管子折死、压扁和磨坏，并确保锚杆在就位后排气管和注浆管畅通。在遇到锚索推送困难时，宜将锚索抽出查明原因后再推送。必要时应重新清洗钻孔。

3.锚头的施工

锚具、垫板应与锚杆体同轴安装，对于钢绞线或高强钢丝锚杆，锚杆体锁定后其偏差应不大于±5°。垫板应安装平整、牢固，垫板与垫墩接触面无空隙。

采用冷切割切割锚头多余的锚杆体，锚具外保留长度不应小于100 mm。当需要补偿张拉时，应考虑张拉长度。

打筑垫墩用的混凝土强度等级一般大于C30，有时锚头处地层不太规则，应确保垫墩最薄处的厚度大于10 cm，保证垫墩混凝土的质量，对于锚固力较高的锚杆，垫墩内应配置环形钢筋。

（三）注浆体材料及注浆工艺

1.水泥浆的成分

通常采用质量良好并且新鲜的普通硅酸盐水泥和干净水掺入细砂配制搅拌而成灌注锚杆的水泥浆，必要时可采用抗硫酸盐水泥。水泥龄期不应超过一个月，强度应大于32.5 MPa。压力型锚杆最好采用更高强度的水泥。

水中不应含有影响水泥正常凝结和硬化的有害物质，不得使用污水。砂的含泥量按重量计不得大于3%，砂中云母、有机物、硫酸物和硫酸盐等有害物质的含量按重量计不得大于1%。灰砂比宜为0.8 ~ 1.5，水灰比宜为0.38 ~ 0.5。也可采用水灰比0.4 ~ 0.5的纯水泥浆。水泥砂浆只能用于一次注浆。

水灰比对水泥浆的质量有着特别重要的作用，过量的水会使浆液产生泌水，降低强度并产生较大收缩，降低浆液硬化后的耐久性。灌注锚杆的水泥浆最适宜的水灰比为 0.4 ~ 0.45，采用这种水灰比的灰浆具有泵送所要求的流动度，收缩也小。为了加速或延缓凝固，防止在凝固过程中的收缩和诱发膨胀，防止当水灰比较小时增加浆液的流动度及预防浆液的泌水等，可在浆液中加入外加剂，如三乙醇胺（早强剂，掺量为水泥重量的 0.05%）、木质磺酸钙（缓凝剂，水泥重量的 0.2% ~ 0.5%）、铝粉（膨胀剂，水泥重量的 0.005% ~ 0.02%）、UNF-5（减水剂，水泥重量的 0.6%）、纤维素醚（抗泌剂，水泥重量的 0.2% ~ 0.3%）。因使用外加剂的经验有限，不要同时使用数种外加剂以获得水泥浆的综合效应。向搅拌机加入任何一种外加剂，均须在搅拌时间过半后送入；拌好的浆液存放时间不得超过120 min。浆液拌好后应存放于特制的容器内，并使其缓慢搅动。

浆体的强度一般7 d不应低于20 MPa，28 d不应低于30 MPa；压力型锚杆浆体强度7 d不应低于25 MPa，28 d不应低于35 MPa。

2.注浆工艺

水泥浆采用注浆泵通过高压胶管和注浆管注入锚杆孔，注浆泵压力范围控制在 0.1 ~ 1.2 MPa，目前注浆泵有挤压式或活塞式两种，挤压式注浆泵可注入水泥砂浆，但压力较小，仅适用于一次注浆或封闭自由段的注浆。注浆管一般采用直径12 ~ 25 mm的 PVC软塑料管，管底离钻孔底部的距离通常为100 ~ 250 mm，并每隔2 m左右就用胶带将注浆管与锚杆预应力筋相连。在插入预应力筋时，在注浆管端部临时包裹密封材料以免堵塞，注浆时浆液在压力作用下冲破密封材料注入孔内。

注浆方式常分为一次注浆和二次高压注浆两种。一次注浆是浆液通过插到孔底的注浆管，从孔底一次将钻孔注满直至从孔口流出的注浆方法。这种方法要求对锚杆预应力筋的自由段预先进行处理，采取有效措施确保预应力筋不与浆液接触。

二次高压注浆是在一次注浆形成注浆体的基础上，对锚杆锚固段进行二次（或多次）高压劈裂注浆，使浆液向周围地层挤压渗透，形成直径较大的锚固体并提高锚杆周围地层的力学性能，大大提高锚杆承载能力。通常在一次注浆后4 ~ 24h进行，具体间隔时间由浆体强度达到5 MPa左右而加以控制。该注浆方法须随预应力筋绑扎二次注浆管和密封袋或密封卷，注浆完成后不拔出二次注浆管。二次高压注浆非常适用于承载力低的软弱土层。

注浆压力取决于注浆的目的和方法、注浆部位的上覆地层厚度等因素，通常锚杆的注浆压力不超过2 MPa。

锚杆的承载力取决于锚杆注浆的质量，必须做好注浆记录。采用二次注浆时，须记录好二次注浆时的注浆压力、持续时间、二次注浆量。

（四）张拉锁定

1.锚具

用锚具通过张拉锁定锚杆的锚头，锚具的类型与预应力筋的品种相适应，主要有以下几种：墩头锚具、锥形锚具用于锁定预应力钢丝；挤压锚具，如JM锚具、XM锚具、QM锚具和OVM锚具用于锁定预应力钢绞线；精轧螺纹钢筋锚具用于锁定精轧螺纹钢筋；螺纹锚具用于锁定中空锚杆；螺丝杆锚具用于锁定钢筋。

锚具应满足分级张拉、补偿张拉等张拉工艺要求，并具有能放松预应力筋的性能。

2.垫板

垫板的材料多为普通钢板，外形为方形，其尺寸大小和厚度应由锚固力的大小确定，可使用与钻孔直径相匹配的钢管焊接成套筒垫板，来确保垫板平面与锚杆的轴线垂直且可以提高垫板的承载力。

3.张拉

当注浆体达到设计强度的80%后可进行张拉。一次性张拉较方便，但是存在着许多不可靠性。高应力锚杆由许多根钢绞线组成，不可能保证每一根钢绞线受力的一致性，特别是很短的锚杆，其微小的变形可能会引起很大的应力变化，须采用有效施工措施来减小锚杆整体的受力不均匀性。

采用单根预张拉后再整体张拉的施工方法，可以大大减少应力不均匀现象。另外，使用小型千斤顶进行单根对称和分级循环的张拉方法同样有效，但这种方法在张拉某一根钢绞线时会对其他的钢绞线产生影响。分级循环次数越多，其相互影响和应力不均匀性越小；在实际工程中，根据锚杆承载力的大小一般分为3～5级。

考虑到张拉时应力向远端分布的时效性，以及施工的安全性，加载速率不宜太快，待每一级张拉应力达到预定值后，张拉设备稳压一定时间，在张拉系统出力值不变时，确信油压表无压力向下漂移后再进行锁定。

应按设计要求进行张拉，对于临时锚杆，预应力不宜超过锚杆材料强度标准值的65%。采用超张拉的方法克服锚具回缩等引起的预应力损失，超张拉值一般为预应力的5%～10%，其程序为：

$$0 \to m\sigma_{con} \xrightarrow{\text{稳定}t_{min}} m\sigma_{con} \to \sigma_{con} \tag{式4-1}$$

式中：m——超张拉系数，105%～110%。

σ_{con}——设计预应力。

t_{min}——最小稳压时间，一般大于2 min。

为了能安全地将锚杆张拉到设计应力，在张拉时应遵循以下要求：

①根据锚杆类型及要求，可采取整体张拉、先单根预张拉然后整体张拉或单根一对称

一分级循环张拉方法。

②采用先单根预张拉然后整体张拉的方法时，锚杆各单元体的预应力值应当一致，预应力总值宜为设计预应力的5%～10%。

③采用单根一对称一分级循环张拉的方法时，不宜少于三个循环，当预应力较大时不宜少于四个循环。

④张拉千斤顶的轴线必须与锚杆轴线一致，锚环、夹片和锚杆张拉部分不得有泥沙、锈蚀层或其他污物。

⑤张拉时，加载速率要平缓，速率宜控制在设计预应力值的0.1/min左右，卸荷载速率宜控制在设计预应力值的0.2/min。

⑥在张拉时，应采用张拉系统出力与锚杆体伸长值来综合控制锚杆应力，当实际伸长值与理论值差别较大时，应暂停张拉，待查明原因并采取相应措施后方可进行张拉。

⑦预应力筋锁定后48 h内，若发现预应力损失大于锚杆拉力设定值的10%，应进行补偿张拉。

⑧锚杆的张拉应避免相近锚杆相互影响。

⑨单孔复合锚固型锚杆必须先对各单元锚杆分别张拉，当各单元锚杆在同等荷载条件下因自由长度不等引起的弹性伸长差得到补偿后，方可同时张拉各单元锚杆。先张拉最大自由长度的单元锚杆，最后张拉最小自由长度的单元锚杆，再同时张拉全部单元锚杆。

⑩为了确保张拉系统能可靠地进行张拉，其额定出力值一般不应小于锚杆设计预应力值的1.5倍。张拉系统应能在额定出力范围内以任一增量对锚杆进行张拉，且可在中间相对应荷载水平上进行可靠稳压。

第二节　膨胀土路堑边坡施工技术

一、膨胀土路堑边坡滑坡特点及其成因

（一）路堑边坡变形类型及其特征

1.剥落与泥流

剥落是指边坡表土经物理风化作用使土棱块解体，破裂成松散土粒，在重力作用下沿坡面滚落堆积于坡脚的现象。这种作用的特征是：剥落物质小，沿坡面层层深入。剥落主要发生在蒸发作用强烈的干旱季节，一般旱季越长，蒸发越强烈，剥落越严重，多发生在受物理风化作用显著的坡面表层0.1～0.2 m深度范围。

剥落在路堑中大多只造成边坡的后退，初期并不会产生其他明显变形。但这种现象在膨胀土边坡中却十分普遍，而且剥落的松散物质在雨季被水流裹带搬运则形成泥流，常成为边沟或涵洞淤积的主要物质来源。

2.冲蚀

冲蚀是指路堑边坡面剥落的松散表土，在大气降雨或地表径流的集中水流冲刷侵蚀作用下，沿边坡形成沟状冲蚀坡面的现象。这类作用的特征是：主要受水流作用的时间和强度的影响。一般在大气降雨的片状侵蚀作用下，坡面的部分松土被雨水带走，先期出现若干雨洞或雨淋沟，随着水流的线状侵蚀发展，而形成密集纹沟，之后线状侵蚀加强，纹沟下切且形成 V 形，发展成为细沟，集中水流进一步加强，大量表土沿坡面产生悬移质或推移质运动，细沟深切则发展成为切沟。在形态上有垂直贯穿坡面的单沟；有坡面上部呈单沟向下逐渐放射形成的鸡爪沟；也有坡面上部树枝状沟汇集于下部主沟的枝状沟，密布于坡面。

冲蚀作用主要发生在雨季，特别是大雨或暴雨季节，水流越集中，冲蚀越严重。一般深度受气候作用显著波动层控制，常为 0.1 ~ 0.5 m，深者可达 1m 左右。它首先破坏了边坡坡面的完整性，并出现变形，而且不利于植物的生长发育。

3.膨胀

膨胀是指膨胀土边坡开挖后，由于一部分应力释放而产生的不均匀卸载膨胀，以及干缩湿胀效应，使坡面局部土体产生外鼓的现象。这种作用多在边坡的局部坡面发生，规模不大。但在未进行防护的坡面，膨胀则形成松散层，旱季易剥落，雨季易冲蚀，而且会使边坡溜塌。在已施加防护的边坡，膨胀土常使浆砌片石骨架挤裂，混凝土封闭层被胀破等。

4.溜塌

溜塌是指路堑边坡面松散，表土结构失去黏结，在大气降雨或地表片状水流作用下，充分吸水饱和或达到流塑状态，使土体在重力作用下沿坡面产生塑流状态下溜的现象。

这类变形大多在坡面出现剥落、冲蚀或产生膨胀的边坡现象。其特征是：运动较缓慢，呈塑性流动状态，一般无明显滑带，上方土体溜塌后，常形成弧状小陡坎，塌体大都从床底开始沿坡面堆积。因溜塌并无从边坡基部崩坏之势，故可以与坍塌相区别。溜塌主要在雨季产生，规模较小，一般宽度和长度在数米之内，但在长路堑边坡中常可见到几个溜塌体相连成带，形成溜塌群，长达十余米或几十米。其深度受气候作用显著波动层控制，多在 0.2 ~ 0.6m，深者可到 1 m。在各类膨胀土边坡中，溜塌现象十分普遍，尤其是未设坡面防护的边坡更为典型。

5.滑坡

滑坡是指路堑开挖临空面的边坡膨胀土体，在一定的土体结构、地形、水文和气候条件下，由于抗剪强度的衰减而发生连续破坏，丧失其稳定平衡，在重力作用下沿一定软弱带（或面）向下发生整体位移滑动的现象。

这类变形的特征是：在形态上具有一般滑坡的弧形外貌，且有明显的光滑滑动面与滑基床，但滑坡后壁特别陡直，常常与膨胀土中近水平裂隙一致，从滑体厚度看，大多属于浅层滑坡性质，因此一般受边坡土体风化层制约。滑坡规模与路堑长度、宽度多在数十米到百余米。位于山麓斜坡或垄岗中部深切路堑的边坡，其滑坡规模更大，滑体长、宽均可达数百米，常给工程建筑带来极其严重的危害。

（二）膨胀土边坡滑坡特点

1.牵引性

许多工程实践表明：膨胀土边坡滑坡绝大多数属于牵引性滑动，膨胀土由于含有亲水性黏土矿物，在大气降雨和蒸发的作用下，土体含水量变化较大，从而产生湿胀干缩的循环，土的原始结构逐渐被破坏，裂隙逐渐发展，抗剪强度降低。膨胀土边坡强度一旦降低，产生第一次滑动后，土体强度将进一步衰减而产生继续破坏，发育形成第二次、第三次甚至多次滑动，最后直至达到新的稳定平衡为止。各次滑动面相互贯通，形成多次牵引阶梯状叠瓦形式。

2.结构与构造性

膨胀土首先是具有多裂隙结构的特殊黏土，各种不同成因与产状的裂隙将膨胀土切割成具有特定形态的若干块体，这些裂隙有的相互连接，在土体的内部构成软弱结构面。其次，由于膨胀土具有遇水膨胀、失水收缩的特性，在自然气候营力作用下反复胀缩循环，在地表浅层土体内一定深度形成胀缩变动带，在胀缩变动带以上的膨胀土原始结构受到破坏，强度显著降低，与变动带以下基本保持着原始结构的土体之间形成软弱结构面。再次，由于膨胀土抗风化能力极低，暴露于大气中的膨胀土体，在风化营力作用下自地表垂直向下或自边坡面垂直向坡内形成风化程度不同的风化带，由于风化带上下土层性质的显著差异，形成风化带软弱结构面，并在构造作用下还产生构造节理，等等。

所有上述结构与构造形成的土体软弱面的重要特性，集中表现为：①结构面上应力集中，抗剪强度较低；②结构面互相连接，成为长大软弱结构面，即形成膨胀土体内部的潜在滑动面；③结构面上大多富集有次生蒙脱石黏土，使结构面产生复杂的物化力学效应，使抗剪强度进一步降到极低。

大量实践经验证明：膨胀土地区绝大多数滑坡的产生，都与膨胀土土体内部的各种软弱结构面密切相关，而且几乎都是在原有各种倾向坡角的软弱结构面的基础上发育而形成的。这些软弱结构面在滑坡发育过程中产生渐进性破坏，最后相互连接贯通形成完整的滑动面，使土体在重力作用下沿斜坡向下滑动。

3. 浅层性

从滑坡厚度分析，膨胀土边坡滑坡大多具有浅层性质，这同膨胀土的土质特性与结构面性质以及边坡工程特点有密切关系。所有膨胀土地区边坡滑坡均一致表明：膨胀土边坡滑坡具有浅层滑动性质。

4. 多次滑动性

多次滑动性是指膨胀土边坡一旦滑动便具有多次滑动的特性。正如牵引性中所论述：膨胀土边坡滑坡一般都不是一次滑动即告终止，而是逐步牵引发展，形成一次、二次、三次乃至多次滑动。膨胀土边坡滑坡之所以具有多次滑动特性，主要同膨胀土的胀缩特性和强度特性有着密切的内在联系。土的往复胀缩变形，一方面表明土体本身的不稳定性，另一方面标志着风化营力的反复作用，进一步促使土的抗剪强度降低。当经过胀缩变动，强度降低的不稳定土体产生第一次滑动后，新暴露于大气的土体或滑床土体，或因滑面积水下渗，或因风化营力作用，又继续产生风化和胀缩变形而使强度衰减，新的不稳定因素积累，又产生第二次滑动。如此反复循环，直至达到新的平衡为止。所以，膨胀土边坡一般具有强度衰减而产生连续破坏，出现多次滑动的特性。

5. 成群分布性

膨胀土边坡滑坡常常具有成群产生、成群分布的特点。调查表明：膨胀土边坡滑坡的成群发育主要受土中软弱夹层的分布规律控制，同时与地形地貌条件和地区气候条件、工作环境有密切关系。

6. 季节性

膨胀土边坡滑坡的产生，一般具有明显的季节性和间歇规律。由于膨胀土特性规律的一个重要方面是土体吸水产生膨胀，强度迅速衰减，所以，膨胀土边坡滑坡大多发生在雨季，发展最快；其次是春融季节时，也有一定发展，特别是在长期干旱以后的第一个雨季，更是滑坡集中产生、成群出现的重要时刻。旱季，边坡则相对稳定，滑动停止。但经过季节性干湿循环后，来年雨季时，老的滑坡不仅可能复活而再次滑动，新的滑坡也将不断产生。

（三）膨胀土滑坡的运动特征

膨胀土滑坡的形成大致可分为三个阶段：

1. 物理化学风化弱变形阶段

路堑边坡开挖初期，应力状态改变和风化作用的影响诱发了膨胀土体内在的多裂隙性和胀缩性，产生复杂的物理化学效应，出现剥落和冲蚀类型的初期弱变形。

2. 局部蠕变张裂变形阶段

随着土体结构的松弛和水的渗入，结构面强度明显衰减，致使路堑边坡局部剪应力超过土体抗剪强度，产生膨胀、溜滑类局部蠕变破坏，并出现平行于路堑边坡的拉张裂缝。

3.整体滑动强变形阶段

局部变形和拉张裂缝的出现为路堑边坡的整体位移创造了条件，从而出现运动特征以蠕变为主、后缘拉裂的滑坡。其原因在于：

①局部变形和拉张裂缝便于水分的迁移，促进了土体的胀缩变形和强度衰减。

②地裂缝的存在和发展不仅进一步加快了前缘土体的蠕变，而且也逐步牵引了后缘多级滑坡的产生。

③局部变形为多层结构土体的多层滑坡提供了下滑力，从而易引起整体位移。

（四）膨胀土滑坡的力学机理分析

膨胀土路堑边坡滑动的力学机理就是路堑边坡连续破坏中滑动面的形成和土体抗剪强度衰减的过程。滑动面的形成是在滑体发生位移过程中发生和发展的。膨胀土路堑边坡滑动必须具备三个条件：①路堑边坡土体下滑力（T）大于抗滑阻力（F）或者下滑力矩（M_T）大于抗滑力矩（M_F）；②路堑边坡土体具备了滑移的空间；③路堑边坡滑动体必须沿一定方向的路径滑移。

有了这三个条件便有了连续破坏的可能，但连续滑动面的发展还要满足三个要求：首先，路堑边坡侧向内应力足够造成集中应力，在形成滑动面之前，局部剪应力超过峰值强度，且随着土体强度的衰减，破坏区也随剪应力与强度比值的增加而逐渐扩展。其次，土体含有足够的可复应变能量，沿滑动方向产生需要的膨胀力，使破坏区内的土体发生变形，这是膨胀土路堑边坡较一般土质更易滑动的原因之一，侧向应力的大小很大程度上由可复的应变能量控制，而膨胀土的超固结性和胀缩性在成岩联结作用的逐渐破坏和胀缩变形过程中，更有利于可复应变能的恢复和积累，且产生利于滑动的膨胀力，增大变形。最后，土体的强度随着变形的增加衰减明显，残余强度远低于峰值强度，这本是膨胀土体强度具"变动强度"的一大特点。

（五）膨胀土边坡滑坡成因

膨胀土滑坡作为一种地质灾害现象，它的产生取决于所处的特有的地质环境，主要由地表水文、地下水活动、气象气候、植被状况和人类活动等因素所组成，各类环境因素有各自的活动规律，而又彼此影响、相互作用。膨胀土路堑边坡滑坡发生的主要影响因素就是土体物性和人类活动形成的深挖方的组合。人工路堑边坡不仅造就了切削段巨大的临空斜面，使气候条件直接影响路堑边坡的胀缩和强度衰减，而且坡脚地应力的释放还产生了持续的卸荷作用；由多元结构土体的层间界面或风化界面形成滑动面及膨胀土的裂隙性所产生的渐进破坏面构成其内在因素。这就是膨胀土成群滑坡形成机制的宏观特征。

水文地质条件的改变、膨胀土强度特性变化、边坡前缘横向支撑的迁移、边坡应力的集中和重分布等是发生滑坡的根本原因。归纳起来可分为三个方面：①人类活动引起；②由膨胀土自身的结构及其强度特性所决定；③由自然因素所造成。

二、膨胀土边坡防护加固措施

（一）膨胀土滑坡的防治原则

1. 防水

水不仅是滑坡的直接诱发因素，而且是胀缩循环的直接因素，在膨胀土滑坡中具有双重危害作用。因此，防治膨胀土滑坡必须本着"治坡先治水，防滑先防水"的原则，一是防止地表水和大气降水渗入边坡土体，二是及时疏导地下水。

2. 防风化

膨胀土的抗风化能力很低，尤其是地表浅层土体在大气风化营力作用下，容易形成风化软弱层，常是产生滑坡的危险结构面。

3. 防反复胀缩循环

膨胀土反复吸水失水产生胀缩循环效应，常在地表浅层形成胀缩变动带，使土体结构破坏，强度降低，导致滑坡的产生。

4. 防强度衰减

土体抗剪强度衰减，是造成边坡渐进破坏、产生滑坡的直接原因。

（二）表水防护

表水防护即设置各种排水沟，建立地表排水网系，截排坡面水流，使表水不致渗入土体和冲蚀坡面。

水是膨胀土边坡的天敌，常有"无水不滑"之说。因此治滑必须先治水，这是保证边坡稳定的重要工程措施。

排水包括地表排水与地下排水两个方面。地表排水以防渗和拦截滑体以外地表水，及时旁引为原则；地下排水以尽快汇集，及时疏导引出为原则。膨胀土的水文地质特征，决定了膨胀土中的地下水多为浅层裂隙水，而且具有极不均性。在膨胀土滑坡整治中，一般采用综合排水的措施，可以收到好的效果。

归纳膨胀土滑坡整治中采用的各种设施，有包括防渗和截水的天沟、吊沟、侧沟、排水沟；有疏导相结合的支撑渗沟、渗水井、渗水暗沟、挡墙后盲沟和排水隧洞等。

1. 地表排水网

加强地表排水措施，建立地表网系，对于整治膨胀土滑坡具有特殊重要意义。以往成功的经验是：天沟、侧沟、排水沟紧密相连，三沟汇水齐归涵，同时要求所有排水系统应一律浆砌，随时检查维修，防止积水或淤塞，保证排水畅通。

水是膨胀土产生胀缩变形与风化的重要直接因素，同时是坡面冲蚀的直接外营力。因此表水防护的目的是要截排坡面水流，使表水不致渗入土体和冲蚀坡面，可以分级设置各种排水沟，建立地表排水网系。

①天沟：坡面排水网系的第一道防线，必须有效可靠。天沟道数和天沟深度，应视上游坡面汇水面积大小和边坡堑顶上方是否有地表水，如水田、水塘和水渠渗漏等而定。当坡面汇水面积大，有上方水体渗漏时，可设置两道天沟分别拦截渗漏水流，再距堑顶外30～40 m设置第二道天沟，拦截剩余坡面水流或渗漏水流。所有天沟必须一律采取浆砌等防渗漏和防冲刷措施。

②边坡平台排水沟：台阶形边坡应在每一级边坡平台内侧设置纵向排水沟，截排上部坡面与平台水流排水沟应设在坡脚外侧，在排水沟与坡脚之间必须设置一定宽度的水沟平台，以防坡脚冲蚀和浸水膨胀变形。边坡平台与纵向排水沟均应采取混凝土防护或浆砌片石加固等防渗漏与冲刷措施。

③侧沟：凡是膨胀土路堑均应一律设置侧沟，以排除坡面和基床水流。由于膨胀土路堑边坡变形与基床变形的特殊性，要求侧沟设置必须适应膨胀土路基要求。一是侧沟位置应设置在坡脚外侧，在侧沟与坡脚间设侧沟平台一道，以保护和稳定坡脚，同时防止侧沟淤积。二是侧沟尺寸大小应视坡面泥流量大小、基床翻浆冒泥病害严重程度等具体确定。侧沟一般应比普通土质路基侧沟断面要加大加深，尤其在基床翻浆冒泥严重的地段，更应有足够深度以排除和疏干基床水。侧沟是防止基床翻浆冒泥的重要有效措施之一。

④急流槽：膨胀土路堑边坡，常因堑顶微地貌形态与地形坡度以及长大坡面水流较大等，必须设置吊沟，加强坡面横向排水，并使天沟、平台排水沟、侧沟和吊沟形成沟沟相连，一齐汇入涵洞的地表水网系。吊沟亦应采用防渗漏与防冲刷加固措施。

2.支撑渗沟

支撑渗沟整治膨胀土滑坡，用于疏导滑坡体内地下水，效果显著，是一种使用较普遍的排水措施。支撑渗沟一方面疏导地下水，同时又对边坡土体起到支撑作用，以增加其稳定性，一般常同抗滑挡墙联合使用。支撑渗沟的平面布置和深度，应视滑体内地下水系的分布、埋藏条件等，结合地形合理安排。一般将渗沟按主沟和支沟布置成地下水排水网系，将滑体内的地下水由支沟引入主沟后，排出滑坡体外。

3.渗水井、渗水暗沟和卸水隧洞

渗水井、渗水暗沟和卸水隧洞由于施工和养护维修都较困难，所以设置较少。在整治膨胀土滑坡中，只用于少数几处地下水量大、埋藏较深的滑坡。

（三）坡面防护加固

1.骨架护坡

骨架护坡主要是用以防止坡面表土风化，同时加强风化层土体的支撑稳固作用。实际上这是一种将长大坡面分割为由若干骨架支撑的小块土坡，进行分而治之的有效措施。在膨胀土边坡防护加固中，常用的骨架护坡形式主要有方格架护坡和拱形骨架护坡，此外还有人字形骨架护坡等。

用浆砌片石或预制块做成格式或拱式形状的护坡，正在得到大量的应用，它具有得体的几何形状，当中间的草长起来的时候，绿白相间较为美观。相比之下，满铺式则显得单调。骨架的作用在于支撑和分割坡面，消除坡面较大范围内的相互渐变牵引所带来的影响。骨架的宽度及其间距，可视坡体土性好坏调整，常用的骨架宽度为 0.5 m，间距 2 ~ 3m。骨架嵌镶入坡体表面的深度是确保其防护能力的关键，一般不应小于 0.5 m，即应该嵌固在表层松土或强风化层以下较坚实的土层上。埋置较浅的骨架，其隆起变形往往从坡中开始，逐渐牵引而上，导致整个骨架的破坏。

从理论上来说，埋置在大气急骤影响深度以内的骨架体都存在着变形破坏的可能，要求所有的骨架都埋置在这个深度范围内是不现实也是不可能的，但应每隔 15 ~ 20m，设置主骨架一道并适当增加其埋深（1.0 ~ 1.2m），这样做对坡顶土体扰动较小。

主骨架和其他骨架关系就像脊骨与肋骨的关系一样起着支承、嵌锁的作用，主骨架也可用支承渗沟、支承排水沟代替。

拱（格）式护坡的优点是较满铺式省材料。由于护坡不是全封闭的，格内或拱内坡面土体水分可以调节，避免较大的膨胀应力产生。但应该注意的是，由于边坡土体表面仍处于可以蠕动的状态，埋置过浅的骨架（无论拱式格式）将随移动土体一起运动。位移量过大时，会导致整个结构的破坏：构筑在较陡面上的骨架（一般小于 1：1.5），特别是拱式骨架，朝坡下一侧的土体仍会向下滑移而将骨架露出，失去一侧土体支衬骨架，应力状况将发生变化，时间一长也易发生破坏。

经过大量调查，拱形骨架护坡对坡面风化土体的支撑稳固作用较之方格形骨架护坡更好。甚至可以见到，有的拱形骨架下面表土局部塌空，拱对上部坡面的支撑仍然良好。但是拱形骨架施工要比方格骨架更困难，所以在实际工程中大多仍采用方格形骨架护坡。骨架护坡一般采用片石浆砌，若风化层太深（大于 1.0 m），骨架嵌入困难，而且风化界面效应加剧，常常造成边坡浅层滑坡，以致方格骨架遭到破坏，则不宜采用骨架护坡，此时应当考虑设置支挡构筑物。单纯采用骨架护坡防护，骨架内坡面冲蚀现象较普遍，格内细小纹沟密布，因此，现场大多采用骨架护坡与骨架内护面防护相结合的措施，效果显著。

2. 片石护坡

片石护坡是主要用于整治边坡膨胀土体已产生局部溜塌等变形的措施。片石护坡可分为干砌片石护坡和浆砌片石护坡两类。

（1）干砌片石护坡

干砌片石护坡主要用于边坡产生局部溜塌变形后，可以及时清除溜塌体，用片石嵌补，以迅速恢复原有坡面的完整，同时对受溜塌牵动影响的局部土体，可以起到一定支护作用，对于调整坡面表土胀缩作用、承受变形，均有一定效果。

（2）浆砌片石护坡

浆砌片石护坡大多用于边坡土体产生局部塌滑后的整治。浆砌片石护坡整体强度较高，自重较大，对于边坡土体可以起到反压和部分支挡作用；同时，可以及时封闭坡面，防止土体继续风化。因此，采用浆砌片石护坡，可以增加边坡稳定性，在路堑与路堤边坡加固中均有使用。

满铺式浆砌片石护坡是一种视刚性结构，主要靠其自重或片石与砂浆的黏结力阻止坡面的膨胀变形。它的防冲刷性强，能抵御较大能量的集中水流的侵蚀冲刷，施工简单。其缺点是：由于雨水的浸入（总有薄弱部位可进入）往往聚集在边坡的表层，来不及蒸发，造成坡面土层软化膨胀，易造成较大的膨胀力，致使护坡变形开裂直到损坏，所以现在有人建议不宜采用封闭式的满铺浆砌片石护坡。

3. 植被护坡

植被护坡常见有种草、撒草籽、铺草皮和种树等。植被防护的意义为：

①可以通过植被储蓄和蒸发水分调节坡中土的湿度，减少和降低干湿循环作用效应，增加坡面防冲刷、防变形能力。

②造低价。

③植物是天然的过滤器，可以净化空气。

④恢复因修建道路而破坏了的原地表植被，既绿化美化了路表，又使生态平衡免遭破坏。

⑤有利于水土保持。

4. 土质边坡轻型防护——水泥土护坡

水泥土是用无机土按比例掺入硅酸盐水泥和水，均匀搅拌，捶实成形，经过适当养护，硬化而成的一种新型建筑材料。

它的机理是：无机颗粒与土粒间发生化学反应，产生新的化合物。其凝结与硬化有三种成因：①水泥的水解和水化反应；②离子交换和团粒作用；③硬凝反应。

水泥土的凝结，是大量硅酸盐水泥与水化合生成的硅酸钙、硅铝酸钙水化物，以纤维状微粒构成的凝胶而结合的过程，与混凝土的凝结机理相似。工程实践证明：水泥土的变形和强度、耐久性、抗干湿循环、抗渗性、抗冲耐磨性等都达到了工程要求。

（四）支挡结构

支挡结构是为了防止边坡的坍塌失稳，确保边坡稳定的构筑物。其主要应用于两方面：对于开挖的强膨胀土或中等膨胀土的边坡采取预防支挡措施，以便防止滑坡的发生；对于已发生滑动的边坡进行治理支挡措施，使工程运行正常。关于支挡结构物类型的选择，要根据边坡计算滑动推力和滑动面或软弱结构的位置而定，或者说，按照地形地貌、土层结构与性质、边坡高度、滑体的大小与厚度以及受力条件和危害程度而采取相应的形式进行治理。

1. 挡土墙

挡土墙的设计是否符合膨胀土边坡客观的情况，关系到边坡治理费用和安全问题。因此，对挡土墙形式、土压力计算及作用、滑动破坏形状等方面的试验研究具有十分重要的意义。

挡土墙分坡脚墙、坡腰墙和坡顶墙。坡脚墙用在路堑和路堤坡脚，起稳定坡脚土体的作用。其中路堑坡脚墙宜与边沟同时构筑，浑然一体，可以起到增加基底摩阻和侧向支衬的作用。

基础埋深一般为地面以下 1.5 m（大气急骤影响深度以下）或根据坡面的滑移结构面情况予以确定。墙高不宜超过 3 m，墙后宜留平台，平台宽 1.5 ~ 2 m，以改善墙后土体的受力状况，墙体宽度应视墙后填土（土体）的状况，及其膨胀土体的膨胀力和主动土压力叠加后，计算或类比而定。由于考虑水平膨胀力后，合力的作用点大都上移到挡墙的中上部，因此在确保挡墙抗滑、抗倾覆能力的同时，应保证挡墙中上部墙体的抗剪强度，即中上部挡墙截面尺寸要比一般挡墙大，下部的坡率要小，或采取等截面。一般情况下，挡墙顶面宽度不宜小于 1m。墙后应填砂砾，砂砾厚度大于 50 cm，目的在于调整、缓冲墙后膨胀力及其引起的应变量。墙身不同高度处应设置泄水孔，以排除墙后土体的多余水分。挡墙因施工不善，不能正常排水，引起墙后土体过湿，软化坡脚，造成挡墙滑移破坏的例子很多，因此在看似小的问题上，要引起足够的重视。

路堑坡脚墙一般可用 7.5# 浆砌片石或 10# 素砾石硅构筑。7.5# 浆砌片石多用在开挖的坡体没有因滑塌和滑坡引起上部坡体有明显的变形（且坡体基本稳定）的情况下。而 10# 素砾石硅挡墙常用于坡体在施工过程中曾发生过滑移且存在伤痕的情况之下。其原因在于已经产生明显变形的边坡体，存在有可能恶化的情况（如裂隙张开、土体松散，水分极易进入）。产生过滑塌或牵引式滑坡的上部或中下部土体多少发生过程度不一的变形的边坡，采用浆砌片石挡墙，很容易再次遭受破坏。松动的坡体具有更大的膨胀势能，在此种情况下修建挡墙，必须先对松散的坡体进行处理，清除膨胀性能较强的土，回填好土或用石灰（石灰剂量6%～8%），对其进行改良，逐层压实。对开裂的坡体，应回填非膨胀土夯塞紧密，防止地表水下渗，挡墙则用强度较高的贫砼，其模具可起到临时的支衬作用。由于强度上升得快，作用也发挥较快，质量有保证。

填方的坡脚墙，在路堤较高（超过6 m）或坡脚容易被水侵蚀、软化的地带设置，可起到收缩坡脚，防止因坡脚软化造成坡体变形的作用。常与防滑渗沟、防滑坡面主骨架配合，起到各种类型的护坡（拱形、格式护坡）的下部支衬作用。墙身一般为1～2m，不宜太高，基础开挖应在旱季进行。土质松软、承载力不够的地基，应先予处理，埋深通常要大于1 m，视墙后填土性质而定。挡墙设计要考虑膨胀力的作用，膨胀力的量值，可在土体最佳含水量、最大干容重下测出。设置了坡脚挡墙的边坡应视具体高度和土质状态设置一定宽度的平台（无论填挖方），可以起到加大坡体的侧限压力、改善挡墙体的受力状况、减少坡面水力冲刷、堆积碎落物的作用。

2.加筋挡土墙

加筋挡土墙由填料、加筋、面板三部分组成。

3.土钉墙

土钉是一种加固原位土体的方法，用以形成挡土墙结构物和边坡加固。

4.抗滑桩

若路堑边坡已经产生滑动，采用多级抗滑挡墙无法阻止，或因施工困难，如挖基很深，边挖边塌，并能造成更大的滑动趋势者，应酌情考虑改用抗滑桩。

用抗滑桩来阻抗边坡土体下滑和治理滑坡，具有破坏滑体少、施工方便、工期短、省工省料等优点，是治理深层滑坡的有效方法。抗滑桩一般采用钢筋混凝土钻孔桩或人工挖孔桩，断面直径500～1 000 mm，桩的间距一般为桩直径的3～5倍，桩深入滑动面以下深度为桩长的1/2。抗滑桩一般布置2～3排，为梅花形布置，以免滑体从桩间滑出。在重要边坡，抗滑桩间可以横向连接构成一个护坡的空间结构。

5.锚杆、钢筋网、喷射混凝护坡

对于强膨胀土边坡，可采用锚杆、钢筋网、喷射混凝土护坡。

三、膨胀土路堑边坡的特征

路堑挖方边坡土质均为膨胀土，路堤填方区在填料的选择时尽量避免采用膨胀土。根据设计施工图分析其具有弱至中等膨胀性，但在施工过程中，根据现场实验室分析结果，绝大多数具强膨胀性。路堑开挖后，在进行防护施工的过程中就发生了滑塌，且经反复多次的变更设计进行防护处治，但在经过雨季和潮湿天气过程中常会出现边坡滑塌的现象，即便在通车后该公路边坡仍有滑坡和坍塌的潜在隐患。

（一）膨胀土路堑边坡的分布特征

缓丘主要为碳酸岩地层，其表层残坡积（$Q^{hel+tdl}$）粉质黏土、黏土，一般厚 $0 \sim 2\,m$，局部可稍厚至 $6 \sim 8\,m$。自由膨胀率为 $40\% \sim 60\%$、少量 $60\% \sim 70\%$，为弱膨胀土。

丘间沟槽及丘间平原表层多为坡洪积（$Q^{hel+tdl}$）层黏性土覆盖，厚一般为 $0 \sim 2m$，局部可稍厚至 $2 \sim 6m$，为碳酸岩地层覆土的次生产物，多具弱膨胀性。丘间沟槽下部多为 N_2 地层覆盖，其黏土、粉质黏土自由膨胀率为 $40\% \sim 82\%$，为弱至中等膨胀土。

路基多以填方为主，受其影响较小，填方路基适当超挖，换填 $80\,cm$ 碎石垫层，并做好边坡防水工程；缓丘地段因覆土一般较薄，挖方受膨胀土影响较小，边坡做好防水即可，对于覆土较厚地段，应放缓坡率，分级开挖，坡脚应设置挡护措施，同时做好防排水工程。采取措施：为对路基适当超挖，换填 $80\,cm$ 碎石垫层，开挖后及时做好边坡防水工程。

（二）路堑边坡的加固措施

膨胀土边坡产生破坏后，经业主、设计、监理等多次到现场察看后确定，在沿用原设计"封闭法"的基础上加以一定的支挡，即"支挡法"。

边坡高度小于 $8\,m$ 时，路堑边坡防护形式采用三维网植草、浆砌片石拱形格骨架、自然放坡植草等。边坡高度大于等于 $8\,m$ 时，路堑边坡防护形式有浆砌片石拱形格骨架、现浇拱形格锚杆骨架、预应力锚杆（锚索）框格梁、主（被）动型柔性系统等，以确保路堑边坡的稳定及道路运营安全。边坡应根据坡面渗水情况，设置相应密度的疏干孔，采用 $\phi 90\,mm$ 的 PVC 排水管，无纺土工布包裹，并设置 5% 的仰坡。

四、膨胀土路堑边坡的施工技术

（一）施工组织及部署

根据本项目的特点，首先实施施工便道，以保证桥梁和高填深挖路段能提前开工，确保工期。部分路段地形复杂，须特殊对待。

本项目的施工组织结合区域气象水文干湿季分明、河沟汛期与雨季基本一致的特点，路基工程、排水工程安排在旱季施工，以避开雨季地下水位的上升及农灌用水期间所造成的地基过湿和干扰，减少对过湿路段地基的特殊处理和降低施工的难度，从而确保工程质量，加快工程进度。

对控制工期的关键工程，如深挖路堑、桥梁、互通立交及多个工程集中等的路段，创造多个作业面同时机械施工或提前进场施工，确保全段按时完工。

（二）施工准备情况

1.施工前做好"三通一平"，即水通、电通、路通和场地整洁。施工场地地面附着物等已清理完毕，便道已经修通至各工作面处。

2.施工配套设备，发电机、挖掘机等附属机械均按照要求进场，各机械均已进行了检查、维修、安装及调试运转，均运转正常、性能良好。

3.根据工程量情况，配备了路基工程师及现场技术管理人员，并调配了足够劳动力进场。

4.测量队已用全站仪配合RTK利用三角控制测量网放出点位，并经监理工程师复核确认满足要求。为便于后期施工，已根据十字线交点法埋置护桩。

5.详细复查设计文件所确定的路堑地段的工程地质资料及路堑边坡，根据其工程地质情况、工程量的大小和工期复查施工组织设计，核实（或编制）调整土石方调运图表。

6.施工现场的征地、拆迁、清表等工作已完成。

7.对沿线拟利用土质已进行检测试验。

8.截水沟、排水沟等临时排水设施已做好，并已贯通至桥涵或沟渠顺利排出。

9.分项工程开工报告已得到批复，施工现场的劳动力、施工机械满足施工进度及质量的要求。

（三）施工工艺

1.土质路堑施工顺序

土质路堑施工顺序如下：测量放样—地表清理—土方挖运—临时排水—边坡修整—防护工程施工。

（1）测量放样

按设计图纸及反算法，认真放样边坡桩位。现场边坡施工配备坡比架、卷尺等随时对开挖边坡坡率进行检查，以便指挥机械操作员进行施工。

（2）地表清理

按设计图纸清除表土，一般为30 cm。

（3）土方挖运

路堑开挖时，若为短而深的路堑，可采用横挖法施工；若为较长的路堑，可采用纵挖法施工；若为路线纵向长度和挖深超过20 m的路堑，宜采用混合式开挖法。

（4）临时排水

土方路堑开挖时，应设不小于3%的纵、横向排水坡，待开挖贯通后，再自线位较低处起纵向整修路槽。

（5）边坡修整

修筑路拱、整修边坡、平整路基顶面时，应采用机械作业，人工配合。

（6）土质路堑施工控制要点

运距在200 m内，采用推土机推运；200 m以上则采用挖掘机挖装、自卸汽车运输的施工方案。作业控制要点如下：

a.开挖前须完全清除表土并运至指定地点。

b.按设计图纸自上而下进行，不得超挖、乱挖、掏洞取土和爆破施工。

c.路基开挖土方须尽量利用，除图纸规定或被定为非适用性材料外，不得任意废弃。

d.当因气候条件使挖出的材料无法满足填筑和压实要求时，须停止开挖，直至气候转好。

e.当土方开挖至设计标高时，须做300 mm范围内的压实度检测，要求不低于技术规范规定，否则要采用特殊压实机具和其他措施进一步压实；若出现非适用材料，经监理人批准后采取改良和换土等方案进行处理。

f.土样的试验报告及时提交给监理人，证明该材料适宜做填料，监理人批准后方可开挖，取土场开挖前应做清理，移除表土及不适宜材料。

（7）土质路堑防护工程施工

自上而下，开挖一级防护一级，开挖至设计标高，及时进行上挡墙、边沟等防护工程的施工。

2.土质路堑施工方法

严格按照设计坡度施工，若边坡实际土质与设计勘探的地质资料不符，特别是土质较设计松散时，应及时向有关方面提出修改设计的意见，经批准后实施。

土方开挖不论工程量和开挖深度大小，均应自上而下进行，严格分层开挖，开挖坡面一次成形，且应开挖一级防护一级，防止边坡失稳产生滑坍等灾害。对有可能产生滑坍的边坡，应先采取加固措施，并进行稳定性验算，满足稳定系数大于1.25后，方可进行下级边坡开挖。不得乱挖超挖，严禁掏洞取土。

在深路堑边坡地段一般山体含水量大，在渗水量大的部位应及时有针对性地按设计要求设置泄水管。为确保深路堑地段路基稳定，应在边沟底设置复式渗沟，防止山体水渗入路基而产生隐患。

开挖面高度每3～4 m在挖掘机作业高度范围内应对开挖坡面进行一次修整，按设计坡率、线形及平台设置进行修整，同时应对已开挖边坡进行测量，确保开挖面不欠挖不超挖，才可继续施工。

现场施工技术人员应配备坡比架、卷尺等随时对开挖边坡坡率进行检查，以便指挥机械操作员进行施工。

在指定设置弃土场的地方不能满足堆积弃方数量时，应停止开挖，重新选择弃土位置并相应修改施工方案，提交监理工程师批准。

土方路堑开挖时，若为短而深的路堑，可采用横挖法施工；若为较长的路堑，可采用纵挖法施工；若为路线纵向长的深路堑，宜采用混合式开挖法。

土方路堑开挖时，应设不小于3%的纵、横向排水坡，待开挖贯通后，再自线位较低处起纵向整修路槽。

修筑路拱、整修边坡、整平路基顶面时，应采用机械作业，人工配合。

沿溪及山坡不能横向弃置废方的开挖路段，应选择可行措施，防止废方侵占良田、河道，损害民房及用地范围以外的其他构造物。

第三节　边坡绿化施工技术

一、边坡绿化施工总体布置及规划

（一）施工总体布置

1.踏勘现场，了解、熟悉现场情况。

2.仔细阅读施工图，充分理解设计意图，使施工充分体现设计意图。

3.做好草种材料的准备工作。

4.组织施工管理人员进场实地勘察现场情况，开施工预备会议。

5.组织好施工队伍，落实机具设备等。

6.搭设好施工和管理人员的生活设施。

7.制定质量目标、施工进度，落实监督、检查制度。

（二）施工规划

针对本项目实际情况，在项目部召开预备会议后，落实管理人员工作及分管职责。

布局施工现场，开工前联系好建设单位，办理相关手续，以保证施工中的机械周转；合理布置各类植物、机械的分类放置；制订劳动力计划及分配表，保证施工场地整洁和道路的畅通；制定安全生产、文明施工及环境保护措施；提前落实施工用水来源，制订施工用水计划表和缺水应急措施，以保证植被成活率；提前联系好施工所需材料，杜绝施工中出现材料短缺现象；杜绝安全事故，树立井然有序的良好施工新形象。

二、边坡绿化施工技术

（一）生态植被袋绿化技术

生态植被袋绿化技术即在坡面上按一定的距离人工开挖种植穴，再人工回填适宜于苗木生长的土壤养料、土壤改良剂等有机肥土，然后进行移栽。

1.适用条件

①适用区域：各地区均可应用。

②适用范围：常用于公园绿化、公路和矿山生态治理、河道生态治理、城镇建设等项目。

③适用边坡状况：适用于坡率为 1 ∶ 1 ～ 1 ∶ 4、坡长不超过 10 m 的岩石边坡、土石混合边坡。常用于立地条件差、土壤贫瘠、需要快速绿化以防止水土流失的边坡，并常用于陡直坡脚的拦挡和植被恢复。

④施工季节：南方地区一年四季均可施工，但应避开高温炎热暴雨集中时段；北方地区从春季到秋季均可施工，但应避开夏季阴雨天气，秋季施工应注意植物成活和生长。

2.施工设备与材料

①工具：铁锹、洋镐、手推三轮车。

②材料：植被袋、土壤改良剂、有机肥、复合肥、保水剂。

3.施工工序

准备工作—清理坡面—基础夯实—码放植被袋—养护管理。

（1）准备工作

①定制植被袋：内附植物种子要根据项目区气候状况、土壤条件及立地条件进行选择。

②植被袋装土：植被袋内装入由现场弃渣、土壤改良剂、有机肥、复合肥、保水剂等按照设计比例调配好的混合物。

③保管植被袋：对植被袋注意防潮保管，以免植被袋受潮导致种子发芽。

（2）清理坡面

清除坡面浮石、浮土、危石及各种杂物。

（3）基础夯实

为了保证生态植被袋码放平稳牢固，坡脚基础层必须清理并夯实。对于自然沉降较好的边坡可以采用打夯机夯实基底；对于浅层不稳定的边坡，可以浇筑混凝土以夯实基底。

（4）码放植被袋

①基础夯实后可以直接码放生态植被袋，植被袋的码放方式和高度依据边坡的坡长、坡度、稳定程度而定。

②植被袋应错缝重叠码放，重叠部分多少依据坡度而定。

③码放过程中，为了防止植被袋之间、植被袋与坡面之间的滑塌变形，应采用填充物压实。

（5）养护管理

①浇水：生态植被袋码放好后，立即浇水，保持坡面湿润直至植物种子出芽。

②补播：植物种子基本出芽后，对于未发芽的部分，应及时补播。

③施肥：在出苗一个月以后进行第一次追肥，施肥量为尿素 $10g/m^2$；间隔 20 d 左右再进行第二次追肥，施肥量为尿素 $15g/m^2$，切记施肥时用稀释水溶液喷洒。

④病虫害防治：出苗以后，应注意预防病虫害，使用杀虫剂时，注意喷洒浓度。

（二）液压喷播绿化技术

液压喷播技术是以水为载体的植被建植技术，即将配置好的种子、肥料、覆盖料、土壤稳定剂等在专用喷播机内与水充分混合后，用高压喷枪均匀地喷射到坡面上。喷播后的混合物在土壤表面形成一层膜状结构，能有效地防止种子被雨水冲刷，并保证在较短的时间内迅速覆盖地面，以达到稳固边坡和绿化路容的效果。

1. 适用条件

①适用区域：各地区均可应用，在干旱、半干旱地区，可以保证养护用水的持续供给亦可使用。

②适用边坡状况：适用于边坡自身稳定、每级坡高不超过 10 m 的挖方、填方土质路堤边坡和土质路堑边坡，对于土石混合边坡经过人工回填种植土处理后也可使用。其常用坡率为 1 ∶ 1.5 ~ 1 ∶ 2.0。

③施工季节：南方地区一年四季均可施工，但应避开高温炎热和暴雨集中时段；北方地区从春季到秋季均可施工，但应避开夏季阴雨天气。

2. 施工设备与材料

①机具：液压喷播机。

②材料：植物种子、保水剂、黏合剂、染色剂、木纤维、肥料、水、种植土、无纺布。

3. 施工工序

平整坡面—液压喷播施工—覆盖土工膜—前期养护管理。

①平整坡面：清除坡面浮石、浮土、危石及各种杂物；对于土质条件差的坡面采用人工回填 50 ~ 75 mm 厚度的种植土，并适当浇水湿润表土层；对于土壤 pH 值不适宜的坡面，需要在喷播前一个月改良土壤 pH 值。

②液压喷播施工按照设计比例配合草种、保水剂、黏合剂、染色剂、木纤维、肥料及水的混合物料，并采用液压喷播机均匀喷射于坡面上。

③覆盖无纺布以保温、保湿，促进植物种子的发芽生长，也可用无纺布、稻草、稻秆编织席覆盖。

④前期养护管理内容主要为洒水、病虫害防治、追肥和补播。养护期限视植被生长状况而定，一般不少于45 d。

（三）岩面垂直绿化技术

岩面垂直绿化技术在工程中有以下几种不同的技术应用形式：利用微地形凿种植穴法、利用微地形筑槽法、微地形与锚杆结合法、直接打锚杆筑槽法。

1.适用条件

①适用区域：各地区均可应用。

②适用范围：常用于公园绿化、公路和矿山生态治理、城市建设等项目。

③适用边坡状况：适用于坡度75°以上、坡面稳定但不平整的岩质边坡。

④施工季节：南方地区一年四季均可施工，但应避开高温炎热暴雨集中时段。北方地区从春季到秋季均可施工，但应避开夏季阴雨天气，秋季施工应注意植物成活和生长。

2.施工设备与材料

①工具：铁锹、洋镐、手推三轮车。

②材料：苗木（灌草、地被和藤本）、种植土、有机肥、复合肥、保水剂。

3.施工工序

平整、清理坡面—种植穴点位选择、砌筑—回填客土—栽植苗木—养护管理。

（1）平整、清理坡面

对于稳定边坡，整平坡面至设计要求，并清除坡面浮石、浮土、危石及各种杂物，注意不损伤坡面原有植被。

（2）种植穴点位选择、砌筑

①选择种植穴点位：根据坡面地形条件将种植穴选在凹处，以利于种植穴的稳固，并且便于承接坡面汇流供植物生长所需。

②砌筑种植穴：采用施工现场的弃料作为砌筑种植穴的材料，在保证稳定性的前提下，种植穴尺寸尽量做大一些，以便于植物生长良好。

（3）回填客土

种植穴砌筑好以后，回填种植土、有机肥、保水剂等于槽穴内，并适当浇水湿润表土层以保证客土的稳定。

（4）栽植苗木

栽植植物种以灌草、地被和藤本植物为主，根据项目区气候特征、立地条件选择乡土植物种，苗木栽植完毕回填客土压实。

（5）养护管理

①浇水：植物栽植完毕立即浇水，保证植物成活所需水分。在前两年，需要浇灌返青水和冻水于槽穴内，若遇高温干旱则须适当补水。

②补植：及时对死亡植物种进行补植。

③施肥：适当施肥以利于植物种生长良好。

④病虫害防治：植物种生长工程中注意预防病虫害。

⑤修剪：适当修剪内部生长旺盛的植物，以保证槽穴的稳定。

（四）挖沟植草绿化技术

1.适用条件

（1）适用区域

各地区均可应用。

（2）适用边坡状况

边坡自身稳定、坡率不超过1∶0.75、每级坡高不超过10 m的泥岩、页岩或泥、页岩互层等易开挖沟槽的软质岩路堑边坡或者土质边坡。其常用坡率1∶1.25～1∶1.0，坡率超过1∶1.0时应结合坡面锚杆使用。

（3）施工季节

南方一年四季均可施工，但应避开暴雨集中时段；北方地区从春季到秋季均可施工，但应避开夏季阴雨天气，秋季施工须考虑植物的成活与生长。

2.施工设备与材料

①机具：搅拌机、喷播机。

②工具：手推三轮车、铁锹、洋镐。

③材料：三维植被网、锚杆、竹钉、U形锚钉、植物种子、保水剂、黏合剂、染色剂、木纤维、肥料、水、种植土、无纺布。

3.施工工序

清理坡面—楔形沟施工—回填客土—三维植被网施工—喷播施工—覆盖无纺布—前期养护管理。

（1）清理坡面

清除坡面浮石、浮土、危石及各种杂物。

（2）楔形沟施工

按照设计行距，在坡面上采用人工开挖楔形沟，楔形沟不仅需要竖向保持直立，为了使回填客土能够稳定，横向还要设置5%的倒坡。

（3）回填客土

在楔形沟内回填客土，并且轻轻将填土压实，还须洒适量的水湿润表土层。

（4）三维植被网施工

平整坡面后自上而下铺挂好三维植被网且在网上撒些细粒土至覆盖三维网网包，最后用U形锚钉固定好三维植被网。

（5）喷播施工

按照设计比例配合好混合物料，并均匀喷播于坡面上。

（6）覆盖无纺布

覆盖无纺布以保温、保湿，促进植物种子的发芽生长。

（7）前期养护管理

养护内容主要为洒水、病虫害防治、追肥和补播。养护期限视植被生长状况而定。

（五）厚层基材喷播绿化技术

不同喷播技术在坡面上所能形成的喷射物厚度是不同的。①液压喷播：＜1.0 cm；②湿法客土喷播：1～3 cm（薄层）；③干法客土喷播：4～6 cm（中层）；④厚层基材：大于7 cm（厚层），由于有机质喷播在物料喷射时不渗入水，因此也属于干法喷播。

1.适用条件

（1）适用区域

主要为湿润区和半湿润区。在半干旱地区，可以保证养护用水的持续供给亦可使用。不建议在干旱地区使用。

（2）适用边坡状况

立地条件较差的高陡（坡率1∶0.3～1∶0.5）硬质稳定路堑岩石边坡，如砾岩、砂岩、花岗岩、片岩、大理石岩等。如果与工程措施相结合，也适用于不稳定的岩质边坡，如挡土墙、护面墙、混凝土结构边坡以及岩堆、软岩、碎裂砂岩、散体岩、极酸性土等。

（3）施工季节

南方地区一年四季均可施工，但应避开暴雨集中时段；北方地区从春季到秋季均可施工，但应避开夏季阴雨天气，秋季施工须考虑植物的成活与生长。

2.施工设备与材料

（1）机具

掘岩机（冲击钻、风镐）、喷射机、空压机、发电机、搅拌机。

（2）工具

传送带、喷射管、耐压橡胶管道。

（3）材料

喷附面骨架材料：镀锌铁丝网、锚杆（主锚杆、辅助锚杆）铁丝。

植生基质材料：绿化基材（有机质、保水剂、黏合剂、渗透剂、肥料、土壤改良剂）、纤维、植物种子、种植土。

3.施工工序

清理坡面—安装锚杆—铺设并固定铁丝网—配置植生基材—喷射基材—前期养护管理。

（1）清理坡面

清除坡面浮石、浮土、危石及各种杂物。

（2）安装锚杆

钻孔安装铺杆，主锚杆和辅助锚杆相间排列，横向间距2 m，竖向间距1 m，对于钉入坡面稳定性差的锚杆采用水泥砂浆灌注固定。

（3）铺设并固定铁丝网

按照设计要求自上而下铺设铁丝网，并将网张拉紧、铺平整顺，两网搭接处要有10 cm的重叠，并且坡底伸出20 cm，坡顶伸出50 cm，埋置于平台填土中，然后再采用铁丝将铁丝网与锚杆绑扎牢固，注意铁丝网与坡面需用垫块使之悬空3 ~ 5 cm。

（4）配置植生基材

按照设计比例将预先准备好的植生基质材料依次倒入混凝土搅拌机料斗内搅拌均匀，搅拌2 min以上使各种材料充分混合均匀。

（5）喷射基材

喷射时尽量从正面自上而下进行，避免仰喷，凹凸部分及死角部分要喷射充分；基材的喷射分两次进行，首先喷射不含植物种子的基材混合物，然后喷射含植物种子的基材混合物，喷射的平均厚度要符合设计要求。

（6）前期养护管理

前期养护管理的内容主要为浇水、保墒、防治病虫害、追肥和补播。前期养护管理的时间视植被成长状况而定，一般不少于45d。

三、施工过程中重大施工技术关键问题分析及应对措施

（一）项目特点与重大施工技术关键问题分析

首先，边坡绿化工程工期短、工程量大、工程质量要求高，须投入大量的熟练工人、施工机械设备及组织大批量的植生袋及施工机械等。组织、管理、协调相对困难，因此，

需要有一个强有力的组织机构进驻施工现场进行组织指挥。

其次，制订详细的材料供应计划，合理配备施工力量和各种施工机械，避免因材料供应原因和机械原因而造成的停工现象；加强施工组织与管理，避免窝工现象。制定物资供应保证措施、质量检验与控制措施等，在各项工作中做到未雨绸缪，是保证工程按期完成的有效途径。

最后，合理划分施工区，采取分区平行施工。目前交叉作业多，施工条件差，因此，必须加大协调力度，使各工序互相配合，利用现有条件抢工作面，确保工程按时保质完成。

整个工地实施智能化、信息化管理，对现场各关键施工点进行监控，掌握施工现场情况。对内发挥施工管理的经验，定期召开工程例会，协调好各专业施工队之间的关系，合理高效地组织施工；对外成立协调小组，积极与业主、监理单位、设计单位、质量监督站及各协作单位沟通，保证解决现场问题的渠道畅通无阻；协调好与施工场地周边有关部门的关系，减少不利因素对施工的干扰。

（二）施工问题应对措施

针对工期紧、任务重及施工作业面大的情况，结合施工作业面土质结构复杂的特点，积极对施工人员进行班组划分，由技术员带领班组实行分段平行施工作业，保障施工有序合理进行。项目部成立质检、安全保障组对施工质量及安全进行有效监督。

1.边坡清理平整施工班组

清除坡面孤石及其他建筑垃圾、平整坡面。

2.挖穴点播施工班组

针对路堑边坡，采用先挖穴点播灌木种后进行液压喷播混播草种的施工技术方案。按施工要求每平方米挖穴不少于9个，结合实际坡面情况，为保障后期验收及景观效果，项目部要求施工班组按每平方米12穴的密度进行挖穴点播，并将点播灌木种由每穴3~5粒增加到6~8粒。

针对路堤边坡，采用拉槽点播灌木种，后进行液压喷播混播草种的施工技术方案。根据施工作业面的土质结构情况适当增加拉槽密度，能有效保障种子不被雨水冲刷，保障发芽率、覆盖率及后期景观效果。

3.液压喷播施工班组

提前准备好混喷草种配方（设计要求：草种及灌木种24g/m²）。

为保证后期景观效果，增加混喷草种配方至35 g/m²，用电子秤称重计量，配制喷播草种（35 kg/袋）。

施工中将配好的混喷草种1袋（35 kg/袋）、肥料2袋（50 kg/袋）、纸浆6捆（3 kg/捆）、黏合剂（5 kg/袋）、保水剂（5 kg/袋）、水3 m^3、在喷播机中充分搅拌均匀。

在喷播作业中严格控制喷播面积（喷播机中混合液体3 m^3/车）800 m^2/车（草种43 g/m^2，肥料62 g/m^2，纸浆22 g/m^2，黏合剂6.5 g/m^2，保水剂6.5g/m^2）超标准完成喷播作业。

4.覆盖无纺布及清理施工班组

已喷播完作业面及时覆盖无纺布，防止雨水冲刷及太阳暴晒。

5.养护施工班组

连续晴天派出洒水车对已发芽坡面进行养护，确保草种保持适中水分，利于生长。

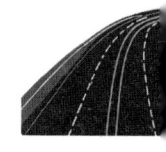

第五章　高速公路隧道机电设施施工及养护安全技术

第一节　公路隧道机电施工及维护作业风险评估

一、公路隧道施工安全风险评估研究方法

（一）核对表法

核对表法是一种常用和有效的风险识别方法，它主要是用核对表来作为风险识别的工具，实质上就是把经历过的风险事件及其来源罗列出来，做成一张核对表。该方法利用人们考虑问题的联想习惯，在过去经验的启示下，对未来可能发生的风险因素进行预测。该方法的优点在于使风险识别工作变得较为简单，容易掌握；缺点是没有揭示出风险来源之间的相互依赖关系，对指明重要风险的指导力度不够，且受制于某些项目的可比性，有时不够详尽，没有被列入核对表内的风险容易发生遗漏，应设计出核对表的典型样式。

（二）专家调查法

专家调查法（包括德尔菲法）是在专家个人判断和专家会议方法的基础上发展起来的一种直观预测方法，特别适用于客观资料或数据缺乏情况下的长期预测，或其他方法难以进行的技术预测。专家调查法或称专家评估法，是以专家作为索取信息的对象，依靠专家的知识和经验，由专家通过调查研究对问题做出判断、评估和预测的一种方法。专家调查法工作流程：通过对需求分析确定工作目标；在调查工作中，应注重专家评判基础、调查因子、专家组成等关键内容；对调查的信息与内容初步判定有效与否、反馈需求分析是否发生偏差、判断是否需要重新开展需求分析或是调查工作。专家调查法是比较科学的，其主要特点是有助于专家发表独立的见解，不受其他相关因素的干扰；用数学手段分析所有调查对象的成果，综合归纳成集体思维成果。此方法在工程技术研究领域得到广泛应用，尤其针对数据缺乏、新技术应用评估等工作，具有相当的优势，并且与其他调查方法配合使用，就能取得更好的效果。

（三）情景分析法

它是根据发展趋势的多样性，通过对系统内外相关问题的系统分析，设计出多种可能的未来前景，然后用类似于撰写电影剧本的手法，对系统发展态势做出自始至终的情景和画面的描述。当一个项目持续的时间较长时，往往要考虑各种技术、经济和社会因素的影响，可用情景分析法来预测和识别其关键风险因素及其影响程度。情景分析法对以下情况是特别有用的：提醒决策者注意某种措施或政策可能引起的风险或危机性的后果；建议需要进行监视的风险范围；研究某些关键性因素对未来过程的影响；提醒人们注意某种技术的发展会给人们带来哪些风险。情景分析法是一种适用于对可变因素较多的项目进行风险预测和识别的系统技术，它在假定关键影响因素有可能发生的基础上，构造出多重情景，提出多种未来的可能结果，以便采取适当措施防患于未然。

（四）层次分析法

层次分析法是一种定性与定量相结合的决策分析方法。它是一种将决策者对复杂系统的决策思维过程模型化、数量化的过程。运用这种方法，决策者通过将复杂问题分解为若干层次和若干因素，在各因素之间进行简单比较和计算，就可得出不同方案重要性程度的权重。运用层次分析法主要是通过分析复杂问题所包含的因素及其相互关系，将问题分解为不同的要素，并将这些要素归并为不同的层次，从而形成多层次结构；在每一层次按某一规定准则对该层元素进行逐对比较后建立判断矩阵，通过计算判断矩阵的最大特征值及对应的正交化特征向量，得出该层要素对于准则的权重；在此基础上计算出各层次要素对于总体目标的组合权重，以得到不同要素或评价对象的优劣权重值，为决策和评价提供依据。层析分析法常常被运用于多目标、多准则、多要素、多层次的非结构化的复杂地理决策问题，特别是战略决策问题，具有十分广泛的实用性。层次分析法的优点是将人们的思维过程数学化、系统化，以便于接受，应用这种方法时所需的定量信息较少，但要求决策者对决策问题的本质、包含的要素及相互之间的逻辑关系掌握得十分透彻。

（五）模糊综合评价法

模糊综合评价法是模糊数学中最基本的方法之一，该方法是以隶属度来描述模糊界限的。由于评价因素的复杂性、评价对象的层次性、评价标准中存在的模糊性、部分定性评价指标难以定量化等一系列问题，使得人们在描述客观现实时经常存在着"亦此亦彼"的模糊现象，其描述也多用自然语言来表达，如"优、良、中、差""很好、好、一般、差、很差"等。自然语言最大的特点是它的模糊性，而这种模糊性很难用经典数学模型加以统一度量。因此，建立在模糊集合基础上的模糊综合评判方法，从多个指标对被评价事物隶属等级状况进行综合性评判，它把被评判事物的变化区间做出划分，一方面，可以顾及对象的层次性，使得评价标准、影响因素的模糊性得以体现；另一方面，在评价中又可以充分发挥人的经验，使评价结果更客观，符合实际情况。模糊综合评判可以做到定性和定量因素相结合，是系统评价中常用的方法，特别适用于多因素或多目标的系统。其优点是：数学模型简单，容易掌握，对多因素、多层次的复杂问题评判效果比较好，是别的数学分支和模型难以代替的方法。不足之处在于：在使用此方法之前，需要用其他方法确定评价指标的权重，因此通常和其他方法配合使用，运用较复杂。

（六）风险指数矩阵法

风险指数矩阵法又称为 $R = P \times C$ 定级法，常用于定性的风险估算，该分析法是将决定危险事件的风险的两种因素，即危险事件的严重性和危险事件发生的可能性，按其特点相应地划分为不同等级，形成一种风险评价矩阵，并赋以一定的权值，以定性衡量风险的大小。该方法操作简单方便，能初步估算出危险事件的风险指数，并能进行风险分级。风险指数矩阵分析法的风险评估指数通常是主观确定的，定性指标有时没有实际意义，风险等级的划分具有随意性，有时不便于风险的决策，风险指数矩阵法只能定性评价不能定量评价，一般不单独使用，常和其他评价方法结合使用。

二、公路隧道机电施工及维护安全评价体系与方法

（一）安全评价指标体系的建立原则

隧道施工安全评价体系的建立应遵循以下原则：

1.科学性原则

科学能揭示事物发展的规律，作为人们改造世界的指南，建立隧道施工安全评价因素体系，也必须能反映客观实际以及事物的本质，其能反映出影响企业安全的主要因素。隧道施工过程中事故的发生以及施工过程中的安全状态具有绝对的确实性，这就要求对其评价的指标具有科学性和客观性，评价指标必须通过客观规律、理论知识分析获得，形成知识与经验的互补，任何人为的凭主观性确定的指标都是不可取的。科学性还必须保证评价指标的概念和外延的明确性，对一些模糊性指标，即使无法做到其外延明确，也必须保证其概念明确，不至于混淆。因此，只有坚持科学性原则，获得的信息才具有可靠性和客观性，评价的结果才有效。

2.系统性与全面性原则

系统性原则包括以下几个方面：

（1）目的性

建立评价指标体系的目的是对隧道施工的安全状况进行评价，以达到安全施工的目

的，围绕这个目的就必须建立反映评价系统特征的指标体系，然后进行优化和控制。

（2）整体性

评价指标之间、评价指标和安全评价整体结果是一个有机的综合体，安全评价不是单个评价指标的简单集合，评价指标及其功能、评价指标之间的关系必须服从安全评价整体目标和功能，安全评价的结果才能反映整体性。

（3）层次结构性

评价结构有多种，但是，在理论和实践中应用最多的是层次结构。评价指标体系由一定层次结构的评价指标组成，在层次结构中，各个评价指标表达了不同层次评价指标的从属关系和相互作用关系，从而形成一个有序、系统的层次结构，使评价指标层次结构更好地反映系统安全评价的功能。

（4）相关性

要对评价指标体系内部的指标属性进行相关性分析，相关性分析为纵向和横向之间的关系，要使评价指标的相互关系明了、准确，从而建立评价指标之间的结构，达到合理评价的目的。

（5）实用性

评价指标体系的确定要反映同现有历史阶段的科学技术水平、经济状况、工业发展水平相适应的状态，要有较强的可操作性，任何夸大超越或严重落后于国家现有经济发展水平的指标体系都是不合理的。同时，因为企业自身生产特点的特殊性，要根据自身企业的特点确定自己的评价指标体系，所以，不应千篇一律地照搬别的企业的指标体系。

（6）全面性

对企业安全现状的评价是一种全面性的多因素的综合评价，为了保证这一点，选取的因素应具有代表性。选取时应从评价对象的各方面着眼，尽管最后确定的评价因素不一定很多，但选取初始时，被选因素一定要多一些、全面一些，以保证有选取余地。

3.单元划分与合成原则

在隧道施工过程中的不同位置空间，其中的自然环境、危险物质、设备、设施、人员因素等均不相同，因此直接对整个隧道进行安全评价是困难的，必须根据其功能划分为不同的单元进行评价，从而使得包含于同一单元内的每种灾害模式各自的致灾环境在该范围内具有较大的相似性。在每一单元系统获得评价结果后，采用某一种合成方法进行合成，得出评价值。

4.可量化原则

为了便于比较，评价因素应当量化。在采用广义多指标评价时，必须采用定性指标和定量指标相结合的原则，只采用隧道施工定性分析而忽略定量分析显然是不全面的。隧道施工安全既包括安全技术又包括安全管理，即具有技术和管理的双重性，评价对象比较复

杂，其中有些因素（尤其是管理因素难以量化）。但是，任何事物的发展过程都是质变和量变的统一，事物的质是要通过一定的量表现出来的。因此，评价因素应尽可能量化，安全评价实现定性分析是基础，定量分析是目标。只有量化了，才能揭示事物的本来面目。

5.稳定性原则

建立评价因素体系时，选取的因素应是变化比较有规律性的，那些受偶然因素影响大起大落的因素就不能入选。

6.可考核性原则

安全评价的目的是要对近一个评价周期内的安全工作进行考核、评价，了解安全管理的现状及系统的安全状态，并对下一个时期的安全工作进行部署。因此，安全评价指标体系的建立除了要符合几个原则之外，还应符合可考核性原则。还需要指出的是上述各项原则并不是孤立的，而是相互联系并且在评价指标体系中体现的，也只有明确具体的评价对象，对生产的过程和管理方法进行分析，才能具体体现这些原则。

7.可行性原则

建立的评价因素体系应能方便数据资料的收集，能反映事物的可比性，做到评价程序与工作尽量简化，避免面面俱到、烦琐复杂。只有具有可行性，评价的实施方案才能比较容易地为企业的安全部门所接受。

（二）隧道机电施工及维护安全评价指标体系的建立

在安全评价过程中需要合理确定各因素权重。合理确定和适当调整因素权重，体现了系统评价中各因素轻重有度、主次分明，更能增加评价因素的可比性。确定权重的方法有很多，如定性的德尔菲法、定量数据统计处理的主成分分析法以及定性定量相结合的层次分析法。在评价因素体系中，每个因素对实现系统评价目标和功能的重要程度各不相同。权重表示各因素的相对重要程度，或表示一种效益替换另一种效益的比例系数。可见，权重是综合评价的重要信息，应根据因素的相对重要性，即因素对综合评价的贡献确定。

定性与定量相结合的层次分析法确定各层因素的权重值一般可分为四个步骤：

1.分析系统中各因素的关系，建立描述系统功能或特征的递阶层次结构。

2.选择合理的标度，将同层因素间对上层某因素重要性进行评价，构造两两判断矩阵。

3.解判断矩阵，得出特征根和特征向量，并进行一致性检验。

4.得出各层因素的权重。

（三）隧道机电施工安全改进模糊综合评价法

模糊评价法是应用模糊变换原理和模糊数学的基本理论——隶属度或隶属函数来描

述中介过渡的模糊信息量。隧道机电施工安全评价设计因素复杂，单纯利用模糊评价法很难客观地得出合理的参考值，因此本节在模糊评价法的基础上进行了改进，提出改进模糊综合评价法。首先考虑与评价事物相关的各个因素，浮动地选择因闭值，做比较合理的划分，再利用传统的数学方法进行处理，从而科学地得出评价结论。

改进模糊综合评价法主要分两步进行：首先按每个因素单独评判，然后再按所有因素综合评判。

1.建立模糊综合评价因素集和评价集

将安全评价的项目划分为 Q 个评价单元（ $q = 1, 2, \cdots, t$ ）。可将评价结果划分成若干个等级，如"很好""较好""一般""较差""差"等。

设评价因素集为 $U = \{U_1, U_2, \cdots, U_m\}$ ；评价集为 $V = \{V_1, V_2, \cdots, V_n\}$ 。

2.建立权重集

为反映各因素的重要程度，对各个因素赋予一相应的权数色。由各权数组成因素权重集： $A = \{a_1, a_2, \cdots, a_m\}$ 各权数 a_i 满足归一性和非负性条件： $\sum\limits_{i=1}^{n} a_i = 1, a_i \geqslant 0$ 。

3.单因素模糊评价

首先对 U 集中的单因素 $U_i (i = 1, 2 \cdots m)$ 做单因素评价，从因素 U_i 着眼确定该事物对抉择等级 $V_i (i = 1, 2 \cdots m)$ 的隶属度 r_{ij} ，则得出第 i 个因素 U_i 的单因素评价集为 $r_i = (r_{i1}, r_{i2} \cdots, r_{in})$ ，它是评价集 V 上的模糊子集。则各单因素的隶属度行组成评价矩阵 R 。

$$\mathbf{R} = \begin{bmatrix} r_{11} & r_{12} & \cdots & r_{1n} \\ r_{21} & r_{21} & \cdots & r_{2n} \\ \vdots & \vdots & & \vdots \\ r_{m1} & r_{m2} & \cdots & r_{mn} \end{bmatrix} \qquad （式 5\text{-}1）$$

4.改进模糊综合评价

在确定了模糊矩阵 R 和模糊向量 A 时，则可做模糊变换来进行综合评价：

$$B = A \cdot R = (b_1, b_2, \cdots, b_n) \qquad （式 5\text{-}2）$$

为了改进评价，可将各单元集合起来进行二级评价，即

$$B' = (A_1, A_2, \cdots, A_i) \cdot (B_1 \quad B_2 \cdots \quad B_i) \qquad （式 5\text{-}3）$$

再由 $S = \sum\limits_{i=1}^{n} b_i \cdot c_i$ ，得到综合模糊评价结果，其中 C 为评价结果划分的区间值。

应用改进模糊综合评价对公路隧道施工安全的各因素进行多层次综合评价，能得到定性和定量的评价结果，定量结果对应相应的定性结果，得到的结果直观、科学、合理、可

靠。公路隧道施工系统各因素的影响直接决定公路隧道施工的安全状况，为了保证系统的安全性，必须了解并掌握系统中各因素的安全状态。对该系统各个单因素和整体的综合评定，可在了解系统各个因素的安全状况的同时，掌握系统整体安全状况。

第二节　公路隧道机电设备施工安全管理

一、公路隧道机电设备施工及维护的基本内容

公路隧道机电系统主要具有以下功能：

1.安全性：系统能保证交通正常营运，最大限度地发挥运输效率。

2.可靠性：系统局部设备故障不影响其他设备功能发挥，关键设备有必要的冗余措施。

3.可控性：系统收集的交通、环境、语言、视频等信息能得到充分利用，据之合理诱导交通流，并进行有效控制。

4.经济性：系统投资少、性价比高，同类设备运转平衡；控制方案，除能保证正常运营外，还必须节能，运营费用省。

5.稳定性：系统可长期（在设计周期内）稳定运行。

公路隧道机电设备主要是指为隧道营运服务的相关机电设备，按照功能划分为供配电系统、通风系统、照明系统、监控系统、消防及救援系统和交通工程设施六大组成部分，其中，监控系统又是由许多个子系统构成。

（一）供配电系统

公路隧道内设置有通风、照明、控制、消防报警等设备，为确保隧道运营的高度安全、高稳定性等要求，必须保证各种设备24 h无间断供应电源，既能可靠正常供电，又能紧急供电。可见，供配电子系统是隧道机电工程的关键系统，属于一类负荷。它一旦出故障，整个隧道机电系统也将陷于瘫痪，因此该子系统运行的好坏，直接关系到整个隧道能否正常营运。

供配电子系统中的设备种类繁多，主要包括五大类：高压配电设备、电力变压器、低压配电设备、供电线路和电源。

现代高速公路隧道的变电所通常都配备有电力监控系统，即采用遥控、现代通信和计算机技术来统一指挥、检测全系统的正常运行和施工处理等工作。电力监控系统一般对变压器、UPS和配电柜三类设备提供日常维护、故障分析、警告管理和历史数据分析等功能，为机电管理系统提供了完善的运行状态和维护数据。

（二）通风系统

通风系统的功能是降低隧道内 CO、NO_2 等汽车排放的废气浓度，保障路人健康，降低隧道内烟尘浓度，维持较佳的能见度，以确保行车安全；当隧道发生火灾，能有效控制烟雾扩散速度及方向，并排除浓烟，保障路人逃生及救灾作业的进行。通风子系统目前主要包括轴流风机、射流风机及其配套设备，离心风机暂未使用，但有可能在今后的工程中使用，故也列出，通风启动及控制箱放入供配电设备。

通风设备应按各种设备的操作规程和养护要求进行维护，并使主要性能指标，如风速、推力、功率、噪声及防护等级等符合产品说明书的要求。要求进行通风设备养护时，应根据隧道交通流量和通风能力，对交通进行必要的组织和限制。

（三）照明系统

照明系统是为了确保驾驶者在行驶隧道时，能获得与邻接道路（隧道外）相同的行车安全与舒适程度。驾驶人在进/出隧道时会因光线急剧变化产生"黑洞效应"，为避免此效应影响行车安全，隧道照明设计起着关键的作用。照明子系统主要包括灯具、托架、标志及信号灯、洞外路灯和照明线路等为隧道营运提供照明服务的设备。照明配电及控制箱放入供配电子系统，未包含在隧道照明子系统中。

（四）监控系统

监控设备包含7个功能子系统，由于监控设备的内容较多，在养护规范中只列出了隧道监控较常用的设备。

隧道监控设备的维护应包括下列内容：检查一氧化碳浓度、烟雾透过率等环境检测装置及风机的控制性能与功能；检查照明系统及其控制功能；检查火灾报警装置性能和功能；检查车辆超高检测器和交通信号设备的工作状态；检查设备的防锈、线缆与接插件的连接、螺栓的紧固等；检查广播和分区广播工作状态；检查视频监控相关设备工作状态。

（五）消防及救援系统

公路隧道由于建筑结构复杂、环境封闭，一旦发生火灾，很多车内人员无法自行逃生，尤其是在隧道中部发生火灾，问题更为突出，往往会造成惨重的人员伤亡和重大的经济损失，后果难以预料。因此消防与救援子系统主要用于预防隧道火灾和进行必要救援，包括火灾报警装置、紧急电话、消防设施、横通道等设备。

由于消防与救援设备在未发生火灾时是不运行的，因此很难发现其故障。另外，消防与救援设备的标志应保持完好、醒目，以便发生火灾时能帮助被困人员清楚辨认。消防与救援设备日常检查主要是对隧道内消防设备、报警设备、洞外消防设备的外观进行巡视，及时处理设备的异常情况。

（六）交通工程设施

设备包含隧道内交通信号灯、可变信息板及各种指示标志，如紧急电话指示标志、行人横洞指示标志、紧急停车带指示标志、疏散指示标志等。

日常维护中要保证标志亮度均匀，无变形扭曲。

二、公路隧道机电设备施工安全管理内容

（一）安全管理主要技术

1.基本要求

通过现场有组织、有计划的技术管理手段，充足人力、机械、防护用具等安全生产设备设施的投入，合理布置，努力创造良好的施工环境，把生产和安全有机地结合起来，以达到提高生产力水平、保障作业人员的生命安全和重要设备设施不受损害为目的和要求。

①建立健全安全管理保证体系，将人、机、环境的安全制度和技术措施完善提高，始终贯彻到整个工程施工过程中。

②加强对民工安全思想教育，开展安全操作技能与防护知识的教育培训，牢固树立"安全第一"的思想，提高作业人员的安全意识和事故防范能力。

③根据施工情况，编制详细的安全操作规程和细则，制订切实可行的各类安全施工专项方案与措施，并做好针对性安全技术交底工作。

④建立健全安全生产责任制，设置和配置专职安全、技术人员，组织展开日常机具设备、设施的安全生产监督检查、验收指导工作。

⑤对关键部位、岗位的重大危险源进行专项专人负责监控，及时布设相应的安全防护措施，对危险物品加强管理，同时加强现场特种作业人员的教育培训和作业管理。

⑥认真组织制定各工种安全操作规程和安全作业指导书，装订成册发到各班组并严格遵章执行。

⑦安全技术措施编排和落实，应根据不同的工程和具体工序，在施工方法、平面布置、材料设备等内容中明确保证安全生产针对性措施。

2.设备用具及防护设施管理技术措施

①采购劳动防护用品必须三证资料齐全（产品合格证、生产许可证、安全鉴定证），经公司项目部安全、技术人员检查验收合格后，方可登记入库。加强对保护用品领用、发放管理，建立保管使用等台账，并按照产品说明书要求，及时更换、报废过期和失效的劳动保护用品。特种劳动保护用品必须到定点经营的单位或企业进行采购。

②对新购的施工机械设备和大中型机械设备的安装必须组织相关部门人员进行安全技术性能的试运行检查验收，查阅产品合格证、产品生产许可证、检验检测报告及产品使用说明书等资料，验收合格后并签字记录存入设备档案资料。

③压力容器、厂内机动车等特种设备应经相关资质的检验、检测机构检验合格，经安监部口登记备案后取得安全使用许可证牌，并将证、牌标志置于或者附着于特种设备、车辆的显著位置后方可投入使用。

④特种设备必须指定专人管理、使用、定期进行维修和保养。未经指定人员同意，其他人员不得随意操作使用。

⑤现场对厂内机动车等特种设备建立档案登记表；设立各台（套）特种设备安全技术管理档案，主要内容包括设计文件、制造单位、产品质量合格证明、使用维护说明以及安装技术文件和资料；定期检验和定期自行检查的记录；日常使用状况记录；设备的安全附件、安全保护装置、有关附属仪器仪表的日常维护保养记录。

⑥所有施工机械设备和设施的安全防护装置及保险机构必须齐全有效，电气装置绝缘性能良好，控制电机不得使用倒顺开关。日常落实专人专机操作，并负责日常经常性的检查、维修、保养，确保安全运转，同时做好维修保养记录。

⑦电焊机必须设置二次空载降压保护器；一次线长度不得超过 5 m，二次线长度不得超过 30 m，无破皮老化现象；接线柱应设防护罩，机身外壳必须保护接零。

⑧搅拌机应选址合理、固定牢固，钢丝绳和保险挂钩符合要求。

⑨气瓶应有防护帽、防震圈，色标明显，存放和使用时应距离明火 10 m 以上，不同种类的气瓶间距应大于 5 m，乙炔瓶不得平放。动用明火审批和监护。

⑩钢筋冷拉冷弯作业区应设置安全警戒区和防护栏。

⑪发电机房和空压机房专设电工值班房，进行跟班运行维护。

⑫现场临时的防护架设置、组台工作台车安装等必须经监理等有关各方的设计方案审查，并通过现场组织验收方可投入使用。

⑬现场临时爆破物储存库房应独立设置，并在外围四周设高 3.5 m 栏墙，同时做好附近的排水设施。

⑭作业区、加工区、生活区、各库房等醒目位置设置相应的安全警示用语牌。警示用语牌要统一规范，满足数量和警示要求。工作警戒区域的临空面、平台、设备保护、危险场所等设置安全围栏和警告标志。安全围栏由围栏组件与立柱组件组装而成，管子及管端应光滑、无毛刺，立柱刷红漆，其他刷红白相间漆。

⑮对临时活动房的内在质量和结构性能经监理、施工单位、安装单位共同组织严格检查验收，经三方验收合格形成文件签字后投入使用，同时在项目部建立巡查档案，在恶劣天气条件下必须进行重点检查，确保临建设施稳固。

⑯施工现场的办公区、生活区必须与作业区明显分离，并设专人巡值，无关人员不得随意进出作业区。

3.安全行为规范教育和安全技术交底

①项目部开展有目的、有计划的经常性安全教育培训，提高全体施工人员安全素质，强化安全保护意识。了解现场主要危险区域，学习安全操作规程或本岗位安全知识等安全要点。熟悉本工程的一般、重点防火防爆等重大危险源部位的施工作业要求、操作规范、防火防爆等应急预案。

②督促班组做好岗位安全生产技能教育，含岗位安全技能的熟练掌握，达到能适应本岗位安全操作的技术和能力，做到"应知""应会"。教育内容包括本班组安全工作性质及施工范围；本岗位使用的机械设备、工器具的性能，防护装置的作用和使用方法；本班（组）施工环境、事故多发场所及危险场所；安全操作规程、岗位责任制和有关安全注意事项；个人安全防护用品、用具的正确使用和保管方法等。

③不定期地对特种作业人员开展与本工种相适应的、专门的机械安全理论知识和操作技能教育和培训；掌握本工种的安全技术操作规程及本工种作业场所和工作岗位存在的危险因素、防范措施及事故应急措施方法等，保证人机协调安全操作。

④及时纠正不良的行为习惯，通过批评、教育和开导，正确理解安全防护工作的重要性。如劳动保护用品现场管理的重点是员工正确穿、戴及使用。项目部向各班组明确规定每种劳动保护用品的正确穿、戴及使用方法，确保员工正确理解和使用，以保障安全和健康。

⑤班组作业前，项目管理的安全、技术人员必须对有关重大危险源的分项工程安全施工的技术要求及时向施工班组、作业人员做出详细说明，包括工程特点、环境条件、劳力组织、作业方法、施工机械准备等，有针对性地对该项工程施工中存在的不安全因素进行预先提示，从技术上和管理上采取防范措施，控制和消除工程施工过程中的隐患，以防发生人身事故。

（二）现场主要机电设备安全技术

1.施工机械安全技术措施

隧道钻眼、钢筋加工等施工过程中必须加强机械用具管理，减少因此造成的事故。其措施要求如下：

①操作人员必须经过培训，考试合格取得操作证书后方可上岗。

②在操作岗位前悬挂安全技术操作规程牌，操作人员要严格按照各类机械设备的安全操作规程操作，并正确穿戴好个人防护用品。

③机料科要经常对设备进行保养和维护，及时清除杂物，并做好机械设备管理台账。

④机械设备操作地点与作业面要视线清楚，指挥通信设备良好、信号统一，并定机、定人、定指挥。机电作业地点要确保周围环境安全，夜间有足够的照明，停机时要有可靠的防护措施。

⑤机械设备的电气装置必须符合电气安全要求，机械强度、刚度应符合安全技术要求。

⑥机械设备要根据施工需要合理布置，尽量保证机械位置相对固定，并保证足够的安全操作距离。

⑦操作人员必须按规定正确使用安全装置，严禁将其拆除不用。

⑧操作人员应在机械设备运行前进行安全检查，防止设备带故障运行。

⑨施工期间，日夜都设有机电值班人员处理机电故障，非专职人员不得触动机电设备。

2.工程机车安全技术措施

①严格遵守场内机械日常操作规程，操作人员须熟悉机械安全性能。

②定人、定机、定期检修场内机械，及时发现机械故障，排除不安全隐患。

③场内机械严禁搭载非操作人员。

④场内机械上路，行车指示灯应完好，履带式机械应有保护措施，以保护行驶路面完好，由专人引道，注意行道树、杆线及建筑物。

⑤机械移动作业面或旋转半径内严禁非施工人员逗留。

⑥场内工程机车按指定的地点停靠。

⑦所有运输车辆必须牌证齐全，驾驶员持证驾车。

⑧运输车辆应定期检修，确保各项性能良好。

⑨运输车辆出场运输时，注意平交口交通安全，遵守交规。

⑩运输车辆在装卸过程中应注意公路财产、杆线及建筑物安全。

⑪现场设置醒目的指向告知牌，使驾驶员明白进出路线，并委派专人指挥、疏导车辆，注意交通安全。

⑫设专门的场内交通秩序维持人员，配备必要的机械设备及通信工具，维护交通秩序，改善交通条件，确保施工段的安全畅通。

⑬教育驾驶人员增强交通安全意识，在施工过程，不仅自己要注意交通安全，同时也要给别人的安全通行创造条件，以确保整个工程的顺利完工。

⑭请交通、公安部门配合，限制过往车辆的通行速度，并广泛告知各过境车辆驾驶员，通过施工区域注意张望，小心驾驶。

（三）现场主要安全防护措施

防护措施的正常投入和运行，是保证施工安全有序进行的物资保障。根据工程特点，及时采购相应的防护用具和设施，并认真落实布置，日常进行有效管理和维护。

1.施工用电安全防护技术措施

隧道施工场地内外，用电设备比较多，洞内工作环境较差，容易引发触电事故，严格按施工现场临时用电专项施工方案设计要求进行用电设施布置，在日常用电中必须加强管理，不断完善，防范触电事故发生。其措施要求如下：

①操作人员（电工）必须经过有关部门培训，考试合格取得操作证书后方可持证上岗，严格按照电工安全技术操作规程进行操作，并正确使用绝缘防护用品。在作业过程中应集中思想，不能麻痹大意，防止操作时失误而引起事故。

②现场所有用电线路布置严格遵守TN-S、三级配电二级保护系统的原则配电，配电房须上锁。电工应经常检查发电机组在运行中各仪表指示及各运转部分并确认正常。

③施工现场应配备必要的电器测试仪器，电工必须每天巡回检查。漏电保护器测试每周不少于一次，各类电器的绝缘、接地电阻测试每月不少于一次，雨后必须进行测试，并做好检查维修记录。电工在作业过程中，线路上必须挂设断电告知牌并关电锁箱，禁止带电操作。

④使用的机械电气设备，其金属外壳应按安全规程进行保护性接地或保护接零。对保护接地或保护接零的设施要经常检查，保证连接牢固、线路正常。在保护接地或保护接零导线上不得有任何断开的地方，机械用电做到"一机、一闸、一箱、一保"的装置。

⑤使用电气设备和各种电动工具，当人离开工作现场或停止使用时，必须先关闭电源，拔去插头。

⑥用电线路装置由指定电工装、拆、检查和管理。不能私拉、私接。

⑦严禁在带电导线、带电设备附近使用火炉或喷灯等明火。施工用电与生活用电线路必须分开架设，动力与照明的保险装置必须分开。

⑧变电配电室内严禁吸烟，不准堆放杂物，保持室内通道和室外通道畅通。

⑨施工人员用电必须遵守《现场安全用电守则》。用电机械应由懂专业知识的人员操作。

⑩配电箱与配电板应规范配置触保系统和漏保系统，外部采取安全防范措施，以防非施工人员触碰。

⑪用电机械应定期日常检修，防止漏电、触电，确保安全。

⑫夜间施工用电时，照明用电也应由专业电工设立，禁止采用金属杆作为照明灯具的支撑。

2.防火防爆安全防护技术措施

①成立义务消防队，强化消防管理，对职工进行消防知识教育培训。

②在生活区、办公区、食堂、变配房、仓库等配备必要的灭火工具，指定专人负责，做好灭火工具及器材的保养和更换工作，并挂在明显和易取的地方。

③建立防火制度，落实防火责任人。在机房、油库、住房、食堂等处配备灭火工具及器材，在禁火区范围内竖立防火牌，重要部位必须道路畅通。

④电工、焊工从事电气设备安装和电、气焊切割作业，持证上岗并经动火审批；动火前，要清除附近易燃物，配备看火人员和灭火用具。动火地点变换，要重新办理用火证手续。

⑤隧道爆破器材临时储存库房单独设置，符合安全距离要求，并经公安及消防部门等相关技术部门检查验收后投入使用，同时在库区设置独立值班室指定专人看守。

⑥药库区应配备足够的适于扑灭爆破器材火灾的消防灭火器材，并定期对其性能和使用工期进行检查。设明显的警戒标志和"严禁烟火"标志。

⑦库区应安装独立避雷针或架空避雷线，库内须安装防爆照灯明设备。

⑧选派经公安部门培训后的专职人员担任仓库的保管员看守易燃易爆物品工作。严格出入库检查登记制度，收存、发放、使用、清退爆破器材必须进行登记，做到账目清楚、账物相符。

3.高处作业安全防护技术措施

搅拌站上机操作、隧道钻眼、初支等施工时均需要登上工作台进行操作，在坠落高度基准面2 m以上（含2 m），有可能坠落的高处进行的作业均为高处作业。高处作业人员如不能严格按照或遵守操作规程进行作业，将会造成人员坠落或坠落物伤人事故。其措施要求如下：

①从事高处作业的人员，必须经过逐级的安全教育和指导，并告知岗位存在的危险性和重要性，方能让其从事登高工作。

②搭设高处作业安全防护设施的人员，必须经过专门培训，经考核合格后，持证上岗作业，并对从业人员进行定期的体格检查。

③遇恶劣天气不得进行露天攀登与悬空作业。

④用于高处作业的防护设施，不得擅自拆除，确因作业需要临时拆除的，必须经过部门负责人同意，并在原处采取相应的可靠的防护措施，完成作业后必须立即恢复。

⑤高处作业人员必须按规定配置个人劳动防护用品，并正确系戴。

⑥在高处作业范围以及高处落物的伤害范围须设置安全警示标志，并设专人进行安全监护，防止无关人员进入作业范围和落物伤人。

三、典型公路隧道机电施工安全管理制度

（一）施工安全管理制度概述

1.建立安全生产责任制，设专职安全检查人员，做好安全生产管理和监督检查，做好安全技术交底工作。

2.按期开展安全学习，针对工程特点开展事故预防活动，严把爆破、塌方掉石、行车安全、安全用电等主要关口，采取有效防范措施，严防事故发生。

3.加强安全教育，使全体施工人员树立安全第一的思想；严格安全操作规程，做到一工程一措施；坚持每班班前安全会、每周一天安全活动日、每月一次安全大检查制度，发现问题，落实整改措施、整改负责人及整改期限。

4.严格爆破器材的管理、审批、领用、加工、使用、瞎炮处理及保管等制度，堵塞漏洞，防止事故。

5.所有机电设备专人管理和使用，特殊工作必须持证上岗。

6.生活区、机械房、材料库配备足够的消防器材，危险品仓库安设避雷装置。

7.施工电线必须按技术标准架设，电器设备和线路必须绝缘良好，按规定安装漏电保护设施。

8.吊装作业，起吊设备下严禁站人，经常检查钢丝是否完好以确保安全。

9.搭设的承重平台、脚手架，必须经过承载验算，确认合格后方可使用。

10.夜间施工，现场必须有符合操作要求的照明设备。

11.现场安排专职的医疗救护人员。

（二）装渣与运输安全管理

1.运输车辆严禁人、料混装。

2.机械装渣时，坑道断面尺寸必须满足装渣机械安全运转，并符合下列要求：装渣不准高于车厢；装渣机与运渣车之间不准有人；为确保运渣车就位良好和安全进出，应派专人指挥。

3.遵守运输车辆限制速度执行规定。

4.洞口、平交道口和狭窄的施工场地，设置"缓行"标志，必要时安排人员指挥交通。

5.车辆行驶遵守下列规定：严禁超车；同向行驶车辆保持20 m的距离，洞内能见度较差时，加大距离；车辆启动前必须瞭望与鸣笛；驾驶室不得搭载其他人员；车辆不得带故障运行。

6.车辆在洞内行驶时，施工人员必须遵守下列规定：不准与车辆机械抢道；不准扒车、追车和强行搭车。

7.洞内倒车与转向，必须开灯、鸣笛并派专人指挥。

（三）洞内通风与防尘安全管理

1.隧道施工的通风设专人管理。

2.通风机运转时，严禁人员在风管的进出口附近停留。

3.通风机停止运转时，任何人不准靠近通风软管行走和在软管旁停留，不准将任何物品放在通风管或管口上。

4.风管与掌子面距离不得大于50 m。

5.喷射混凝土采用湿喷，严禁在隧道中使用干式凿岩机。

6.按规范要求结合现场实际情况，及时做好有害气体检测工作。

（四）洞内防火与防水安全管理

1.在施工区域设置有效而足够的消防器材，放在易取的位置并设立明显标志。各种器材做到定期检查、补充和更换，不得挪用。

2.洞内严禁明火作业与取暖。

3.在雨季前进行防洪及洞顶地表水检查，防止洪水灌入洞内。

4.对地表水丰富和地质条件复杂的地层，在施工时制定妥善的防排水措施，备足排水设备。

（五）洞内电气设备安全管理

1.洞内电气设备的操作，必须符合下列规定：非专职电工不得操作电气设备；手持式电气设备的操作手柄和工作中接触的部位，设有良好的绝缘，使用前进行绝缘检查。

2.电器（气）设备外露和传动部分，必须加装遮拦或防护罩。

3.36 V以上的供电设备和由于绝缘损坏可能带有危险电压的设备的金属外壳、构架等，必须有接地保护。

4.直接向洞内供电的馈线上，严禁设自动重合闸，手动合闸时必须与洞内值班人员联系。

第三节　公路隧道机电设备维护管理与保养制度

一、公路隧道机电设备维护管理

（一）照明系统

隧道照明系统由三部分组成，即洞内昼夜正常照明、洞外夜间高杆灯照明和洞内事故应急疏散照明。洞内昼夜正常照明（含应急安全照明）、洞外夜间高杆照明采用高压钠灯，洞内事故应急疏散照明采用自充电式应急灯。照明设施主要包括灯具、托架、标志及信号灯、洞外路灯和照明线路等为隧道营运提供照明服务的设施。

1.日常养护

（1）日常检查

照明设施日常检查主要以目测的方式，对照明设施亮度及损坏情况进行巡检（每天3次日常巡查）登记。对灯罩脱落、中间段连续坏灯2盏以上（含亮度低于90%，灯光发紫、发白、闪烁、抖动、异响），洞工加强段连续坏灯3盏以上（含亮度低于90%，灯光发紫、发白、闪烁、抖动、异响）应立即切换照明回路，并及时组织更换或维护。

（2）定期检查

照明设施的定期检查主要是指周巡检、月巡检和季度巡检。巡检时打开全部照明灯，进行目测，对中间段连续坏灯2盏以上（含亮度低于90%，灯光发紫、发白、闪烁、抖动、异响），洞口加强段连续坏灯3盏以上（含亮度低于90%，灯光发紫、发白、闪烁、抖动、异响）应及时进行更换或维护，当故障灯较多时，则应组织进行专项检修。

对洞外高杆灯每周进行检查维护工作，以目测为主；每季度进行一次全面的检查维护工作。若发现有灯不亮或其他的一些线路故障的，应及时进行维护，并做好记录。台风季节应根据天气预报，及时放下灯体，等台风过后恢复正常。

（3）专项检查

重大节假日和春运前期，组织相关人员联合巡检，巡检时打开全部照明灯具，进行目测，检查照明亮度是否满足通行要求，同时检查照明配电柜工作状态，有无过热、烧焦、腐蚀等情况。如果灯具故障较多，则在节假日之前组织人员修缮。

其余时段每半年一次，组织人员封道，集中对隧道照明进行清洗保养和检修维护，主要检测照明设施的使用状态，更换配件、修复故障。对部分故障严重的照明，进行必要的分解性检修乃至整体更换。

2.维护

（1）小修

根据日常检查、定期检查、联合巡检等检查情况，及时组织人员对零散照明灯泡、镇流器、触发器、电容、照明控制柜熔断器、指示灯等配件自行检测和更换，对脱落灯罩自行复位。

（2）中修

利用封道维护时间，及时组织人员对成批照明灯泡、镇流器、触发器、电容等配件进行检测和更换，无法就地修复的灯具须整体更换；对照明配电柜内元器件工作状态进行检查，并更换交流接触器、断路器等配件，同时对换装设备进行预防性试验。

（3）大修

因事故、火灾等突发事件导致成批照明设施损毁、照明线路故障或照明控制柜损毁、烧毁，需要整体组织封道，整体更换电缆桥架、照明线缆、照明配电柜，并需要对新装设备设施进行预防性交接试验。

（4）专项工程

LED节能改造、路灯改造、隧道照明控制模式改造、照明线路改造、照明配电柜改造、照明控制柜内元件预防性试验等专项改造或工程，须设计改造方案，制定施工组织设计，审批后落实执行。

（二）通风系统

通风系统主要是保证隧道通风，有效地排放隧道内的有害气体及烟尘，保证隧道内良好的视觉环境，控制空气污染状态在规定的限度内，保证驾乘人员及洞内工作人员的身体健康，提高行车的安全性和舒适性，并能有效地处理火灾等紧急事故。

其设施主要包括轴流风机、离心风机、射流风机及其配套的供配电控制柜、操作箱、配电线路、一氧化碳检测器、能见度检测器、风速检测器等。

1.日常养护

（1）日常检查

通风设施的日常检查主要是通过巡检，根据隧道能见度、潮湿度或悬浮颗粒情况，开启或关闭风机，观察设备外观及运转有无异响、振动、电缆过热等异常，确定设备是否存在隐患，并及时排除故障。

（2）定期检查

通风设施的定期巡检主要是指周巡检、月巡检和季度巡检。周巡检主要分路段，月巡检和季度巡检按照整个隧道进行现场手动和中控自动结合操作，检查风机启动、运转是否正常，确定设备是否存在隐患，并及时排除故障。

对开启的风机通过观察设备外形或运转声响、震动确定是否存在异常；检查风机运转过程中有无异响、震动，风机运转时启动电流和运转电流（观察控制柜上的电流表）时是否在额定范围内，三相电流是否平衡。

降压启动保护器是否正常，表面有无污染，是否有过热现象；接触器、继电器、过热保护器等工作是否良好，有无污染、腐蚀现象。

（3）专项检查

国家重大节假日和春运前夕，组织相关人员联合巡检，巡检时按照路段陆续打开全部通风设施，进行观测，检查风机启动、运行是否满足通行要求。如存在隐患，则在节假日期之前组织人员修缮。

其他时段，通风设施的专项检查主要是指检查风机机械、电机绝缘情况、风机本体固定情况、外观漆层保护情况以及风机配电柜内降压启动保护器等重要电器元器件的工作状态、供配电线路的运行状况、风机通信情况、风机正反转切换情况等，发现隐患及时排除故障。

2.维护

（1）小修

针对风机在运行过程中，零散配电柜、操作箱内部如电源模块、断路器、交流接触器、中间继电器、时间继电器、操作按钮、指示灯等元器件的损坏进行更换。

（2）中修

利用封道维护，对通风配电柜、操作箱等进行成批更换配件，对降压启动保护器等更换和调试，对风机本体防护罩、端盖、外壳等部分或整体维护，对一氧化碳检测器、能见度检测器、风速检测器维护。

（3）大修

对故障风机进行内部机械维护，如修理叶片、叶轮、转轴、轴承、减速箱、固定架、电机以及对严重故障风机无法现场维护，需要进行拆卸返厂维护的处理。

现场进行风机内部维护时，注意固定转轮，不让其转动，确保安全措施齐全。

（4）专项工程

风机整体防锈防腐维护、通风配电柜控制方式改造、供配电线路改造、风机本体漆层防护、风机机械维保、风机机型提升技改、一氧化碳检测器、能见度检测器、风速检测器改造等。更换叶片必须请制造厂家或有经验的专家进行，以免破坏动平衡。以上专项工程，须设计改造方案，制定施工组织设计，审批后落实执行。

3.检测与评定

①通风设施应按各种设备的操作规程和养护要求进行维护，并使主要性能指标，如风速、推力、功率、噪声及防护等级等符合产品说明书的要求。

②通风设施养护应配备专用电工工具和机修工具，必要时配备风压计、风速计、声级计等。

③进行通风设施养护时，应根据隧道交通流量和通风能力，对交通进行必要的组织和限制。

④在进行定期或分解性检修后，应对隧道通风设施的效率进行全面测试。

⑤通风设施的设备完好率不应低于98%。

⑥高速公路特长隧道应配合防灾设施进行每年不少于一次的模拟火灾情况下的通风及排烟演习。单向交通排烟风速应按2 ~ 3 m/s进行控制。

（三）火灾检测和报警系统

火灾检测与报警系统由设置于隧道内的光纤传感器和手动报警按钮（隧道内间隔50m）、双波长火焰探测器、设置于配电所光电感烟探测器、警铃和连接线缆、集中报警控制柜、区域报警控制器等组成。

火灾检测和报警系统有故障自诊断的能力，能无间隙、不间断地监测隧道内和配电室内的空间，能连续监测光纤传感器、手动报警按钮的工作状态，报告故障准确位置，反映系统工作是否正常。当火灾发生时，可由现场人员按手动报警按钮报警，并有光纤检测或双波长火焰探测器系统自动报警。

火灾报警发生时，系统能直接输出报警信号、在隧道监控软件中相应位置的区段显示报警灯，同时发出声光报警，系统能够向中心计算机提供火灾信息、自动控制隧道内风机，按火灾排烟方式运转、自动切换相应区域的电视摄像机，供值班人员确认灾情。自动控制录像机启动、摄取现场信息以供备查。

控制台分别设置有火灾报警和手动报警总指示灯，声光报警。声光报警能手动切除。事故处理完毕，声光报警自动消除。报警信号出现时，计算机能自动记录、存储。

1.日常养护

火灾报警系统的正常运行和其他系统不同，在平时处于战备状态，不容易发现系统的好坏。为了检验火灾报警系统是否能够正常工作，须定期做好火灾报警试验和演习，进行系统性随机抽查与维护。

（1）日常检查

主要以目测的方式检查隧道内现场火灾报警盘指示灯显示是否异常，中控室集中报警控制柜上故障、告警信息，发现异常，及时处理。

（2）定期检查

主要是指周巡检、月巡检和季度巡检，重点检查火灾报警控制柜内部接线、信息打印、线缆线路、同路电压、接地状况、绝缘状况等，发现隐患，及时排除或修复。

（3）专项工程：主要检查火灾传感器、手动报警按钮、报警主机的工作状态，感温光缆的线路检查（鼠咬等）以及组织原厂家人员对系统进行整体检查维护。

2.维护

（1）小修

如发生缺电、断线，手动报警单元、指示灯、终端盒、接地断路、避雷器等配件损坏的小型故障，由执勤队员自行修复或者更换。

（2）中修

如发生因事故、火灾等造成综合报警操作盘、感温光缆、模块、通信电缆损坏、绝缘破坏等故障，则组织外协队伍集体修理。

（3）大修

如发生集中报警控制柜、区域报警控制器、软件系统性故障，须联系原设备供应厂商进行技术支持性的保养与维护。

（4）专项工程

配电房整体改造，增加监控区域，感温光缆布线改造、软件改造等专项工程，需要制订设计方案，编制施工组织设计，审批后落实执行。

（四）紧急呼叫和有线广播系统

隧道紧急电话系统，作为一种意外事件发生时的信息沟通工具，由紧急电话、喇叭、紧急呼叫系统主机、有线广播控制台等组成。司乘人员可以及时向监控室管理员通报隧道发生的交通事件和火灾情况，有利于最大限度地减少交通意外引起的损失。

紧急电话一般根据隧道长度以及洞口位置安装，大约每隔200 m设置一台（左右线），紧急电话镶嵌在隧道壁右侧，设备呈密封状态，防止灰尘和水汽进入。紧急电话具有单向呼叫的特点，且呼叫率很低，采用编码总线制。其功能特点：一是使用户与紧急求助部门取得联系；二是自动确定呼叫者的位置。

有线广播系统是在隧道内出现紧急情况时，中央控制室调度人员向隧道内行车人员发布信息，组织疏导车辆及人员的紧急调度手段，从而最大限度地减少事故损失。

1.营运标准

紧急呼叫系统能够呼叫通畅、准确定位，并且声音洪亮，通话效果清晰。

2.日常养护

（1）日常检查

每天进行日常检查，通过日常检查，以目测方式检查系统外观是否正常。

（2）定期检查

定期检查分周巡检、月巡检和季度巡检。周巡检主要是通过巡检，检查喇叭和紧急电话是否运行正常，随机进行抽检检查通话效果是否正常。

月巡检和季度巡检是一次全面性的检查，包括紧急电话、喇叭及其相关的机电设施。通过目测检查外观有无损伤，检查通话效果是否正常。

3维护

（1）小修

发生紧急电话话机更换，麦克风断线、按钮配件损坏等小型故障。

（2）中修

通话线路遭鼠害、撞击等发生断线故障，亭内话机整机更换维护等。

（3）大修

整个紧急电话亭遭遇火灾、事故需要整体恢复，并调试。

（4）专项工程

紧急电话和有线广播线路改造，增减、移位紧急电话和有线广播的布置点。此类专项工程需要有设计方案、有施工组织设计，经审批后落实执行。

（五）交通监控系统

交通监控系统的功能具体来说就是交通监视和交通控制。所谓监视，是指利用路面、路旁的检测设备进行数据采集和人工观察。所谓控制，是指把采集到的各种数据，进行科学的分析、判断、生产决策方案，并将决策结果和下达的控制命令，通过通信系统传达到信息发布设备等，以促进行车安全和道路畅通。

交通监控设施主要包括交通参数的显示（车速、车流量等）、可变限速标志、可变情报板、车道指示器及其相关通信线路和交通模式的控制以及烟雾浓度探测仪、一氧化碳检测仪等。加强交通监控系统的保养和维护，延长设备的使用寿命，有利于保障高速公路通行安全。

1.营运标准

交通监控系统能够准确采集隧道通行的交通参数，包括各区平均车速、行车道车流量、超车道车流量、行车道即时车速、超车道即时车速等。这些交通量参数由安装在现场的车辆检测器检测而得。同时，在各隧道的行车道、超车道上分别显示对应车道的即时车速和车流量。在交通控制系统图上的隧道出口处显示隧道截面车流量。

通过针对交通参数和道路气候、能见度等信息的采集和实时分析、判断，运用一定的控制策略，对行驶车辆准确发出限速、诱导性指令，从而实施实时、不间断的监控。

2.日常养护

（1）日常检查

每天进行日常检查，观测交通参数的实时检测，记录应真实、完整，并通过现场目测的方式检查可变限速标志、可变情报板、交通信号灯通信是否正常，信息发布是否正确、完整，有无黑屏或变色现象，如发生故障，应及时排除。

（2）定期检查

定期检查分周巡检、月巡检和季度巡检。周巡检主要通过巡检，检查可变情报板、可变限速是否准确根据中控指令发布信息，并随机进行抽检检查的信息修改情况。

月巡检和季度巡检是一次全面性的检查，包括车辆检测器、可变情报板、可变限速标志、避雷针、接闪器、区域控制器等。通过目测检查外观有无损伤，检查信息显示效果是否正常。

（3）专项检查

分别对车辆检测器环形线圈、情报板显示模块、避雷设施（避雷针、接闪器）、接地通路、接地电阻阻值测量、监控软件等进行专项检查保养。国家重大节假日、春运及恶劣天气前后组织专项检查，发现问题，及时维护。

3.维护

（1）小修

发生诸如线圈、情报板等配电箱空气开关更换，供电异常，避雷连接防腐，区域控制器模块电源等。

（2）中修

发生车检线圈、情报板、限速标志显示模块损坏，模块供电电源模块损坏，厂家技术服务支持，通信协议修改等。

（3）大修

发生雷暴等恶劣天气导致情报板、限速标志整体故障，需要组织整体检测，避雷设施重新安装恢复，重新修改通信协议等故障的修理。

（4）专项工程

增减或移动车辆检测器、可变情报板、可变限速标志、修改交通控制模式等。此类专项工程需要有设计方案，有施工组织设计，并在审批后落实执行。

4.检测与评定

高速公路特长隧道监控系统的软件维护每年不少于两次。维护时应注意软件的修改完善，并保证联动运行功能的实现和软件可靠性各项技术措施的落实，严格按照操作规程或使用说明进行。

监控设施养护主要指标按照相应设备的产品说明要求进行，高速公路监控设施设备完好率不应低于98%。

（六）供配电系统

供配电设施包括高压断路器柜、高压计量柜、高压电压互感器、避雷器柜、高压隔离开关、高压负荷开关、电力变压器、高低压熔断器、高低压电力电容器柜、低压开关柜、信号屏、微机继电保护装置、高低压母线、电力电缆、控制电缆、UPS不间断电源、自备发电机等各种为隧道用电设施服务的供配电及辅助设施。

1.营运标准

决定高速公路供配电质量的指标为电压、频率和可靠性。

（1）电压

隧道内高压钠灯正常工作允许的电压波动范围为92%～106%。当大容量冲击性负荷运行时，剧烈变化的负荷电流将引起线路压降的变化，导致电网发生电压波动，可能导致电动机转速出现脉冲、电子仪器失常，甚至烧毁PLC电源模块。

（2）频率

我国规定的电力系统标称频率（俗称工频）为50 Hz。高速公路供配电系统的电压频率是由电力系统保证的。电力系统正常频率偏差允许值为±0.2 Hz，当系统容量较小时，偏差值可以放宽到±0.5 Hz。

（3）可靠性

高速公路机电设施属于一级负荷，即突然停电将在经济上造成较大损失。根据要求，一级负荷应由两个独立电源供电。

高速公路的高压输电采用两个独立电源供电，即一路采用市电高压供电，另一路采用柴油发电机组供电。当其中任何一个独立电源发生故障时，不影响另一个电源继续供电。

2.日常养护

供配电设施养护人员应持有特殊工种上岗证书，并配备专门的电工检修工具。供配电设施须进行带电养护作业的项目，应使隧道内、变配电室及中心控制室相互协调、密切配合，并严格按照电气操作规程的有关要求进行。

（1）日常检查

高速公路隧道应进行供配电设施日常检查。供配电设施日常检查主要针对变压器、高低压配电柜及变配电室内相关设备外观及一般运行状态进行，通过观察外观异常、声响、发热、气味、火花等现象，及时发现设备故障。

（2）定期检查

定期检查分周巡检、月巡检和季度巡检。周巡检重点检查隧道配电房内变压器、高低压配电盘柜、现场配电箱、发电机组、EPS、稳压电源等设备的运行状况，抄录相关运行数据。月巡检和季度巡检重点检查变压器、柴油发电机组等设备的运行状况，检查变压器温升，并对发电机组组织试发电。

（3）专项检查

国家重大法定节假日、国家规定免费通行日期或年度春运前夕、台风雷雨等恶劣天气前后，组织相关人员联合巡检，巡检时按照检查设备完好率、备品备件储备情况。

组织电缆线路专项巡检，检查电缆线路上有无杂物堆积，电缆是否裸露，电缆终端头是否完整，引出线接点有无发热现象等情况，如存在隐患，应及时组织人员修缮。

3.维护

维护人员必须持证上岗，并按照当地电力部门的有关规定，当线路存在异常情况时应采取措施并及时通知有关部门。

（1）小修

正常跳闸导致的停送电，小型低压盘柜内部空气开关、接触器、断路器、指示灯、旋钮等备品备件更换，连接线路更换，近距离小范围电源供电方式切换，由执勤队员在做好安全措施的前提下，组织更换维护。

（2）中修

集中更换电缆、桥架、盘柜配件、配电柜抽屉修理、高低压配电柜内部仪表、避雷器、互感器、母线排、综合保护、熔断器更换等，组织专业队伍进行维护。

（3）大修

涉及电缆线路更改、变压器返修、独立电源之间供电切换、发电机组维护、火灾盗窃事故等维护工作，需要制订相关组织方案，批准后实施。

（4）专项工程

高低压盘柜、变压器、发电机组的定期预防性试验，UPS（或EPS）、稳压电源改造和维保，高压电缆替换与预防性试验，供电线路改造、配电房改造、综合保护参数整定等。专项工程需要有设计方案，有施工组织设计，审批后落实执行。

二、公路隧道机电维护与报废检评

（一）设备使用寿命周期

设备使用寿命周期是指设备从开始投入使用时起，一直到因设备功能完全丧失而最终退出使用的总的时间长度。从不同角度可以将设备寿命划分为物资寿命、经济寿命、技术寿命和折旧寿命。

机电设备使用年限主要依据生产单位的产品说明书所标定的时间，但由于客观条件不同，许多机电设备由于使用环境恶劣，超长时间不间断使用得不到有效养护，电子元器件加速衰老，很难达到说明书所确立的理论上的使用寿命。

（二）设备报废与更新

1.采用新技术、新系统后功能需求不适应的设备，可提前报废。

2.设备的备品部备件库存已经用完，市场无生产、无库存、无代用品，可提前报废。

3.未超过使用年限但在实际使用中功能基本丧失，修复无果可提前报废；修理时间超过应该运行时间的30%时，建议提前报废。

4.一次修复成本超过设备购入均价的40%，累计维护费用超过设备购入均价的60%，建议做报废处理。

$$设备购入均价 = \frac{安装单价 + 本年单价}{2} \qquad （式5\text{-}4）$$

5.国家明令禁止使用强行限期淘汰设备，必须停止使用。

6.关键业务影响非常大的设备，可采用固定年限强制报废，如UPS的蓄电池等。

（三）平均无故障时间 MTBF

平均无故障时间TBF，即两次故障之间正常运行的时间，就是机器无故障运行的时间。它是衡量一个产品（尤其是电气产品）可靠性的重要指标，这个时间的长短反映了产品的时间质量，是体现产品在规定时间内保持功能的一种能力。

高速公路机电系统设备众多，各类设备发挥各自不同的功能，决定系统关键设备无故障周期MTBF目标，体现出系统维护员和外委维护队伍，经常性养护和预防性养护的实际成果，达到勤养护延长设备无故障周期，关系到系统运行的安全和数据的稳定。

第六章　公路环境保护施工技术

第一节　环境污染防护施工技术

一、声环境保护施工技术

（一）声屏障施工技术

安装工艺总流程：地面段基础先期进行施工，然后进行预埋钢板螺栓安装，经过保养期后再安装立柱，所有的立柱安装完成后，做密封隔声，安装下罩，将制作好的下部吸声屏安装在立柱承受钢板上，用弹簧和螺栓固定，然后用水泥砂浆填充密实下部吸声屏与地梁间的空隙，接着安装中部、上部吸声屏，用弹簧和螺栓固定，用热缩弹性体密封条密封缝隙，最后安装顶罩及其连接件；完成全部施工程序后，整体检查，发现问题及时处理，清理现场杂物，检测有关技术参数及竣工验收，工程结束。具体施工步骤如下：

①路面基础部分在设置声屏障的路段从起点桩号起，距路肩外侧 1 m 处为中心，开挖柱体土方，每隔 2.5 m 浇筑基础桩，然后浇筑横梁，浇筑时如遇到排水盲管，放入 $\phi 100$ 的 PVC 管，以留排水孔。

②连接钢板须按要求与屏障 H 型钢焊接好，经检验后吊装。检查连接钢板是否松动，如有松动必须检查重新安装；检查水平面是否水平，以 2.5 m 为测量单位，检查连接钢板是合在同一中心线上。

③立柱吊装前在平地上按图纸设计要求预查一遍，检查立柱六个面是否平行，每 2.5 m 立柱高度是否一致，各尺寸是否正。如果立柱尺寸不符合设计要求，由主管设计部门与现场监理会同业主协商解决。

④电线杆位置处的异型钢加工详细按照施工设计图，安装前按图纸要求预检查一遍。

⑤立柱安装结束后，用水平仪（测量平台自制）或用经纬仪测量，一面垂直，另一面吊线测量立柱的垂直度，两段垂直后调整立柱与预埋中心的平行度，然后在底部用垫片垫实，并紧固螺栓。

⑥钢结构均应做防锈处理，采用热浸镀锌处理，镀锌层厚度 $\geqslant 80\mu m$；镀锌后 PE 喷涂

防腐处理，涂层厚度≥60μm。施工中如发现立柱外表面涂层剥落须按涂装工艺要求补涂。

⑦屏体结构到现场后按图纸上的技术要求检查各部位尺寸（特别是外形尺寸），外形严重变形的不允许安装；检查屏体结构外形尺寸与两立柱尺寸是否吻合；外观破损、断裂，则不允许安装；钢结构连接件均应做防锈处理，采用热浸镀锌处理，镀锌层厚度≥80μm；镀锌后PE喷涂防腐处理，涂层厚度≥60μm。

⑧顶罩、底罩的安装。确认外形外观；在有坡度的地方作业时，安装斜度由现场技术人员与监理协商决定；各罩连接不允许有明显漏缝出现，过渡必须平滑完整。

（二）隔声窗施工技术

1. 窗框要求

无气泡、裂痕、麻点；主型材的可焊接性焊角的平均应力、维卡软化温度、弯曲模量、拉伸冲击强度均应符合规范要求。

2. 玻璃要求

玻璃选用中空玻璃(5 mm厚玻璃+9 mm厚空腔+5 mm厚玻璃)，其材料性能应符合《中空玻璃》（GB/T 11944-2012）的规定。玻璃外观不得有妨碍透视的污迹、夹杂物及密封胶飞溅现象。

3. 消声通道要求

局部双层窗之间的通风消声装置采用无动力构造，其结构和材料应具有消声和通风性能，满足技术要求、采光性能好、材料耐老化、防雨、防锈蚀、安装方便、利于清洗等特点；局部双层窗的总厚度≤220 m，通风消声装置框架利用铝合金（$t \geq 1.4$）或不锈钢板（$t \geq 1.0$）制作，采用自攻螺钉或不锈钢铆钉和窗扇固定；选用的吸隔声材料均为无二次污染的环保型材料。

4. 性能要求

声学性能（现场测试）：通风通道关闭状态下隔声量$R_v+C_{tr} \geq 30$dB，自然通风状态下隔声量$R_v+C_{tr} \geq 26$dB。

通风性能（实验室测试）：自然通风时通风量＞30 m³/h（室内外压差2.5 Pa的工况下测量），抗风压性能（实验室测试）7级，气密性能（实验室测试）4级，水密性能（实验室测试）5级，保温性能（实验室测试）7级。

5. 其他要求

按图纸尺寸放好窗框位置并立出标高控制线，按控制线找好垂直线及标高，用金属膨胀螺栓将窗框上的铁脚与墙体结构固定好。窗框与墙体的缝隙用沥青麻丝或发泡聚氨酯填嵌饱满。表面用厚度5~8 mm的建筑密封胶密封。安装五金件应先用电钻钻孔，再用自攻螺钉拧入。通风隔声窗安装必须牢固，窗扇要关闭严密、间隙均匀、开关灵活，窗表面应洁净，大面无划痕、碰伤。产品的安装质量及验收方法按现行国家标准相关规定执行。

二、大气污染防治施工技术

1.对施工现场实行合理化管理，使砂石料统一堆放，水泥、卷材、油漆、涂料、沥青应在专门库房堆放，并尽量减少搬运环节，搬运时做到轻举轻放，防止包装袋破裂。

2.开挖时，对作业面和土堆适当喷水，使其保持一定湿度，以减少扬尘量，并且开挖的泥土和建筑垃圾要及时运走，以防长期堆放表面干燥而起尘或被雨水冲刷；施工便道、进出堆场的道路、路基路堑的开挖面须适时洒水，抑制扬尘。

3.运输车辆应完好，不应装载过满，并尽量采取遮盖、密闭措施，减少沿途抛撒，及时清扫散落在路面上的泥土和建筑材料，冲洗轮胎，定时洒水压尘，以减少运输过程中的扬尘。

4.应首选使用商品混凝土，因需要必须进行现场搅拌砂浆、混凝土时，应尽量做到不洒、不漏、不剩、不倒；混凝土搅拌应设置在棚内，搅拌时要有喷雾降尘措施。

5.施工现场要设围栏或部分围栏，缩小施工扬尘扩散范围；对开挖的坡面、场地堆放的建筑材料等要进行遮盖，防止雨水冲刷。

6.当风速过大时，应停止施工作业，并对堆存的砂、石、水泥、卷材、沥青等建筑材料采取遮盖措施。

三、固体废物污染防治施工技术

公路施工现场应该落实文明施工理念，按设计文件中对环境保护的要求进行施工，及时清理生产和生活垃圾，为施工创造干净整洁的环境。施工中要设置弃土场，做好弃土处理工作。分类回收施工废料，不得任意堆放，应提高利用效率。结合工期目标和施工任务，集中设置施工人员的生活场地，对生活污水和垃圾、固体废弃物回收并及时处理，预防环境污染问题发生。

第二节 水环境保护施工技术

一、铺草皮排水沟施工技术

（一）放样、移植草皮

根据不同路段排水工程断面尺寸要求，将水沟的边线在实地进行放线。采用挖掘机配合人工的方式或全人工的方式将原地面的草皮移植到水沟边缘外侧，并保证其成活（草皮移植工艺同铺草皮边坡防护移植回铺的工艺和技术要点）。

（二）水沟挖基

采用机械配合人工或全人工的方式进行开挖。首先采用挖掘机进行初挖，然后用人工进行平整、修整，直至符合试验水沟断面。开挖过程中，用彩条布覆盖反压在路基坡脚至水沟边缘的草皮上，以免弃土污染草皮。挖掘机在施工便道上作业，机械不得在草皮上碾压，采用自卸汽车将废料运至弃土场。如果无施工便道，不利于机械进入的采用人工开挖和弃土。开挖和清基过程中，弃土要随时清理。

（三）草皮回铺

回铺的草皮采用开挖前已移植到路基两侧的成活草皮。回铺前，首先将水沟基底进行夯实处理，保证大面平整、基底密实。再用有机土沿沟面夯铺20 cm厚。为了使回铺后的草皮美观，可按水沟断面制作木架模型，并挂通线。在所有准备工作就绪后，请监理工程师检查基坑，符合要求后开始回铺。

草皮回铺应严格按照从下至上的原则进行。将沟底的草皮回铺到位，两侧的草皮按顺序均匀、紧密回铺。边铺边用木钉将草皮进行固定。草皮回铺过程中应注意以下事项：

1.草皮回铺应先夯铺有机土，根据需要可在里面掺和一些有机肥或化肥，其厚度不宜小于20 cm，并浇水湿润，它是草皮赖以生存的根本。

2.回铺的草皮面缝隙间必须用腐殖土填塞紧密，以提高其饱水性。

3.回铺时必须保证草皮水沟两侧坡面的平整度，力求美观平顺，必要时可减少草皮的保护层，但必须保证其有机土层厚度不得小于20 cm。

4.回填的有机土面必须平整，人工夯填，并严格按照断面回填，铺成的水沟沟底必须有一定的流水坡度，防止水沟底局部积水，从而影响草皮的成活和生长。

5.草皮水沟沟底回铺的草皮尽量不选用沼泽和湿地中的草皮，因为该处的草地植物草颈粗壮，枝条粗长密实，不利于排水。

（四）浇水和追肥养护

草皮摊铺到位后，必须保证假植期草皮的成活，为它提供足够的水分和养料，每天洒水不得少于3次。在回铺初期可适当施加有机肥料。在草皮成活的生长期根据需要再追加1～2次化肥，以保证草皮的再生和成长。

（五）养护封育

回铺后的草皮较脆弱，需要一段时间才能与土壤结合。因此相当长一段时间不允许在回铺的草皮上进行人为活动,可采用带刺铁丝隔离栅栏防护,使其自然生长。

二、路面径流处理施工技术

(一)绿化、植被控制技术

植被控制是指利用地表密植的植物及地表土层来截流、过滤、吸附、沉淀地表径流中的污染物的一种径流控制措施,主要去除径流中的重金属、油类、SS(固体悬浮物)及吸附在SS上的其他污染物,是一种广泛有效的高速公路雨水径流污染控制措施。

植被控制法适合于各种不同的地质,在设计和实施过程中的灵活性很大、造价低,既起到对路面径流去污的效果,又美化了环境,缓解视觉疲劳,减少交通事故,所以在高速公路两侧设置绿化缓冲带和植草渠道是一种有效的控制措施。

(二)氧化塘技术

氧化塘,又称为稳定塘或者生物塘,是经过人工适当修整的土地,设围堤和防渗层的污水池塘,是主要依靠自然生物净化功能使污水得到净化的一种污水生物处理技术。

氧化塘可以调节雨水洪峰量,污水处理耗能较低、效果较好,适用于处理高速公路服务区污水。服务区污水一般考虑的主要污染因子有COD(有机污染物)、石油类和SS,由于公路服务区多设于无人地带,土地较为便利,且有一些荒地、沟谷可以利用,用生态氧化塘处理污水可获得一定的生态环境效益。

(三)人工湿地

人工湿地生态系统主要由湿地床和透水性基质、湿地植物、水体、好氧厌氧微生物种群和后生动物组成。依据植物的存在状态和水流状态,可分为表面流湿地和潜流湿地,其中潜流湿地可分为水平流潜流湿地和垂直流湿地。人工湿地在运行过程中是通过土壤、植物、微生物三个相互依存的组合体,很好地去除污水中的SS、有机物、氮、磷、重金属等污染物。

人工湿地系统具有建造与运行成本较低、出水水质好、操作简单等优点,同时如果选择合适的植物品种还有美化环境的作用。人工湿地应用广泛,经过人工湿地系统处理后的出水水质可以达到地面水水质标准,处理后的水可以直接排入饮用水源或景观用水的湖泊、水库或河流中。

当公路经过生活饮用水地表水源地一级保护区和二级保护区时,使用人工湿地对路表径流污染进行处治达标后排放,在对饮用水源和景观用水保护的同时,也为这些水体提供清洁的水源补充。

三、桥面危化品泄漏应急施工技术

对桥面雨水径流来说，实际上主要考虑初期雨水对水环境的影响问题。桥面雨水径流的水质有显著的特点，即初期雨水含污量较高（污水中主要污染物为SS和石油类），后期雨水较为清洁。为防止含有污染物的初期雨水对水源保护区陆域区内地表水、地下水的影响，需要将初期雨水产生的径流进行收集、处理，方可将路面径流中所含的大部分污染物质去除，而比较干净的后期雨水直接排放至附近的水体中。降雨初期将地面污染物带走的雨水为初期雨水，初期雨水分为两种：一种是可将可溶性污染物及细小颗粒带走的初期雨水；另一种是可将不可溶性及难移动的污染物带走的初期雨水（降雨量大到8 ~ 16 mm时为初期雨水）和澳大利亚环保部门的环评报告书中的统计数据（当降雨量大于15 mm时即可将道路表面油渍冲洗干净），将10 mm的降雨量作为初期雨量。

目前国际上对初期雨水处理的方法主要包括沉淀、过滤或将其排入污水管网。由于工程沿线没有污水管网，因此设计中采用沉淀、过滤的处理工艺处理初期雨水。该研究的工艺流程为进水—格栅—配水井—沉淀池（沉淀）或应急池—人工湿地（隔油、过滤、植物吸收）—蒸发池。

（一）格栅

在进水渠道上设置格栅，去除塑料袋、矿泉水瓶、废纸等大粒径的固体污染物。

（二）配水井

经过预处理后的初期雨水进入配水井，配水井配有闸门。通往人工湿地的闸门处于常开状态，通往突发事故应急池的配水孔上的闸门处于常闭状态。进入配水井的雨水通过底部的配水孔进入人工湿地进行处理。

（三）人工湿地

人工湿地表面种植适应当地气候的植物，可吸收雨水中所含的氮、磷等营养物质，使其从水中转移至植物体内，从而降低雨水中的氮、磷含量。过滤层按照不同的粒径分两层铺设，过滤初期雨水中的悬浮物和油类物质。根据欧美等国环保部门的统计，在滤速为5 m/h的条件下，砂滤通常能去除60% ~ 90%的悬浮物及90%的油。过滤层每年进行2 ~ 3次的定期更换，或在特大暴雨后进行清理，并将截流在表层的油类物质清除，避免滤层堵塞影响处理效果。

（四）蒸发池

收集人工湿地出水并蒸发其中一部分出水。本项目全区多年平均降水量为1 088 mm，蒸发量平均值为506 mm。经处理后的水质可满足农灌及生活杂用水质标准，可作为当地农民的生产用水，以及就近路段的绿化浇灌用水，另外还有一部分水经蒸发排入大气中。因此可做到收集处理后的水基本不外排。

（五）应急池

为了防止在水源保护区路段因车祸造成的大量油品、有毒化学品泄漏流入水库，污染饮用水和生产用水水源，设计中在每个路面雨水处理站设置突发事故应急池一座，用以截流突发事故时泄漏的有害物质。考虑到发生突发事故时正在下雨的不利情况，二级水源保护区内应急池的容积按当地50年暴雨重现期历时30 min的降雨量确定，要求公路管理部门在突发事故发生后的30 min之内赶到事故现场，进行紧急处理。

在事故发生时，工作人员必须立即启闭事故路段对应的处理站内的阀门，把可能的污染物（油类及其他有毒有害物质）全部截流到应急池中，禁止其进入人工湿地和下游水体。公路管理人员必须在20 min之内赶到，对事故现场采取应急处理，初步判断污染物性质并送相应部门检验，同时采取其他相应的措施。

四、施工期水环境保护技术

（一）桥梁施工水环境保护技术

桥梁施工对水体的影响随着施工的结束将会消失，不会对沿线水体产生明显影响。施工期应保护沿线河流的水质，禁止施工污水直接排入河流。桥梁施工应避开汛期和河流丰水期。

1.桥梁施工严禁漏油、化学品洒落水体；桥梁基础施工挖出的泥渣不得弃入河道或河滩，避免影响河道行洪功能。

2.桥梁施工应选择在枯水季节，加强施工管理，保护沿线河流水体。施工后应注意施工现场的清理，避免施工垃圾等随意抛入水体。

3.施工中的废油、废沥青和其他固体废物不得堆放在水体旁，应远离沿线河流河道500 m外，同时应及时清运至专门的仓库或堆放场所，并应设篷盖，防止因雨水冲刷而间接进入水体。

4.沿线河流与公路并行的路段，不得在公路与沿线河流之间的地带设置施工营地和施工临时场地，以避免影响河流水质。

（二）隧道工程水环境保护技术

隧道施工产生的废水主要来自山体开挖自然渗水、钻探机械降温用水以及切割用压力水钻用水，应在隧洞内设排水沟收集污水，在洞口宽阔处修建隔油池，由排水沟将污水导入其内，施工期间及时清理沉淀池和隔油池中的污泥，施工结束后覆土掩埋即可。施工中，应对隧道的出水部位、水量大小、补给情况、变化规律、水质成分等做好观测试验记录，并不断完善防排水系统，对隧道洞口及辅助坑道洞（井）口应按设计要求做好排水系统：

1.勘探用的坑洼、探坑等应回填黏土，并分层夯实。

2.洞顶上方如有沟谷通过且沟谷底部岩层裂隙较多，地表水渗漏对施工有较大影响时，应及时用浆砌片石铺砌沟底，或用水泥砂浆勾缝抹面。

3.洞口附近开沟疏导封闭积水洼地，不得积水。

4.洞顶排水沟应与路基排水顺接组成排水系统。

5.隧道施工废水主要污染物有悬浮物、炸药残余、石油类等。特别是含有炸药残留物的裂隙水随意排放，会造成所在地水环境的污染。因此要严格按照前述要求对隧道施工时的出水进行收集，并进行处理后排放。

6.在设计阶段应调查隧道区域的地下水分布、类型、含水量、补给方式和渗流方向，分析论证因隧道开挖地下水可能渗出量较大的位置和程度，针对地下水可能渗出的部位应采取切实可行的防水和防渗措施。

（三）施工驻地水环境保护技术

施工人员驻地的生活污水分散，而且仅限于施工期，在严格采取一定处理措施的情况下，施工区污水不会对线路沿线水环境质量产生明显的影响。具体如下：

1.施工人员的生活污水、生活垃圾和粪便应集中处理。

2.施工机械等产生的含油及其他生产污水禁止向河流、湖泊排放，可在施工场地及机械维修场所设临时蒸发池，使大部分含油污水进入蒸发池中，使其自然蒸发，待施工结束后，将临时蒸发池覆土掩埋。

3.施工中的废油、废沥青等有害物质不准堆放在水体200 m范围内，应及时清运至当地允许放置的地点或依有关规定处理，防止被雨水冲刷入水体。

4.施工营地附近设防渗蒸发池和防渗旱厕，处理后的粪便用于施肥，生活污水可让其自然蒸发，施工结束后将蒸发池覆土掩埋。

5.生产废水不得排入河流、湖泊等水体，可在施工场地设临时蒸发池（可就近利用废弃的沟、坑），待施工结束后覆土掩埋。不得在水体附近清洗施工器具、机械等，防止水环境污染。

第三节　生态修复与植被恢复施工技术

一、喷播技术

（一）客土喷播技术

1.施工工艺

客土喷播技术施工工艺流程为整平、清除坡面—铺网（边坡刚性骨架防护）—钻锚杆孔—灌浆固定锚杆—固定网面—喷底层（基质）—喷面层（种子＋基质）—覆盖无纺布—养护管理。

2.施工关键技术要点

（1）安全保护

施工现场禁止行人、车辆通过，在施工场地两头设置施工标志。根据施工安全操作规范要求，选择安全防护措施，如搭设钢管脚手架、下铺毛竹脚手片、上挂防护网。现场施工人员配备安全帽及必要的劳保用具。

（2）作业面清理

清除作业面杂物及松动岩块，对坡面的棱角进行修整，使施工作业面的凹凸度平均为±10 cm，不超过±15 cm，尽可能将作业面平整，以利于客土喷播施工。对低洼处适当覆土夯实回填或以植生袋装土回填。若岩石边坡本身不稳定，应采用预应力锚杆锚索进行加固处理。

（3）挂网、扎网

挂网施工时采用自上而下放卷，相邻两卷铁丝网分别用绑扎铁丝连接固定，两网交接处要求至少有10 cm的重叠。网与作业面保持8 cm左右间隙，并均匀一致。

（4）喷播

喷播前，应先在坡面喷水湿润，以利基质材料更好地与坡面结合。喷枪尽量与受喷面垂直，避免仰喷，注意死角部分及凸凹部分要喷满。严格控制风量、风压，保证枪口风压4 500～5 500 Pa。宜从坡面顶端往下喷播，喷播宽度以方便喷播手操作为宜，一般为4 m。

客土厚度应根据边坡的坡度、硬度、岩石的风化程度等诸多因素确定，其最小厚度应以满足植物的正常生长为依据。生产上参考的客土厚度为：4 cm客土适用于风化岩石边坡，土质为红黏土或风化砂，山中式硬度6.3～14.0 kg/cm^2；6 cm客土适用于土加石的软岩边坡（强风化），山中式硬度14～38 kg/cm^2；8 cm客土适用于坚硬岩边坡（弱风化），山中式硬度38～180 kg/cm^2；10 cm客土适用于呈板状石质的边坡，山中式硬度大于180 kg/cm^2。

喷播时分底层和面层两次喷播，底层为纯的基质，面层为基质加植物种子。

（5）喷底层

将基质充分拌匀喷水湿润，以手捏成团松开即散为准。用喷播机械将湿基质喷至岩石边坡。厚度5～6 cm，不超过8 cm，以覆盖铁丝网为度。

（6）喷面层

先将基质和种子混合均匀，待底层稳定后适时喷播面层。基质、种子和水同时由喷播机械在喷口处混合喷洒至边坡，厚度2～3 cm。掌握水的用量，使基质和种子的混合物粘连边坡不移动、不脱落。

（7）设置排水沟

喷播结束待客土稳定后，用特制的T形木棍敲击边坡作业面使其凹陷。设置横竖排水沟，沟深5～8 cm，横竖沟间距5～8 m，以确保坡面排水畅通。

（8）覆盖

排水沟操作完毕即覆盖无纺布。覆盖无纺布时从上往下施放无纺布卷，并每隔2～3 m用铁丝或绳索固定，以防风吹。

（9）养护管理

①浇水。植物种子出苗前，每天早晨浇水一次或早晚各浇水一次，以保持土壤湿润。浇水以雾化的水滴为佳，切忌大水冲刷，以防客土移动。植物种子出苗后可逐渐减少浇水次数，以促进植物根系快速生长。至草苗长到5～6 cm或2～3片叶时，揭掉无纺布。边坡植物成坪后转入常规管理。

②施肥。边坡草坪等植物长至4～5叶时可适量追肥，以优质的复合肥为主，每次10 g/m^{2}左右，坚持"少吃多餐"的原则，以促进及早成坪。

③病虫防治。草坪等植物幼苗时，尤其在高温季节易发生褐斑病、腐霉枯萎病，应及时用广普杀菌剂防治。发现虫害则立即用广谱内吸性杀虫剂防治。

（10）验收要点

①锚杆深度、客土厚度。施工过程中，实测锚杆深度及客土厚度。风钻孔深不小于25 cm，水泥灌浆固定钢筋要严实。客土厚度不小于8 cm。设计有特殊要求的按设计要求验收。

②植物覆盖率。绿化施工完成后3个月内，坡面绿化覆盖率达到90%以上，且生长均匀、长势旺盛。

③坡面植物绿期。经过一年四季不同的气候考验，实现一年的绿期达到8个月以上。

（二）液压喷播技术

1.施工工艺。施工工艺同客土喷播技术。

2.施工关键技术。施工关键技术同客土喷播技术。

（三）有机质喷播

1.铺装网材

当对高陡岩质坡面进行多组分有机质喷播时，应采用风钻锚孔，孔径为40 mm，孔深30 ～ 50 cm（局部必要时可适当加深），孔向与坡面基本垂直，交错布置；原则上每100 m² 主锚杆不少于80个，辅锚杆不少于180个。在进行辅锚杆定位时应注意观察坡面形态，尽量将其布设在坡面凹进部位，以使金属网材贴近并牢靠地固定在坡面上。当局部坡面凹凸起伏较大时（含软岩），应根据实际情况增设辅锚杆，使金属网材尽可能地贴近坡面。

2.加设基盘附着平台

由于岩质坡面往往起伏无常、凹凸不平，为了防止喷播时物料或种子流失，保持喷播层厚度均匀，并使以后植物根系生长时能够更好地延展，在金属网材和坡面之间设置基盘附着平台，对喷播层进行分段阻隔。每列平台的间距可根据坡度在30 ～ 50 cm适当调整。基盘附着平台一般用木垫条组装，其厚度设计同喷播层厚度，并随坡面的坡度变化进行调整，其单根长度可根据坡面实地情况截取40 ～ 100 cm使用。施工时将每个木垫条水平置于金属网下，然后用铁丝与金属网扎紧固定。

3.物料配置、喷射

各种喷播物料要严格依据设计标准进行配比，按操作要求及程序将其与水加入喷播机内进行混合，经搅拌均匀后再进行喷射作业。喷射时喷枪口要尽可能地垂直于坡面（距坡面1 m左右），避免仰喷，凹凸变化大处及死角部位要喷射充分。确保喷射厚度尽量均匀并一次成层，植生条件较好的坡面可适当薄些，条件较差的坡面应适当加厚。

喷射分三次进行，首先在坡面上喷射一层不含植物种子的营养基层（3 ～ 4 cm厚），然后再重复喷射一次形成中层基盘（3 ～ 4 cm厚），最后喷射含有植物种子的面层（2 ～ 3 cm厚），播种量为70 ～ 100 g/m²。

4.覆盖养护

喷播施工尽量选在暖季，但在夏季要避开暴雨时段或长时间的阴雨天气。在有降雨时，要将备用的无纺布、草帘子等覆盖在坡面上，防止雨水对喷播层及其基础造成冲刷。

二、草皮移植技术

（一）草皮选择

挖掘草皮前，明确即将挖取草皮的类别，掌握其生物特性。

（二）取草皮时间

根据当地多年生草地植物储藏营养物质动态的变化情况，选择挖取草皮的最佳时期，即草地植物储藏的营养物质含量相对较高的时期。挖取草皮要求选在草地植物的分蘖期及结实期，即5—8月。

草皮挖出时草地植物进入根部的有机物质被暂时中断，草地植物依靠其地下器官储藏的营养物质动态维持其再生，草地植物储藏的营养物质含量越高，草地植物再生时形成的枝条数量愈多，再生进行得愈快。

（三）揭取草皮

在路基、料场清表时，先用切割机对草皮进行1.0 m×1.0 m ~ 1.5 m×2.0 m的切割，以便装载机或其他平地清除设备清起草皮规整堆放。取草皮时在施工方便的条件下，所取草皮的块度要尽可能大，从而减少根系的切割，同时根据根系深入地下的深度，确定所取草皮的厚度，保证所取草皮的厚度大于根系埋入地下的深度，从而保证根系的完好性。同时将草皮下的腐殖土一并清出堆放（腐殖土清除也是路基本身要求）。

（四）草皮养护

草皮挖取后，如果有地方能及时移植上去当然最好，如果施工条件不许可，就需要暂时置放路基两侧空地上，在此期间，由于草皮离开了它吸取营养物质所依托的土壤环境条件，因此应加强草皮养护。草皮不宜叠放，而应假植平铺，相当于进行了一次划破草皮的人工措施，采用防晒网覆盖并定期进行洒水养护。可有效改善草皮附着土壤的通气条件，提高土壤的透水性和透气性。平铺堆放的草皮在堆放时，用腐殖土填塞缝隙。清出的草皮若有成型路基边坡，及时回铺，若施工条件不容许，则需要堆放养生，即将清出的草皮在路基坡脚线外两侧平铺整齐堆放，草面朝上，其堆放高度控制在1.0 ~ 1.5 m，草皮层数以4 ~ 5层为宜。养生时采用黑色防晒网覆盖（透水、透气、降雨时能吸收水分，黑色防晒网能有效降低太阳辐射，减缓水分蒸发），不宜采用塑料布或塑料薄膜。根据不同地区的天气、降雨情况洒水养生，只要保持草皮有一定的水分，不完全晒干即可。

（五）有机土保存

草皮取走后，应将草皮下的有机土清除堆放，以便回植草皮时使用。因为青藏高原的土壤以草毡土、寒钙土为主体，土壤发育年轻、剖面风化弱、土层薄、粗骨性强、可给态养分含量低，因此现有草皮下的有机土对移植草皮的再生能力十分重要。

（六）铺草皮工艺

铺筑草皮前先对验收合格的路基边坡进行整修，根据路基顶面测量的高程对边坡测量的实际高程进行放样，在直线上每10 m进行加桩，在弯道处每5 m进行测量放样，并钉木桩，再根据测量的高程对边坡进行放样，坡度控制在设计范围内，并在坡脚处定桩，在已钉好的坡顶和坡脚木桩上挂好放工横线，两个横线间再挂可移动纵线。上下移动纵线，检查纵线与坡面的距离，以该距离控制在20 ～ 30 cm，对记录达不到该要求的坡面用人工再次修整，直到达到设计要求为止，根据放样的线型，采取由坡脚到坡顶的施工顺序进行施工。

再进行人工有机土的铺设，保持坡面有机土均匀一致，同时采取人工搬运草皮到坡面上，将草皮块与块之间相互挤紧，上下块之间要错缝，严禁出现通缝现象，草皮薄厚不一致时，人工铲除厚草皮底的腐殖土，再进行铺砌。薄的草皮先在坡面上铺一层腐殖土进行垫平后再进行铺砌，以保证草皮底部一定厚度的腐殖土。铺筑好的草皮拼接缝处人工用腐殖土进行填实，不留缝隙。铺设好的坡面应保持大面平整、曲线圆滑、线型美观。

铺筑完成一段后及时清除坡顶路基上剩余腐殖土和坡脚处剩余草皮和腐殖土，使铺筑好的坡面与自然环境协调一致。针对该地区天晴时蒸发量大的特点，铺筑完成后定期洒水养生，防止草皮缺水枯死，同时在洒水车中掺加一定比例的人工复合肥料，以提高草皮成活率直至与边坡土体形成一体。

将成型路基边坡进行平整（边坡坡率1：1 ～ 1：2），采用机械将有机土、草皮运到路基边坡处，草皮较薄的（10 ～ 20 cm）就先将腐殖土在路基边坡上铺设厚10 ～ 15 cm一层（具体视现场腐殖土或有机土的资源而定，灵活掌握），草皮厚在20 cm以上的可以直接铺设（减少对腐殖土和有机土的需求）。根据人力能搬动的重量估算，将草皮再进行切割（不能随意切割）成（20m ～ 40 cm）×（20m ～ 40 cm）进行人工铺设。块与块之间嵌挤密实，草皮接缝间用腐殖土填筑密实，以便于草皮能快速生长交织为整体。

（七）移植铺设后养生

移植铺设后，在刚开始一周内需要定期洒水养生，以保证新铺草皮与地面的毛细水尽快连通，达到毛细水补水功能，后期可根据自然降水情况适时洒水，完全成活后就融入自然正常情况。

三、三维网技术

（一）施工工艺

三维土工网垫植草护坡施工程序为坡面平整、施底肥—覆网、固定—覆土、播种、上覆盖土—浇水养护。

（二）施工关键技术

在进行挂（铺）网前，注意对坡面的清理，适当地铺一些腐殖质表土层，使底层土壤拥有一定的营养成分和微量元素，避免植被后期因营养缺乏而出现大面积死亡；植物种类选择时，尽量采用草、灌结合的方式，草对边坡的防护只能到很浅层，而灌木根系较深，持续生长不易退化，对边坡的防护作用更大。

1.坡面平整、施底肥

清理、平整坡面，清除直径大于2 cm的浮石、树根等杂物，以利于基材与岩石坡面的结合。如果坡面上的土太密实，应该在坡面5 ~ 7.5 cm范围内采取松土措施，作为播种层；如果坡面岩石面积很大，应该在坡面上铺设厚5 ~ 7.5 cm的细表土，轻轻压实，为草提供基本的生长环境；对于岩石节理发育、走向不一，清理坡面难度较大，应采取浆砌片石局部找平（谨慎使用，避免加大边坡负载造成失稳），或者加大混合料固结物含量，局部适当加厚找平。

在土壤养分贫瘠和pH值不适时，在播种前有必要施用底肥和土壤改良剂。底肥主要包括氮肥、磷肥和钾肥，比例为15：8：7，施肥量随土壤的肥力情况而定，一般情况按100 g/m^{2}左右施用。

2.覆网、固定

在整平的坡面上铺设网垫，当坡度陡于1：3时，网垫由坡顶向下放卷铺设，在缓于1：3的坡面上，网垫可以按横向或向下铺设。上下卷材搭接，上部的材料压在上面，搭接长度为10 cm；相邻卷材搭接，搭接至少为7.5 cm，且在搭接中心处每50 cm左右加一个锚钉。网垫铺设时，要保持平顺，不要拉紧，避免造成网垫与坡面分离，从而利于网垫的稳定与植被的生长。

为防止网垫从上、下两端被水流冲开，网垫在边坡顶端铺设时，须在坡肩（坡底）挖断面宽、深为15 cm×30 cm的沟，将网垫埋入其中，用锚固钉固定，并填土压实，网垫顶端纵向连接处应有60°夹角，坡底应有50 cm以上的水平面。对于网垫体的锚固，在较缓的坡可采用竹钉或U形钉，钉的长度不小于15 cm，顶端宽度应大于网垫孔径的两倍；较陡、疏松、岩质的坡需要采用较长较重的丝钉。就较缓的坡度（1：1.5 ~ 1：1）而言，按每50 cm一个锚钉即可，如果坡面较陡，应增加锚钉数量，锚钉的排列以梅花桩形为宜。

因坡面较长时，坡面上层的含水量要比下层的低，不利于植被成活，要在距坡顶20cm处开一条小沟，用以灌水。

3.覆土、播种、上覆盖土

覆网、固定之后，根据其厚度及种子发芽要求，在网垫上面铺设一定厚度的耕植土，要求覆土的颗粒不大于网孔尺寸，且越细越好。

选播的草种宜就地选用覆盖率高、根系发达、茎叶低矮、耐寒抗旱、耐土壤贫瘠、耐践踏、具有匍匐茎且适用于pH值在4.7 ~ 8.5的多年生草种，也宜引用适应当地土壤气候的优良草种。

草皮在5℃以下停止生长，10℃以下基本上不发芽。另在高温季节蒸发太大，草皮生长易干枯，故在此期间均不宜播种。铺设季节最好选择在雨季前的3 ~ 4月进行，让草皮有一定的生长时间。

播种时土壤含水量以40% ~ 50%为宜，为预防干旱，提高草籽的成活率，可使用土壤凝结剂。将经过特殊处理后的草籽与土壤凝结剂拌和喷洒。经土壤凝结剂处理后的坡面，草籽和土壤不会因风吹雨淋而流失，同时凝结剂又降低了土壤中水分的蒸发，在一定程度上保证了草籽的水分供应。

播种可以采用人工撒草种或机械喷播。撒草种是将草种与肥料及细土按1∶10的比例均匀混合后均匀地撒在网垫上，边坡靠上部分应适当增加草籽用量，播撒完毕后用扫帚清扫一遍，以保证草种全部落入网垫内部；喷播时喷射尽可能从正面进行，凹凸部分及死角部分尤其要注意，喷射厚度按10 cm控制。

播种的深浅也直接关系到出苗率。如播得过深，在幼苗进行光合作用和从土壤中吸收营养元素之前，胚胎内存储的营养不能满足幼苗的营养需求而导致幼苗死亡；播得过浅，没有充分混合时，种子会被水流冲走，或发芽后干枯。播种时应从坡顶往下撒播，且坡顶的播种量稍微加大。

播种之后再均匀覆一层细土，土的厚度以稍盖住网垫为宜，不要使网垫暴露在阳光下，以利延长使用寿命。覆土的厚度还须有利于草籽的发芽和生长，之后再进行适当加压。另外，为了减少土壤和种子的冲蚀，为种子发芽和幼苗生长提供一个更为有利的环境条件，常常在坡面上加上一层覆盖材料（如无纺布），当幼苗长到2 ~ 3 cm高后便揭开。

4.浇水养护

播种之后，要注意草种发芽生长的前期养护工作。养护的主要工具是高压喷雾器，它使水雾化后均匀地落在坡面基材上，要注意控制好喷头与坡面的距离和移动速度，保证无高压射水冲击坡面形成水流，冲走植草基材及草种，每天早晚各喷一次，养护45天左右。在天气热、雨水少的情况下，为了保证草种成活，可采用遮阳防晒棚，隔热防晒，透气通风。

四、植生袋技术

（一）施工工艺流程

1.平整坡面

清除坡面所有石块及其他一切杂物，填平较大的坑穴，打碎土块，耧细耙平，压实。

2.铺设固定

把植生袋一端用锚杆固定在坡顶处并填土压实，锚杆的使用量为 2 ~ 3 根/m²。

（二）施工关键技术

1.施工时应顺着坡面将植生袋自然地平铺在坡面上，一边向下放平拉直一边用U形钉将植生袋固定在坡面上，不要加外力强拉，U形钉的使用量为 6 ~ 8 根/m²。植生袋的接头处（上下接头、左右接缝）应重叠 10 cm。施工到边坡下部时，把植生袋的另一端也用锚杆固定在坡脚处并填土压实。

2.植生袋施工结束后禁止踩踏，植生袋从铺装到出苗以后的幼苗期，都需要及时进行洒水，每天都须洒水，每次的洒水量以保持土壤湿润为原则，每日洒水次数视土壤湿度而定，直至出苗成坪。在幼苗中期也要保持每天洒水一次，后期根据土壤湿度进行洒水。洒水时最好采用水滴细小的喷水设备，使洒水均匀，减小水的冲力。尤其第一次浇水时要用小水头呈喷雾状从远处向坡面缓慢淋洒，不可用大水头顺坡面放水，以免边坡上部的种子被冲到边坡下部，造成上部植生袋种子发芽不均匀。

五、植生袋技术

（一）施工工艺流程

将选好的种子、保水剂等材料复合加工成连体植生袋，在施工现场将腐殖土、木纤维、泥炭土、缓释营养肥等混合材料当作基质填装到植生袋中，然后平铺、固定在坡面上，经过二次覆土、洒水养护等前期管理措施，达到固结绿化边坡的目的。

（二）施工关键技术

1.施工前准备

（1）草种的选择及播种量的确定

施工地区属高寒高海拔地区，环境寒冷而潮湿，日照强烈，紫外线作用强，空气稀薄，土壤温度高于空气温度，昼夜温差极大，年平均温度不到1℃，植物生长季短，年降水量约400 mm，相对湿度70%以上。根据工程实地情况选择具有耐寒、抗旱、耐盐碱等显著特点，如垂穗披碱草、赖草、冷地早熟禾和中华羊茅等对高原地区气候和土壤环境具有较好适应性的植物。

（2）基质的选择及配比

基质是坡面上草木赖以生长发育的首要条件，基质选择要考虑土壤的强度和一定的蓬松度、土壤的吸水性、抗雨水的侵蚀性以及植物生长发育所需的主要元素。本次施工采用腐殖土、保水剂、复合肥和专用肥用量为（2 000 ： 5 ： 20 ： 160）g/m^{3}的比例。

2.植生袋加工

将经过处理的种子和保水剂等材料夹在两层可降解的无纺布（或木浆纸）中间，并覆上抗老化绿网，缝制成规格为50 cm×130 cm的袋状。

3.平整坡面

清除坡面杂物及松动的石块，按路基设计刷坡，使坡面达到设计坡比，并预留出植生袋填充基质后的厚度（约为15 cm）。

4.填装基质

将植生袋平铺，将混合好的基质填装到每一个袋口中，饱满度达80%时扎紧袋口。

5.铺设、固定连体植生袋

将装好基质的植生袋平整地铺在坡面上，并用紧固件固定。紧固件可采用直径6 mm的钢锚钉或竹钉，一般采用200 ~ 400 mm等不同长度，紧固件每平方米不少于5个。最后在植生袋上加覆一层土，覆土厚度约为10 cm。

6.浇水养护

在草种从出芽到幼苗期间要浇水养护，保持土壤湿润。开始每天浇水一次，浇水应呈雾状喷洒，随后可减少浇水次数。在幼苗生长过程中，适时施肥，防止病虫害，约一个月后基本成坪。

六、植物纤维毯技术

（一）清理并整平场地

根据施工要求，用铁锹、铁耙等工具对坡面不稳定的石块或杂物进行清除。对于不利于草种生长的坡面先填厚度不小于10 cm的腐殖土，表层覆土内无工程垃圾和大石块、杂草等凸起物，并使10 cm土层内无大于5 cm的石块。

（二）播撒草种

播种方式采用中华羊茅、披肩草、老芒麦、无芒雀麦、星星草等均匀播撒的方式。

（三）挖坡顶和坡脚锚固沟

坡顶和坡脚锚固沟宽和深一般不小于20 cm，原土放在远离坡面的一侧备用。

（四）铺设草毯

从坡顶向下铺设草毯，铺展平顺并拉紧，坡顶预留不小于40 cm，草毯之间搭接宽度不小于10 cm，搭接时下一级网压在上一级网之下，草毯与地面保持充分接触，铺设保持整齐一致。

（五）锚固及回填原土

用固定钉锚固草毯，并回填种植土。

第四节　水土保持施工技术

一、主体工程区水土保持施工技术

（一）路基工程区

在主体工程的边沟、排水沟等排水设施修建以前，采取临时排水措施。在路堤填筑及路堑开挖施工之前，坡底两侧先修筑临时性的排水沟和边坡，以拦截因降水带来的坡面水土流失，及时排导坡面径流。所筑边坡采用排水沟挖出的土方堆砌、拍实。施工结束后，将边埂回填至排水沟。例如，对于共玉公路路基工程区内的表层草皮，在工程施工前预先对其进行草皮剥离，统一临时堆放在路基工程区附近，并做好养护管理。邻近弃渣场等临时占地区域的草皮剥离后，集中堆放在弃渣场内。草皮剥离厚度视具体施工路段土壤以及草皮生长情况而定。施工过程中注意尽量不扰动征地范围以外的土地，以免引起新的水土流失。

（二）桥涵工程区

例如，共玉公路所经地区水系发达，应尽量避免桥梁钻孔泥浆污染沿线河流水质，桥梁施工前对桥梁下占用土地的表土或者草皮进行剥离，临时集中堆放。跨河桥梁钻孔桩基础施工时一般选择枯水季节施工，并在钢护筒内安装泥浆泵，将钻孔泥浆提升至两端陆地临时工地，在钻孔桩基础施工时产生的泥浆需要设置临时处理，以减少施工过程中的水土流失。桥墩钻孔前在各特大桥和大桥临时工地修建泥浆池（泥浆池需要做防渗处理，可以多个钻孔共用），并设置沉淀池，串联并用，使护壁泥浆和出渣分离，析出的护壁泥浆可循环使用，浮土和沉淀池出渣在干化堆积场脱水，干化后的泥渣就近弃于附近弃土（渣）场。

主体工程施工结束后，拆除围堰。拆除时要求拆除队伍具备拆除围堰的必备工具等，拆除的各项工作必须在枯水期进行；拆除的土石方及时运至就近弃渣场，边拆边运，禁止随意堆置；拆除时分层拆除，从上至下，集中一次拆完，整治迹地。

（三）隧道工程区

例如，共玉公路隧道的开挖会产生大量的弃渣，需要占用大面积的土地来堆放，可依据实际情况对隧道弃渣采用综合利用技术和弃渣堆放水土保持防护技术进行处理。

1.隧道弃渣综合利用技术

（1）路基填料

路基填料对隧道弃渣进行初级筛选，将筛检出的隧道弃渣，依据《公路路基设计规范》（JTG D30-2015）中填料强度和粒径的相关要求，进行二次破碎，并将处理后的石料进行填筑。填石路堤采用隧道弃渣填筑，其石料含量大于70%，石料强度大于15 MPa，最大粒径不超过30 cm。填石路基压实使各粒料之间的松散接触状态变为紧密咬合状态。由于块石的颗粒较大，石块之间会有搁空现象，形成孔隙率过大，易造成局部塌陷，因此填石路基的压实应选用低频高幅的大吨位振动压路机，如25 ～ 50 t的钢轮振动压路机。铺筑试验路，在对试验段填石路堤工程施工进行的基础上提出适用于试验路堤的质量控制体系；针对地质情况和现场开挖试验，提出相应的填石料开挖工艺方案，确定爆破方法和参数；判断是否采用大吨位振动压路机械，以达到较高的压实度；基于所采用的施工机械，采用更多种组合进行填筑试验，确定施工工艺和质量控制体系；按照填筑试验所确定的施工参数确定施工方案，应用所确定的检测标准对填筑质量进行检测检验。

填石路基压实合格的判定方法：碾压结束后，在路基表面布设测点，测定其标高，再用50 t托式振动压路机碾压两遍后，测定测点标高，同一测点两次标高差值小于5 mm。

（2）路基防护工程

经过试验检验满足混凝土骨料的各种质量和性能要求的弃渣石块，可以用作混凝土各类骨料加工及路基边坡骨架防护、弃渣场挡墙等的原材料或半成品。挡土墙墙背2 m范围内填筑未筛分碎石，填料最小强度（CBR）大于8.0%，其压实度要求同土质路基。

（3）机制砂

选择质量好、强度高的隧道弃渣，用于加工机制砂。机制砂应符合分类和规格的要求。机制砂在类别和用途方面要求如下：Ⅰ类宜用于强度等级大于C60的混凝土；Ⅱ类宜用于强度等级C30 ～ C60及抗冻、抗渗或其他要求的混凝土；Ⅲ类宜用于强度等级小于

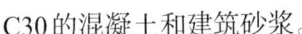

C30 的混凝土和建筑砂浆。

（4）隧道工程

隧道工程利用隧道弃渣中的片石，用于隧道明洞和仰拱填充。筛分后的碎石规格 10 ~ 30 mm，用于隧道二次衬砌；规格 5 ~ 9.5 mm，用于普通混凝土级配；具体强度和级配须满足设计要求。

2. 隧道弃渣水土保持施工技术

隧道弃渣量大，弃渣场压埋了原地表，损坏了地表林草及排水网络等水土保持措施，加上弃渣体结构松散，孔隙率大，易造成大量的水土流失。所以在弃渣的全过程中必须采取相应的水土保持措施。

（1）拦渣措施

拦渣措施主要通过设置拦渣坝、挡渣墙和拦渣堤来实现。当弃渣堆置于沟道内包括堆放于沟头、沟中、沟口或将整个沟道填平时，应修建拦渣坝。其坝型按筑坝材料分为土坝、堆石坝、浆砌石坝和混凝土坝等。当弃渣堆置于易发生滑塌的地点或堆置在坡顶及坡面时，应修建挡渣墙。挡渣墙一般应建在紧靠弃渣及相对高度较高的坡面上，这样可以有效降低挡渣墙的高度及其对沟道行洪的影响。挡渣墙的设计必须同时兼顾抗滑、抗倾覆、抗塌陷三个方面的能力。

（2）削坡和反压填土

在渣体堆置完毕后，对于在剖面形态上呈凹形、凸形的或有临空状态的上陡下缓的斜坡，应采取分级削坡或修筑马道削坡的措施将其上部陡坡（产生滑坡的滑体）挖缓。通过削头取土，减轻滑坡体上部的荷载、减小滑体的体积，并将其反压在下部缓坡（阻滑体）上。这样既可把坡面修成一定的坡度，又可增加阻滑体的阻滑力量，控制上部向下滑动，防止冻融滑塌或由于山体抗剪强度不足引起的滑塌。把弃土场的弃土平台修成 2% ~ 3% 的反坡，并保持弃土场平台的平整，以便使平台回水自然流向弃土场坡跟处，通过排水沟将水引导出去。

（3）护坡工程

护坡是为了稳定弃渣堆积边坡，避免裸露坡面遭受雨滴直接击溅和地表径流冲刷而采取的水土保持措施。护坡分为工程护坡、植物护坡和综合护坡三种。

工程护坡能提高边坡的稳定性，对雨滴击溅和地表径流冲刷的防治效果好，但投资较大，适应变形能力也较差，易随弃渣的不均匀沉降而遭到破坏；植物护坡能适应弃渣的沉降变形，控制水土流失，而且对公路沿线生态环境改善具有重要意义，但在建植初期，其对水土流失的防治效果较差，须加强管护，确保植物保存率和成活率；综合护坡兼有工程护坡和植物护坡的优点，它是在工程护坡措施间隙上种植植物，不仅具有增加坡面工程强度、提高边坡稳定性的作用，而且具有绿化美化的功能。

（4）排水措施

为了保证弃渣安全稳定，排除弃渣场周边坡面及区域内的洪水危害，须修建相应的排水设施。

（四）沿线设施工程区

沿线设施主要包括服务区、收费站等服务、维护场所，主要是土建施工。施工过程中做到表土剥离，施工结束后对场地进行硬化处理，部分空地进行表层草皮回填铺设。施工期水土保持措施主要为布设临时排水沟。临时排水沟布设于沿线设施工程施工占地两侧，施工前先修筑临时性排水沟和边坡，施工结束后将边埂回填至排水沟。

二、取土场区水土保持施工技术

根据取土场所在的地理位置及地形条件进行综合治理，主要通过坡面防护、排水、覆土等措施。取土场的防护措施是削坡，取土的过程中容易形成坡面，削坡的目的是减低坡面，避免有降雨时的坡面水土流失现象，同时需要在坡面的顶端设截水沟，在取土场周围设引水沟，避免雨水在坡面汇集，造成较大的水土流失。公路工程完成后要在取土场进行土地治理、回填草皮以及植草恢复原地貌。取土场周围设引水沟，截水沟与排水沟的截面规格必须换算得出，按照频率暴雨标准进行计算。取土场主要采取拦、挡、排及植物恢复相结合的综合防治措施。如果占用农田，施工之后要进行复耕。

三、弃渣场区水土保持施工技术

弃渣场一般选在窄口的沟内，堆放弃渣时尽量将沟填平，如果不能，首先将沟的沟头填平后再向沟口处堆放。这样的堆放方式方便洪水排出，一定程度上减缓了水土流失。弃渣时先堆弃石方，再堆弃土方，便于堆渣完成后土地平整。为了避免堆渣的滑塌，在弃渣场的坡底设置挡墙，挡墙的断面需要设计，对抗倾、抗滑和稳定性进行分析。同时设截水沟与排水沟，以引流地表径流。坡底的排水沟可适当延长，与周边排水渠道连接，坡底设消力池，以减缓水流对排水沟的冲击力。堆渣结束后，对渣体进行压实，之后覆土，便于植物生长。恢复植被的地块覆土厚度一般为30 cm，复耕的地块覆种植土一般为50 cm，然后植草进行绿化。弃渣场施工应遵照开挖截、排水沟—表土剥离—挡渣墙—弃渣—覆土绿化进行。只有这种科学的施工顺序才可以与防护措施相结合达到最佳的防护效果。

四、临时工程区水土保持施工技术

临时工程区主要包括施工生产生活区、施工便道等，一般均为临时占地。在临时工程区的周边开挖临时截水沟和排水沟，做好截排措施。施工材料的安放处要用防雨布等进行遮盖。施工结束后要对土地进行整治，辅助以植物措施，以达到原来用地类型。防护树种的品种选定有一定的原则，首先是"适地适树、适地适草"原则，即首要考虑本地植物以及适于在项目区生存的植物。其次是生态作用优先原则，选取的植物要生长速度快，而且有良好的固土作用和护坡功能。最后是生物多样性原则，坚持生物多样性原则可使绿化发挥出最大的生态效益，并呈现良好的生态景观，最终为环境的可持续发展提供助力。

五、表土资源保护利用水土保持施工技术

水土资源是人类赖以生存的宝贵资源，其中表土资源尤为珍贵。表土（熟土）是以有机质、无机物、生物、微生物的混合状而存在，广泛存在于地表。高寒区表土资源与表层草皮融为一体，厚度平均40 cm，厚的可达100 cm，表土资源的价值最易被人理解又最易被人忽略。表土剥离是指将建设占用地或露天开采用地（包括临时性或永久性用地）所涉及的适合耕种的表层土壤进行剥离，并用于原地或异地土地复垦、土壤改良、造地及其他用途的剥离、存放、搬运、耕层构造与检测等一系列相关技术的总称。

（一）剥离区域

一般来讲，施工结束后须植被恢复或复耕的区域都应列为表土剥离区域，表土剥离区域主要包括路基以及边坡范围内占用的植被区域，取土场、弃渣场、施工场地及施工便道等临时占地区域。例如，共玉公路地处青藏高原，沿线植被生长良好，根系发达，部分路段剥离表土即对原有占地中的草皮进行剥离，剥离前应选好堆放草皮的空地，选用剥离草皮技术熟练的工人进行操作，将剥离后的草皮整齐堆放在空地内，并进行遮盖，定期洒水并派专人养护，保证草皮剥离后仍然能够存活，为后期边坡防护的草皮移植、植被恢复打好基础。

（二）剥离厚度

一般来讲，表土层的厚度平均为20 cm，厚的可达30 cm，但在具体设计中应根据剥离区域土层厚度植被生长情况来确定剥离厚度。例如，共玉公路路线较长，全线气候区域不同，植被生长状况千差万别，对土层较薄的地方，植被生长较差的区域可适当浅剥，对土层深厚、植物根系发达、水分充足的地方，为保证剥离后植被的成活率，可适当深剥。因此表土剥离施工中简单地将剥离厚度统一设为30 cm是不合适的，应根据各剥离区域现状表土厚度和回填需要量确定。

（三）保存及防护

表土应集中保存，在进行水土保持设计中应根据项目具体情况结合施工布置来制订表

土保存方案，线状项目总体应采用"大分散、小集中"的保存方案，表土临时堆存点应尽量利用场内空闲用地，表土保存过程中应设有临时防护措施，工期较长的可考虑采用临时绿化措施。水土保持施工中，对表土的保存提出"堆放在场内空闲处，四周用编织土袋临时拦挡，用防尘网进行覆盖，定期洒水管护，适当的时候施肥用以保护"，结合各路段气候及土壤条件，各区域保存及防护应有所侧重。

（四）回填利用

表土回填利用区域一般为须复绿、复耕的区域，实际设计过程中由于受地形及植物措施配置等因素的影响，具体回填利用方案应结合相应回填区域的具体情况确定。例如，共玉公路表层草皮回填根据区域不同，施工方法有所区别。取土场、弃渣场、施工场地等施工结束后先清除场地垃圾，翻耕后进行平整，回填表土后进行全面整地，进行植被恢复或复耕。表土回填及整地过程中应地面与周边地形相协调，不能出现中间低、四周高，以避免雨天造成洼地积水。

六、水保措施施工组织

公路由路基工程、路面工程、桥涵工程、隧道工程等组成，容易诱发水土流失的环节包括路基填筑、路基边坡开挖、桥梁基础施工、不良地质路段施工及取土场、弃渣场的开采排弃等。

（一）路基施工

采用机械化施工技术对路基土石方进行施工，一定要到指定取土场取土，并注意取土地的复垦；施工方案应包括弃方和借方实施细则。

（二）路面施工

木项目推荐采用沥青混凝土路面。路基基层和面层可采用集中拌和、汽车运输、摊铺机摊铺；底基层采用现场拌和，然后摊铺碾压。路基土石方、中小型构造物工程完成后立即进行路面工程开工，要尽量避开雨季开工。

（三）桥梁涵洞施工

应选择有经验的专业化施工队伍，保证工程质量和施工工期。

（四）隧道施工

除土建工程外，隧道施工还包括运营设备安装调试、隧道装饰、管理所修建等。对隧道不太稳定的洞口进行大挖大刷，并做好防排水系统。对隧道施工产生的弃渣、废水采取可行的环保手段予以处理。

（五）取土场、弃渣场

取土场开挖一般采取挖掘机开采、汽车运输。开工前先进行表层草皮剥离，取土结束后回填草皮或进行植被恢复。弃渣场堆渣前先设置排水设施和挡渣墙，弃渣时应从低处分层堆弃，尽可能将质量较好的弃渣堆置在最下层，弃渣堆积过程中采用分层破压，压实度应大于90%，后再堆弃上一层。弃渣体应根据弃渣情况采用分级堆放。边坡按坡高 8 ~ 10 m 分级，且在边坡处设平台及平台排水沟，并将平台排水沟与渣场周边的排水沟连接。对占压沟道较长且坡比较大的弃渣应采取多级拦挡。弃土结束后回填表土进行复耕或植被恢复。

（六）施工便道及施工生产生活区

施工便道施工工艺与路基工程类似，主要是路基开挖、填筑及路基边坡防护及排水工程等施工内容。施工生产生活区主要根据用途结合地形特点进行场地平整、临时房屋、工棚及周边的排水工程等建设。

第五节　施工期野生动物保护措施

一、陆生生物保护措施

（一）仅适用于普通级公路的动物防护措施

对于普通级公路（两侧无隔离栅），动物穿越公路时与行驶车辆相撞是造成动物伤害的主要原因。

1.设置动物标志，减速行驶

在野生动物频繁出没的路段设置动物标志，提醒驾驶人员减速行驶，避免动物与车辆相撞引起的伤亡。

2.设置灯光反射装置

在路旁设置一些灯光反射装置，如反光灯等，以便夜间车辆行驶时吓跑公路两侧的动物，使其不敢穿越公路。

3.设置保护栅

在公路两侧修建的栅栏或植物屏障可减少动物与车辆碰撞的危险。这些屏障可改变动物的迁徙路线，通过改变迁徙路线避免相撞事件发生。

（二）既适用于普通公路也适用于高速公路的动物防护措施

高速公路由于设置公路隔离栅，且其网格密度较高，所以一般不存在动物与车辆相撞的问题。

1.设置动物通道

在野生动物保护区、自然保护区等经常有野生动物特别是濒临灭绝的珍稀野生动物活动的地区，可考虑修建动物通道来保护动物的栖息环境。动物通道分上跨式和下穿式两种。下穿式通道的设计可与涵洞或其他水利设施结合起来。由于设置动物通道所需的费用高，所以使用这种措施的场合应先论证所保护动物种群的重要性和过路的需要性。

为使动物通道发挥其应有的作用，通道两侧及上跨式通道的桥面上都要实施适当的绿化，以增加隐蔽感。

对于普通公路来讲，修建动物通道必须与修建隔离栅相结合，目的是通过改变动物迁徙路线来减少穿越公路的动物与车辆的相撞。而对于高速公路，修建动物通道的目的则是为动物的迁徙提供方便。

2.用隧道、桥梁取代大开挖或高路基

用隧道取代大开挖或用桥梁取代高路基的做法是基于生态设计的理念，显然这种方式对动物生态环境的影响是最小的。

在山区路段采用隧道、桥梁，不仅可以避免大挖方量、大弃方量、大填方量、大面积边坡的稳定处理以及无法补救的景观影响等问题，而且也有利于野生动物的保护。隧道上面的山体以及桥梁下面的通道是动物天然的活动场所。但对于隧道口及特长隧道顶部的竖井、斜井处，做好挡护措施，防止动物跌落。

3.植树造林

在公路路界内或相邻区域植树有利于当地的动植物保护。在一些场合，植树在起到防止水土流失作用的同时，还可为当地的动物提供更多的栖息地或迁徙路径。所种植树木应尽量采用本土植物，以便在最少的维护工作量下达到维持生态平衡的效果。

在公路穿过森林时，减小要清除的植被的宽度（比如使上行线和下行线分开）可以使路两侧的树木在公路上空相接触，为生活在树冠上的动物提供一种过路的途径。

二、水生生物保护措施

针对公路施工建设对水生生物的影响采取的减缓措施：

1.施工营地生活垃圾和生活污水不得随意排入附近水体。生活垃圾集中堆放，并送往垃圾场集中处理。

2.施工用料的堆放应远离水源和其他水体，选择暴雨径流难以冲刷的地方。部分施工用料若堆放在桥位附近，应在材料堆放场四边挖明沟、沉沙井，设挡墙等，防止被暴雨径流进入水体影响水质，各类材料应备有防雨遮雨设施。

3.在水中进行桥梁施工时，禁止将污水、垃圾及船舶和其他施工机械的废油等污染物抛入水体，应收集后和大桥工地上的污染物一并处理。桥梁施工挖出的淤泥、渣土等不得抛入河流。大桥水中墩的施工应避开大多数鱼类产卵的四五月份。

4.建议在动物繁殖期或动物集中分布区设立禁鸣信号警示牌，禁用强光照射警示牌。

5.桥梁施工时尽量避开繁殖期，把影响减少到最低限度。

6.严格防止堵截河道，汛期停止施工。

7.严格防止施工人员捕鱼和其他水生生物。

8.在桥梁施工中，若发现有重点保护的水生动物，应当及时通知相关部门的专业人员对其进行保护和处理。

9.在跨越河流或湖泊水体时，尽量采用桥涵跨过，减少使用堆填式的路基结构。

10.尽可能减少现有河流水体的改道。

11.加强水域路段的路堤防护，防止土壤侵蚀引起水质污染及河道淤塞，影响水生生物的生存环境。

12.涵洞设计中应考虑水生生物迁徙洄游的需要，在必要的场合应设置消力墩来降低水流流速，以便鱼类能逆流洄游，涵洞底部标高应低于河床标高。

三、施工注意事项

（一）施工噪声的控制

公路工地作业现场、搅拌站、预制厂、沿线材料运输道路等是公路施工期噪声的主要来源场所。运输车辆、路基夯压设备、桩基钻孔设备、土方开挖设备、隧道推进施工设备等是产生施工噪声的主要设备，这些施工设备在产生噪声的同时，一般还会伴有振动干扰，噪声与振动的双重作用对野生动物产生的影响更大。因此所有产生噪声的机械设备在公路施工作业期间都应采取一系列措施（如消音措施或设置吸音装置）来尽最大可能减少噪声的产生。施工车辆及设备应该加强日常维护保养，以减少机械设备噪声的产生和污油的排放。施工运输车辆应尽量采用封闭式运输，提醒司机在野生动物常出没的公路沿线禁止鸣笛、低速行驶。在自然保护区及野生动物活动密集路段进行隧道和采石爆破作业时应尽量采用小剂量和水封的爆破方式，同时减少爆破频次降低对野生动物的影响。作业时间尽量选在白天，避免傍晚或夜间施工，尽量缩短工期。应提前合理安排施工期各工序作业时间以及高噪声设备的作业时间，尽量避免振动压实和钻孔工序与工地周边野生动物繁殖

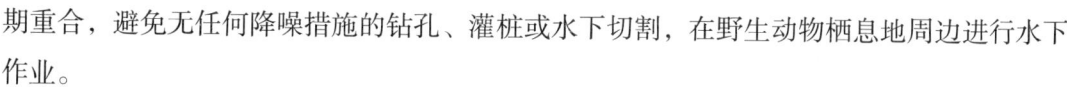

期重合，避免无任何降噪措施的钻孔、灌桩或水下切割，在野生动物栖息地周边进行水下作业。

（二）施工污染物的控制

施工期间会产生大量的污染物，对野生动物会造成一定的影响，影响较大的污染物有大气和粉尘污染、施工废弃料及生活垃圾污染等。针对大气和粉尘污染的控制，应该从产生这些污染的污染源（如施工现场设置的预制构件厂、沥青混凝土搅拌站、公路施工堆料场）开始控制，将污染源设置在下风处的空旷地区，距离野生动物敏感区至少300 m；禁止占用湿地，尽量远离周边野生动物的栖息地；公路工程材料生产加工作业现场应采取封闭或遮挡、保湿等防尘措施；易产生粉尘、扬尘的作业面和过程应采用洒水降尘措施，在旱季和大风天气适当洒水以保持湿度；细粉料（如石灰、水泥等）应储存于库房或在室外采取完全遮盖、洒水等措施处理；对外出的汽车用水枪冲洗干净，避免对外部环境产生污染；施工现场使用的锅炉、茶炉、大灶的烟尘排放必须符合环保要求，锅炉、茶炉、大灶应配有消烟除尘设备。针对施工废弃料的控制，一些污染性较强的废弃物（如有毒液体、磷渣、矿渣、粉煤灰等）应采用封闭式运输方式尽量一次性将现场清理完全。对于大型弃土场还应设计修建挡土墙、拦挡、排水等工程，并且应该与水生生物的栖息地完全隔离；施工完毕后，临时用地留存的废弃材料、工棚等设施应进行彻底清理，对于可以利用转化为野生动物保护站或能够再次利用的设施（部分工棚可被用作野生动物科研人员的临时观测站房），要合理进行处理和保护；针对施工生活区的生活垃圾的控制，应采取分类集中堆放，及时清扫、清运和现场处理的方式；施工期间的液体污染主要是施工中排放的废水（如拌和场/站排放的废水、泥浆池滤水、隧道和坑道工程排水等），施工区生活污水，施工机械运行、清洗、漏油所产生的液体污染等，因此应该具有很好的污水处理系统，避免以上液体污染对野生动物栖息地的破坏。桥墩涉水施工时采用围堰法，同时尽量避开鱼类洄游的时间段施工，并且尽量缩短施工周期，以减轻桥梁涉水施工对裸鲤的洄游影响。在路基施工时，严禁施工废水直接流入沿线河流，并应设置临时沉淀池对施工废水进行沉淀、隔油处理，避免对水生生物产生影响。夜间施工时，必需的照明设施采取定向聚光、遮光等措施以减少光污染。

（三）施工人员的教育

公路施工过程中，人员活动对野生动物栖息地的影响和破坏不容忽视，主要体现在现场施工人员的活动和对野生动物的直接捕捉、杀伤等破坏。因此在工程开工前期，应对施工人员进行室内和现场的环境保护和野生动物保护意识的宣传和教育，使施工人员充分认识到施工期间人员的活动对野生动物生境的影响和干扰是最为直接和严重的。在施工人员集体上岗之前，组织人员学习如何简易识别和保护工地周边区域内经常活动的野生动物，从而便于对现场野生动物的突发情况及时进行抢救、保护或安全转移。对于野生动物分布较为密集的区域内的公路工程，项目监理部门和建设部门的环保专职人员应加强施工的生态监理，除此之外还应建立项目监理部门和建设部门的环保专职人员小组，监督施工过程中违背生态保护的措施和行为，防止捕猎和乱砍滥伐现象的产生，加强工地周边的野生动物检疫和环境监测，严格限制施工人员的日常生活污水的排放和生活垃圾的丢弃范围。

（四）施工管理

野生动物一年一度的繁殖迁徙和回迁过程中，施工单位要暂停施工，留出通道保证野生动物安全迁徙。除了繁殖迁徙，有的野生动物本身的活动范围很大，它们往往需要在一天内迁徙到离栖息地很远的地方去觅食和寻找水源。比如，岩羊会出山觅食；野驴从栖息地到水源草场每天要奔跑 20 km 以上的路程；野牦牛没有固定的栖息地，它是边漫游边取食，也具有很大的迁徙性。这些动物为了取食和寻找水源也很有可能跨越公路。为了保证这些动物能够安全迁徙，建议分段施工，在全线开工的同时留出几段 2 ~ 3 km 的路基暂缓施工，供野生动物迁徙之用，在其他路段完成施工以后再进行补充施工。还有一种比较好的做法就是，每天的早晚各留出 1 h，比如早上 6：30 ~ 7：30、晚上 7：30 ~ 8：30，停驶所有的工程车辆，路基的施工也停下来，保证野生动物通过公路。

第七章 高速公路机电系统工程施工

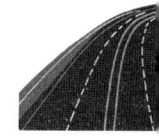

第一节 机电系统工程施工的概念

一、机电系统工程施工

（一）机电系统工程施工的含义

机电系统工程施工是将系统设计规划方案转变成运行系统的一个重要阶段，是一系列过程、事件与活动的集合，是对一个时间段的总称，有较为清晰的时间开始节点和活动结束标志。

机电系统工程施工一般以机电系统工程施工协议或工程施工委托书的签订的时间为开始的时间节点，包括施工方案设计规划、原材料准备、设备安装调试、系统项目培训以及验收交付等一系列过程，并以验收交付为工程施工活动结束标志。

机电系统工程施工以系统资源整合为基础，以系统工程设计目标实现为前提，是人、资源、时间、管理、环境等要素的融合。

1.人是机电系统工程施工的核心要素，是机电系统工程施工过程的策划者和执行者。

2.资源既包括机电系统工程项目所必需的材料设备资源，同时也包括为完成机电系统工程施工所必需的工具和辅助资源，是机电系统工程施工过程中的物质基础。

3.时间要素是机电系统工程施工过程的具体体现，时间的持续充分说明机电系统工程施工不是一个点的活动，而是一个系统的工程，同时时间的限制也是机电系统工程施工的重要特征，所有的机电系统工程施工均是有时间限制约束的。

4.管理是确保机电系统工程施工目标顺利完成的重要保障。机电系统工程施工的管理过程是一个典型的项目管理过程，范围管理是基础，成本管理、进度管理、质量管理是核心。

5.环境要素与机电系统工程施工密不可分，环境要素包括自然环境和社会环境。自然环境主要是指系统安装施工过程中的自然环境，社会环境则主要是指系统投入使用之后的社会环境。机电系统工程施工既以环境要素为基础，因地制宜，同时又受环境要素制约，

脱离环境的机电系统工程施工是无法达成系统设计方案目标的。

机电系统工程施工的基本元素是工序，按照一定的流程和顺序，按照相应的工艺规程，将这些工序进行有机的组合，就是一个完整的机电系统工程施工过程。

（二）机电系统工程施工的特点

机电系统工程施工活动的流程主要包括设备采购、安装、调试、试运行、竣工验收等阶段，在每一个环节上都有严格的要求和鲜明的特点。机电系统工程施工的主要特点包括以下几个方面：

第一，覆盖的范围广泛。机电系统工程施工涉及行业众多，覆盖范围广泛。行业特征不同，机电系统工程施工要求也各不一样；项目内容不同，施工环节的要求也千差万别。一般来说，机电系统工程施工既包括机械、电子等一般工业行业和民用公用建筑的机电系统工程施工，同时也包括像冶金、交通、电力、水利、石油、化工、航空、市政等行业企业建设工程中的机电系统工程施工。机电系统工程施工既包括我们熟悉的计算机网络、通信、安防等机电系统的工程施工，同时也包括各种电气设备、采暖、给排水、通风、消防、自动化控制系统等工程的施工。

第二，涉及的专业众多，专业基础各不相同。一般来讲，机电系统工程施工涉及给排水、暖通空调、供配电、自动化、机械、焊接、电子、计算机等专业，而且这些专业之间有较大的跨度，有着完全不同的专业基础。因此，对于从事机电系统工程施工的工程技术人员，不论是施工管理人员还是工程监理人员，都存在一个专业知识不断补充、更新、提高的问题。

第三，机电系统工程施工的对象具有单一性。不同的系统工程，具有不同的功能，即使是同样的工程，功能上也会存在差异。机电系统工程施工不可能像流水线生产定型产品一样，而必须根据工程的具体情况采用适宜的方法和手段，才能保证满足用户的要求。

第四，机电系统工程施工的限制因素较多。机电系统工程施工一般不是单独可以进行的，比如，在建设工程的整个施工过程中，前一阶段要配合土建工程进行预埋施工，而后一阶段又要配合装饰工程进行布局施工，真正独立地进行机电系统工程施工的时间并不多。此外，还有诸如天气、作业场地限制、材料设备的及时供应、政府监管部门的监督等因素的影响。因此在工程施工过程中必须协调好各方的关系，才能保证工程的顺利进行。

第五，机电系统工程施工的质量检测手段较多，功能检测专业性强，使用的计量器具种类和精度要求也相对较高。

总之，机电系统工程施工过程中的技术工种繁多、材料多样和工艺复杂，大型工程在装配、吊装、检测技术上的要求则更为严格。应充分把握机电系统工程施工的特点，对机电系统工程施工过程中需要采用的技术、工艺、材料、设备等不断地进行更新，以确保机电系统工程施工能顺利进行。

二、机电系统工程施工过程

（一）机电系统工程施工工序

工序本意是指产品在生产过程中对原材料进行不同工艺加工的先后次序，是产品生产过程中的最基本的组成单位。在产品生产过程中，工序的定义是：一个或一组工人在同一工作地对同一个工件或同时对多个工件所连续完成的那一部分工艺过程。一般来说，工序是生产过程中的主要操作工艺的具体体现，一道工序往往对应的是一个操作工艺，所有的工序组合在一起即构成一个完整的产品生产流程。

在机电系统工程施工过程中，引入施工工序的概念具有十分重要的意义：

1.施工工序是施工过程的基本组成单位，是对施工过程进行精细化管理的基本单元。

2.施工工序是施工工作量核算的基础，施工工作量的核算是施工组织和控制的前提。

3.施工工序是施工工艺的具体体现，是改进施工工艺、提升施工品质的必要途径。

4.施工工序是施工质量管理和质量控制的载体，对施工前工序条件的控制、施工过程流程的控制和施工后工序效果的控制是施工过程中质量控制和管理的主要组成部分。

机电系统工程施工工序是机电系统工程施工过程中，在操作技术上属于同一类型的施工过程的统称，是施工过程中组织管理上不宜再行分割的基本操作单元，是施工流程中施工工艺最单一的施工过程。从施工劳动过程的观点进行分析，每一个施工工序又是由一系列施工操作与施工活动组成的。比如，在机电系统工程布线施工过程中，就可以分为线管预埋（或线缆桥架安装）、线缆穿管、线缆检测、线缆绑扎、线缆标注、管口处理等施工工序。

（二）机电系统工程施工顺序

机电系统工程施工顺序主要是指机电系统项目工程在实施过程中的建设单元应该遵循的合理的施工顺序。

施工顺序，有空间上的顺序，也有时间上的顺序。这两种顺序的安排都受到多方面因素的影响，只有对具体工程和具体条件加以分析，掌握其变化规律才能进行合理的安排。

所谓空间顺序，是指同一工程内容（如同一分部、分项工程）的前后、左右、上下的施工顺序，即施工的方向或流向。任何工程的施工都得从某一个地方开始，然后向一定的方向推移。有时，这种顺序要受到工程结构或施工工艺的影响，通常是比较固定的。

所谓时间顺序，是指不同工程内容（如单位工程中各不同分部、分项工程）施工的先后顺序。在一个单位工程中，任何分部、分项工程同它相邻的分部、分项工程的施工总是有些宜于先施工，有些则宜于后施工，这中间，有一些是由于施工工艺的要求而经常固定不变的，另外有一些的施工先后顺序并不受工艺的限制而有很大的灵活性。比如，任何布线工程都必须先预埋管线或者安装桥架，然后才能铺线；任何设备安装都必须先建设安装基础部件，然后才能安装设备等。这是任何机电系统工程都必须遵守的不变的施工顺序，即使在实行立体交叉、平行流水作业的情况下，从整体看，在一个特定时间内各项工作是同时并进的，但从一个局部看，仍然没有改变其先后的基本顺序。但是，除了这类不变的顺序以外，另一些机电系统工程施工顺序就可以有多种不同的考虑，做不同的安排，这时需要从以下几点出发：

一是技术上合理，做到保证质量，便利施工和成品保护。

二是经济上节约，减少工料消耗，避免返工修补。

三是进度上快速，为后续工序创造施工条件，充分利用工作面，凡能平行施工的都尽力组织平行施工。

一般来说，机电系统工程施工顺序确立的依据主要有：

一是依据合同约定的施工顺序的安排，如重点工程、难点工程、控制工期的工程以及对后续影响较大的工程确定先开工。

二是按设计图纸或设计资料的要求确定施工顺序。

三是按施工技术、施工规范与操作规程的要求确定施工顺序。

四是按施工项目整体的施工组织与管理的要求确定施工顺序。

五是结合施工机械工具情况和施工现场的实际情况确定施工顺序。

六是依据施工工艺及施工方法确定施工顺序。

七是依据本地资源和外购资源状况确定施工顺序。

八是依据施工项目的内外部环境，以及对施工项目的影响程度确定施工顺序。

（三）机电系统工程施工工艺

工艺是劳动者利用生产工具对各种原材料、半成品进行增值加工或处理，最终使之成为制成品的方法与过程。工艺是一种方法和过程，是一种"做工"的艺术，是一种"方法论"，既有科学性的一面，也有经验性的一面，是科学与经验的有机融合。

机电系统工程施工工艺就是指机电系统工程施工过程中用以完成机电系统工程项目施工而采用的方法和过程，主要包括以下三个方面的意思：

第一，机电系统工程施工工艺是机电系统工程施工的总体流程和操作方法，是对原材料处理、布线施工、设备安装、系统调试等过程的操作与活动情况的详细说明和明确规定。

第二，机电系统工程施工工艺是对工程施工对象的详细说明，包括数量、质量方面的清晰规划和施工过程控制的详细规定和注意事项。

第三，机电系统工程施工工艺是对工程施工过程中所应用和依据的技术的深入研究和创新应用，是工程施工质量保障、工程施工效率提高以及工程施工成本降低的基础保证和根本途径。

机电系统工程施工工艺会依据不同的项目、不同的施工团队以及不同的施工环境而不同，就工艺本身来说，工艺具有非唯一性和非优劣性两个方面的特征。也就是说，即使针对同样的工程项目，工艺也并不是唯一的，同时也无法抛开结果而单独评价工艺的优劣。机电系统工程施工工艺是依托工程施工结果而产生和存在的，评价机电系统工程施工结果成功的标准是在达到预期设计规划目标的基础上追求更好的效果，因而机电系统工程施工工艺追求的也是更好的过程和方法，而不是最好的工艺。

设计和制定机电系统工程施工工艺的基本原则主要包括两个方面：技术上的先进性和经济上的合理性。机电系统工程施工工艺设计主要通过工艺文件来予以体现。工艺文件又称为操作文件，或者称为标准作业流程和作业指导书。一般来说，一套较为完整的机电系统工程施工工艺文件主要包括以下一些内容：

第一，工艺目录：整个文件的目录，重要的是需要标明当前各文件的有效版本信息。

第二，变更记录：通常是在文件内容变更后，应该经历的变更流程的记录。这些变更记录的主要内容有变更的内容页名称、变更的依据文件编号、变更前和变更后的版本等。

第三，流程图：事物特定的内在逻辑先后顺序关系，建立在事物的物理模型基础之上。在机电系统工程施工工艺文件设计时，须提供这些流程中的操作者职责及对操作者的素质要求、需要的人力工作量、每一个工序需要花费的时间、操作要点、验收标准、特殊工具说明等，应以流程图为基础予以展开。

第四，工位/工序的工艺卡片：具体到每一个环节，写明本工位（或工序）名称、前工位（或工序）名称、后工位（或工序）名称、用什么材料、用什么工具、操作中要注意哪些事项、执行要达到什么标准，更多的主要内容是操作步骤、顺序和方法等，通常给予具体施工操作人员，作为施工过程操作指导书。

工艺文件的编写是一项复杂而系统性的工作，一般遵循如下方法体系：

其一，整理工艺文件编写的输入文件，包括材料工具清单、工程项目设计施工图纸、有关技术参数性能指标、有关质量验收标准以及有关工程施工过程中的注意事项和约束条件等。

其二，将整个工程施工项目的操作分解成相应的工序，根据施工顺序和工序之间的逻辑关系，勾画整个工程施工项目的施工流程，并编写整体工艺要求和说明；同时按照工序的分解，为每一个工序设计工艺卡片，必要时为工艺卡片配置工艺操作图片和说明。

其三，工艺文件的编写一般须经过初稿、验证、优化、定型等过程，而工艺文件的落实又须经过编写、审核、批准等流程；同时工艺文件中还须包括有待改进提高的问题记录及解决方案建议的辅助文件，以促使工艺一直处于一种持续改进提高的过程当中。

其四，工艺文件的编写一般经历两个阶段：首先是在设计阶段，根据方案设计的内容，按照科学逻辑和功能模块的划分进行初步编写；然后再根据实际工程施工过程的逻辑合理性，依据现场经验和操作水平，进行相应的修订和规范。工艺文件的编写技术，既是理论研究水平的充分体现，同时又是长期实践经验积累的集中释放，是一项复杂的系统性工程。

三、机电系统工程施工管理

（一）机电系统工程施工管理的职能

机电系统工程施工管理的具体职能主要包括决策与计划、组织与指挥、控制与协调、教育与激励四个方面。

1.决策与计划

决策是决策者对工程项目有关的重大问题所做出的选择和决定。计划，就是根据决策情况，制定科学的奋斗目标，并指导项目的各项施工生产经营活动。计划要明确规定需要达到的目标，以及实现目标所采取的措施和方法，实施的时间、地点和责任人，需要消耗的原材料，实施的效果等。一个工程项目如没有正确的决策和科学的、符合实际的计划，就不可能实现其目标。

2.组织与指挥

组织就是根据计划目标，合理安排人力、物力和财力，把工程项目的各个方面、各个阶段，按计划的要求严密地组织起来，使计划规定的措施方法落实到每个部门、每个环节乃至每一个成员。指挥就是为达到计划目标而实行的有效领导，使工程项目的各个职能部门和各个基层单位都能按照一个统一的意志协调地、有秩序地运行。

3.控制与协调

控制就是通过信息反馈系统，对进度目标、质量目标、费用目标及其他目标和实际完成情况及时进行对比，发现问题，立即采取措施加以解决。所谓协调，就是及时调整解决各个过程、各个环节与各个职能部门之间的矛盾，做到人尽其才、物尽其用，以期达到工程项目的目标。

4.教育与激励

进行有效的教育和培训，进行有效的项目沟通和交流，进行有效的思想政治工作，坚持精神鼓励和物质鼓励相结合的原则，坚持权利与义务并行的责任体系，坚持奖励与惩罚并重的考核管理体系，调动项目施工成员的积极性，共同为实现项目的总目标而努力。

上述各种具体职能是一个紧密联系的有机整体，共同围绕工程项目这个中心主题，发挥其各自的独立作用。通过决策与计划，明确奋斗目标；通过组织与指挥，实现项目的有效运转；通过控制与协调，建立正常的秩序，及时解决有关的问题；通过教育与激励，建立工程项目操作能力，调动成员积极因素，从而保证工程项目既定目标得以顺利实现。

（二）机电系统工程施工的技术管理方法

机电系统工程施工过程中的技术管理方法主要包括施工方案交底、施工技术交底、安全技术交底、设计变更、施工技术资料、施工记录等。

1.施工方案交底

工程施工前，施工方案的编制人员应向施工作业人员做施工方案的技术交底。除分项、专项工程的施工方案须进行技术交底外，新产品、新材料、新技术、新工艺（通常简称"四新"）以及特殊环境、特种作业等也必须向施工作业人员交底。交底内容为该工程的施工程序和顺序、施工工艺、操作方法、要领、质量控制、安全措施等。

2.施工技术交底

主要内容包括施工工艺与方法、技术要求、质量要求、安全要求及其他要求等，比如设备构件的吊装流程，焊接工艺与操作要点，调试与试运行注意事项，大型设备基础预埋件、构件的安装，隐蔽工程的施工要点，管道的清洗、试验及试压等。

3.安全技术交底

安全技术交底是对施工过程中存在较大安全风险的项目提出技术性的安全措施，比如大件物品的起重与运输、高空作业、地下作业、大型设备的试运行以及其他高风险的作业等。

4.设计变更

第一，设计变更产生的原因是多方面的，大致可归纳为以下几种：

①业主从使用角度出发，改变工程局部功能。

②勘测、设计图纸深度不够。

③设计图纸自相矛盾，方案不合理，设计图纸错误。

④监理工程师和承包商提出合理化建议。

⑤设计规范的修改。

⑥监理工程师指令错误或不及时。

⑦承包商擅自修改设计图纸或不按图施工。

第二，对于设计变更，如果产生工程变更的责任者是业主，则设计变更产生的费用及工期延误均由业主承担；如果产生工程变更的责任者是承包商，则设计变更产生的费用由承包商承担，工期不得顺延。

第三，设计变更过程中的设计图纸的修改，必须由原设计单位提供，如果由承包商提供设计图纸，则必须由设计单位审查并签字确认。除设计单位外，任何项目参与者提供的图纸均为无效图纸。设计单位提供的设计变更图纸均应由总监理工程师审查，经审查批准后的图纸才能作为承包商实施变更的依据。

第四，设计变更一般应由原设计人员完成，当由其他设计人员完成时，新设计人员除应具有相应的职业资质外，还要由原设计人员进行书面授权。

第五，施工技术资料。资料包括施工组织设计、施工方案、技术交底记录、设计变更文件、工程洽商记录等。

第六，施工记录。施工记录主要包括工程质量、安全的各种检查和记录，这些检查和记录应该包括预检、隐检、交接检查及其他检查记录。

（三）机电系统工程施工的管理属性

机电系统工程施工是一项技术上相对复杂、工作量相对繁重、不确定性因素相对较多的工程，属于项目操作的范畴。所谓项目，就是指在规定的时间和预算内需要完成的某种具有特定质量性能要求的一次性、多任务的工作组合。任何一个项目均具有目标性、时限性、一次性和独特性四个典型特征。项目目标的实现是由项目团队运用有关的技术和工具并遵循一定的工作流程来完成的，因而，针对项目团队的管理、针对技术和工具的管理以及针对工作流程的管理就构成了一个完整的项目管理系统。

机电系统工程施工的管理是一个对项目进行管理的过程，即由一个临时性的项目施工团队，综合运用有关的知识、技能、工具和方法，对机电系统施工过程进行有效的计划、组织、协调和控制，以实现机电系统工程施工目标的过程。

机电系统工程施工管理的最终结果就是为了实现一定的目标，这个目标就是要在规定的时间内、在批准的预算内完成事先确定的工作范围内的工作，并且达到预期的质量性能要求。机电系统工程施工受时间、成本、质量和范围的约束，机电系统工程施工管理主要是范围管理、时间管理（进度管理）、质量管理和成本管理。

1.机电系统工程施工的范围管理

机电系统工程施工的范围管理是对机电系统项目工程施工所必须完成的，而且仅限于必须完成的全部工作任务的管理，是对机电系统工程施工应该做什么和不应该做什么进行的明确的定义和控制。

机电系统工程施工的范围是指在机电系统工程施工过程中，有关项目干系人对工程施工内容和目标的共同理解和确认。主要包括两个方面的含义：一是指机电系统工程施工的结果，即需要交付的产品和服务；二是指机电系统工程施工的过程，即为交付具有规定质量性能的产品或服务所必须完成的工作任务。比如，一个机电系统工程施工项目的交付成果主要包括硬件架构体系、软件系统体系、培训体系和服务体系；而机电系统工程项目施工过程则包括硬件的生产和采购以及安装调试、软件的设计和采购以及安装调试、培训的计划和实施以及服务的提供等。机电系统工程施工交付成果主要以质量性能指标作为衡量标准，而机电系统工程施工过程则主要以进度和成本管理作为衡量标准。

机电系统工程施工范围管理主要包括三个方面的内容，确定施工范围、核实施工范围和控制施工范围变更。

（1）确定施工范围

确定施工范围主要包括三个方面的内容，即编制范围说明书、进行工程分解和工作分解、确定工作界面和交付成果以及里程碑事件。其中：范围说明书的内容主要包括名称及描述、商业诉求、目的、目标、交付成果描述及成果清单、制约因素和假设前提等；工程分解主要是指将大型系统分解成小系统和功能单元的过程，工作分解则主要是指将工作过程分解成工序、操作及活动单元的过程；确定工作界面和交付成果以及里程碑是为了使目标明确，过程和结果能够得到充分的检验和控制。

（2）核实施工范围

范围核实是指对施工范围的正式认定，包括范围说明书的核实以及工作界面与交付成果的核实。项目主要干系人，如项目客户和项目发起人等要在这个过程中正式接受项目施工范围与可交付成果的定义，需要经过双方及多方签字认定的过程，是一个合同契约关系确立的过程，是确保施工范围能得到很好的管理和控制的有效措施。

（3）控制施工范围变更

范围变更控制是指对有关项目范围的变更过程及结果实施控制。机电系统工程施工过程中的变更是一个常态，不产生变更的项目几乎是不存在的。随时随地的无序的变更将把机电系统工程施工过程带入无法管理的泥潭。一般产生变更的原因主要包括项目需求的变化、项目计划的变化、工艺技术的变化、经营环境的变化以及人员变化等。控制好变更必须有一套规范的变更管理控制系统，在发生变更时需要遵循规范的变更程序来管理变更。在进行施工范围变更时，一般须经历四个阶段：第一，变更施工范围；第二，采取纠偏措施和行动；第三，吸取经验教训；第四，调整施工计划。

2.机电系统工程施工的质量管理

质量的主题是"实体"，"实体"可以是活动或过程、活动或过程结果的有形产品、某个组织体系或人，以及以上各项的综合。固有特性是指在某事或某物中本来就有的，尤其是那种持续的特性。用户真正需要的质量特性则是适用性，以及与要求、规范的一致性。质量要求可以是明示的，也可以是隐含的或必须履行的需求或期望。

机电系统工程施工的质量包括两个方面：一是机电系统工程施工过程交付成果的质量，即所提交的工程或服务是否符合用户的技术性能要求，这是施工过程的最终质量目标，并且在施工过程结束后的相当长一段时间均会产生相应的影响；二是机电系统工程施工过程的质量，即能否在规定的时间、预算以及范围内完成相应的施工任务。施工过程的质量是交付成果的质量的重要保障。机电系统工程施工质量评价的标准主要包括满足规范要求、达到预期目的、满足用户需求、让用户满意四个方面。

质量管理是指在质量方面指挥和控制组织的协调活动。这些活动通常包括制定质量方针和质量目标以及质量策划、质量保证、质量控制和质量测量。

（1）质量方针

由组织的最高管理者正式发布的与该组织总的质量有关的宗旨和方向。

（2）质量目标

在质量方面追求的标准。在作业层面，质量目标应该是可测量的。

（3）质量策划

规定必要的过程和相应的资源以实现质量目标。

（4）质量保证

致力于质量要求得到满足的信任。

（5）质量控制

致力于满足质量要求的过程控制和调整。

（6）质量改进

致力于增强满足质量要求能力的提升。

机电系统工程施工的质量管理就是通过对用户质量要求的识别和确认，制定出满足这些质量要求的方法和步骤，并在施工过程中进行检测与测量，从而保证在规定的时间、预算范围内，完成预先确定的工作内容，并且使交付成果符合用户的质量性能要求的过程。

机电系统工程施工的质量管理强调如下四个方面：

（1）客户满意

所有的质量活动都必须面向客户，要了解和研究客户的需求，想客户所想，急客户所急，全心全意为客户服务。

（2）预防重于检查

通过一系列的预防措施避免出现质量事故，尽量不要等到施工之后再予以检查和纠正。

（3）管理职责

质量管理是全员职责，而且管理者应承担主要职责，以推动质量管理过程中良好的管理、沟通、政策、文化以及技术环境氛围的形成，并做好质量管理过程中所需资源的保障。

（4）质量改进

质量的评价标准没有最好，只有越来越好，质量改进是一个持续的、永无止境的工作。

3.机电系统工程施工的进度管理

机电系统工程施工的进度管理是对机电系统工程施工的工期进行管理，具体来说就是铺排施工过程中所包含的所有活动项目和工序，估算每个活动项目和工序的持续时间，并依据活动项目和工序之间的内在逻辑关系和外在约束条件，将所有活动项目和工序进行排序，形成机电系统工程施工过程网络流程结构图，并在此基础上制定出施工进度安排计划表，依据施工过程中实际操作的进度测量进行对比和控制，采取相应的措施，确保机电系统工程施工能够按照预先的计划和工期要求得以顺利完成的过程。

机电系统工程施工的进度管理主要包括两个方面的内容：一是编制进度计划表，并依据进度计划表配置相应的资源，推进工程施工进度向前发展；二是进行进度控制，即根据实际施工进度进展情况，重新分配和调整资源，确保施工进度管理目标得以实现。

进度计划表的编制是一项复杂而系统的工作，主要包括四个方面的工作内容：

①根据机电系统工程施工范围的要求，详细罗列施工过程中所包含的所有活动项目以及所有施工内容，并将施工内容分解成相应的施工工序。

②根据活动项目和施工工序之间的内在逻辑关系以及外部约束条件，确定活动项目和施工工序相互之间的先后顺序。活动项目和施工工序相互之间的先后顺序有四种依赖关系，即结束后才开始、开始后才开始、结束后才结束、开始后才结束。比如，大型设备的安装基座施工和大型设备的安装施工就是一个结束后才开始的依赖关系，即大型设备的安装施工必须在安装基座施工结束后三天才能开始施工。并在此基础上绘制机电系统工程施工网络流程结构图，以方便施工工期路径的计算。

③估算活动项目和施工工序的工期。工期是指活动或工序的持续时间，受意外时间、工作能力、工作效率和资源配置等因素的影响。工期的估算方法主要有经验比较法、专家判断法、资料统计法和经验公式法等。

④编制施工进度计划表。编制施工进度计划表之前，首先在工程施工网络流程结构图中寻找关键路径。所谓关键路径，即从开始到结束，总工期最长的那条路径。关键路径体现的是按照该路径进行工程施工管理所需的总工期时间最短。编制施工进度计划表必须考虑资源库的现状、资源平衡、日历、制约因素等。施工进度计划表的一般形式有里程碑图、甘特图、日历法等表现形式，其中甘特图既直观又能表现各活动项目及工序之间的依赖关系，是一种广泛使用的进度计划表表现形式。

进度控制监控施工过程的时间变化，并与进度计划表相比较，根据偏差情况，运用资源调配的手段和相应的管理措施，纠正和维持施工过程的正常进度。进度控制的过程主要包括四个步骤：

第一，建立进度基线；

第二，跟踪和记录实际进度；

第三，计算偏差；

第四，采取纠偏措施。

4.机电系统工程施工的成本管理

机电系统工程施工是建立在一定的资源约束的基础之上的，脱离资源约束的机电系统工程施工管理将缺乏现实的意义。机电系统工程施工的成本管理即是对机电系统工程施工资源的管理。机电系统工程施工资源包括人力、材料、工具、服务和管理等，这些资源是机电系统工程施工进度和质量管理的重要保障基础和约束条件。资源的调度、使用和控制贯穿于机电系统工程施工的全寿命周期，同时，项目耗费资源的65%左右主要集中在工程施工阶段，因而是否对工程施工阶段的资源进行合理科学的管理，直接关系到项目的成败和收益。

第二节　高速公路机电系统工程施工与管理

一、高速公路机电系统工程施工特点

高速公路机电系统工程通常包括通信、收费、监控三大系统，此外还包括供配电、照明、隧道监控等系统，这些系统之间既相对独立又互有联系，每一个系统都是一门专门学科，要将如此多而复杂的系统集成在一起，对治理者、设计者、施工者都提出了很高的要求。高速公路机电工程的施工往往包含多个复杂烦琐的方面，其总体特点是施工技术复杂、施工界面广、施工路线长且作业点多、施工约束多、施工时间短等。

高速公路建设工程作为一项特殊的施工作业，对其中的机电工程施工必然有着较为严格的要求。因此，机电工程施工的相关工作人员应该切实掌握施工的现场条件，熟悉施工重点及难点，并配合好其他工程项目的施工，从而共同使高速公路工程项目顺利投入运营，为国家及社会带来更多的经济效益及社会效益。

二、高速公路机电系统工程施工流程

（一）高速公路机电系统工程施工图设计

1.施工图设计阶段与初步设计阶段的主要区别

一个工程项目的设计工作一般包括两个阶段：初步设计阶段和施工图设计阶段。依据目前机电工程项目实际操作情况，高速公路机电工程的施工图设计一般是在中标后的联合设计阶段完成的，也就是说，机电工程的招标文件中的技术规范部分主要是根据初步设计文件编制的。

初步设计阶段和施工图设计阶段的设计要求和设计内容是完全不同的，具体实施也存在较大的差别。在实际操作过程中，由于部分设计人员对上述两种设计工作的具体要求和侧重点不太了解，在具体的设计工作中往往容易混淆，致使施工图设计质量达不到预期的广度和深度。具体的表现是施工图设计中大量地应用了初步设计中的图表，特别是系统示意图、原理框图等带有不确定因素的内容，从而导致施工设计图纸不能指导具体施工过程，引发机电系统工程施工工艺缺陷，增加机电系统工程施工过程中的不确定性和不可控性，产生施工缺陷。

初步设计阶段和施工图设计阶段所要解决的问题和设计侧重点是不同的，具体分析如下：

第一，初步设计阶段要解决的问题是：

①拟定管理体制和管理机构。

②明确系统功能。

③提出系统性能。

④比选确定方案。

⑤确定系统组成。

⑥明确设备要求。

⑦提出工程量清单。

⑧编制工程概算。

第二，施工图设计阶段要解决的问题（简称"七定"）是：

①定管理体制和管理机构。

②定系统的功能和技术性能。

③定工程量清单（强调"量"的准确性）。

④定设备、主材的规格、型号、指标和供货厂商。

⑤定设备安装位置、尺寸、线缆路由和连接长度。

⑥定施工流程、施工方法和施工工艺。

⑦定施工图预算（如果在中标后做施工图设计，则可不做施工图预算）。

概况地说，初步设计主要解决方案性问题，设计图表只是示意性的或参考性的，设备技术指标也是初步的，工程量也只是估计性的，不一定非常准确，因此只要求提出工程概算。而施工图设计要解决实际施工问题，设计图表必须是准确的，且能指导施工；设备指标要求也是确定的，工程量清单不能有重复或遗漏。

2.编制施工图设计文件的方法和步骤

通常，编制高速公路机电工程的施工图设计文件大致分为以下几个步骤：

（1）准备阶段

准备阶段的主要工作内容包括：

①进一步熟悉并消化招投标文件、工程合同、联合设计文件等。

②收集并熟悉国家、行业、地方的有关技术标准、规范、标准图集等，包括各地制定的高速公路机电系统联网技术要求。

③收集并熟悉该路段相关的土建、房建、供电、接地工程的技术资料和图纸。

④收集并熟悉工程所用的电子设备产品，主要材料的规格、型号，技术性能指标以及产品结构、各种插件、板件的安装位置、连线图表和调试方法等。

（2）勘察（或调查）阶段

在编制施工图设计文件前，为了避免纸上谈兵、脱离实际的弊病，同时也为了简化施工文件的编制工作量，现场的勘察工作是非常必要的。现场勘察的内容包括：

①主线的路基、路面特性、构造物结构、管道路由、人孔和手控的型式和位置。

②机房和场区、收费广场的平面结构、面积、供配电和照明条件。

③接地装置所在地的土壤特性。

④安装施工现场的气象条件。

⑤其他与设计有关的资料和数据。

（3）编制阶段

在完成上述两个阶段工作的基础上，根据已经收集到的资料和数据，着手编写施工图设计文件。为使编写工作有条不紊，建议在编写前，拟制一个编写工作计划和编制大纲，并做好分工。

（4）审查阶段

"审查"主要是指编制单位的内部审查，或称"自审"。由于高速公路机电工程是一个技术复杂、跨不同专业的系统工程，为保证编制质量，在设计文件正式对外发布前的内部审查是必不可少的。依据实际工程经验，在审查施工图设计文件中，经常会发现许多本不该发生的差错。重视审查，则可极大地避免这些差错，特别是一些所谓的"低级错误"，因此审查既是避免工程单位形象受损的必要措施，同时也是保证施工设计图通过外部审查的必要措施，是企业工程责任感的具体体现。

3.高速公路机电工程施工图设计文件的组成

高速公路机电工程的施工图设计文件通常应当包括两部分内容，即设计说明部分和设计图表部分（这里不考虑设计预算部分的内容）。

（1）设计说明部分至少应当包括：

①设计编制依据。

②设计所引用的施工、验收技术标准和/或规范。

③工程概况（包括线路概况、系统功能、系统组成及主要工程数量等）。

④设计变更及理由。

⑤系统内外界面说明。

⑥施工组织设计。

⑦施工流程、施工方法及主要的施工工艺（包括设备安装、线缆施工、防雷接地等）。

（2）设计图表部分可以分为总系统图和各子系统图两大部分。

（3）注意事项：

①对应关系。施工图设计文件中，图表中的设备和所用材料必须与工程量清单吻合，即图纸与实物一一对应。凡是工程量清单中列出的设备，在系统构成图或框图中都应有所反映。

②工程量清单中必须准确地列出设备、材料的规格和型号，主要技术指标、生产厂商和实际数量。

③系统设备连接图中，设备间的连线必须注明线缆的编号、规格、型号等。

④系统设备接线表中，必须注明线缆连接的起终点设备名称，连接端子，线缆规格、型号以及所用长度。

⑤机房设备的安装图中，必须注明设备的安装位置与尺寸，如与机房四周的距离、与相邻设备之间的距离等。

⑥设备基础的施工图上，必须注明外形尺寸、所用水泥标号、钢筋配筋图和配筋表；有预埋件的，必须列出预埋件的规格和数量。

⑦关键性的施工项目，必须在图纸上详细地写明施工方法、流程和所采用的工艺。

⑧非标准设备的机械加工制作图，如龙门架、支架、控制台、电视墙等，必须按照制图规则注明加工尺寸，并列出所用材料品种和数量。特别要强调的一点是，标注的尺寸既不能遗漏，也不要封闭，因为，加注封闭尺寸的部件是很难保证其加工精确度的。

⑨光缆与电缆的敷设图中，必须标注出管道或线槽的路由、接续与分支的操作要求和施工工艺、接头盒的规格型号以及防雷接地措施等。

⑩全部设计图纸中，必须采用统一的缩写字与图示、图例。

⑪所有设计图纸必须有图名与图号，且不能有重复（即唯一性）；同时，必须经有关设计人员签署，包括设计、复核和审核人员。

⑫凡是图中注有尺寸的，须标注尺寸单位。

4.施工图设计文件的评审

施工图设计文件必须经过评审，并经批准后才能据此组织工程施工。评审主要考查其"六性"，即符合性、完整性、规范性、准确性、确定性和指导性。

① "符合性"是指设计文件是否符合招标文件、工程合同、联合设计以及部颁有关文件的要求。

② "完整性"是指设计文件的内容是否完整、全面和翔实。

③ "规范性"是指设计文件所引用的技术标准和规范是否准确，文字描述和图表制作是否符合国家有关标准化的要求。

④ "准确性"是指工程量清单中的工程数量是否准确，有否遗漏和重复。

⑤ "确定性"是指安装施工诸要素（如安装位置、连接关系、接线型号和长度、施工工艺等）是否明确等。

⑥ "指导性"是指设计文件能否具体指导工程施工。

评审的结论应当着重于设计文件能否最终指导工程施工。

另外，对于在联合设计中做出的设计变更或其他变更，必须根据其变更理由，做出可否采纳的结论。

同时，设计文件的深度应当达到这样的要求，即对于已获得上岗证的任意一个专业安装工人来讲，都能看懂每一份设计图纸，并能按图纸准确地、独立地完成施工任务。

（二）高速公路机电系统工程施工常用工具及应用

1.备件及专用工具清单

机电系统项目建设必须提供推荐的库存备件清单，备件清单中包括部件、元器件、专用工具、辅助构件、计量仪器和测试设备，以确保合同规定的缺陷责任期满后两年时间内系统连续运行。另外，机电系统项目建设方还应逐项列出备件最小订购数量和具有运送时间的备件工具清单。机电系统项目建设方与其代理人签订的备件供货合同，应提交监理工程师认可并转送业主保存。

机电系统项目建设方在其投标书中应说明其主要备件的正常生产日期以及替换件的生产、交货期；保持各系统中替换备件的库存，以便在需要任何组件或单元时迅速地替换；备件要有铭牌。

某些备件可能要到设计阶段才能最后确定，机电系统项目建设方应尽早将这部分备件的清单提供给监理工程师。

2.专用工具和测试设备的采购要求

采购的专用工具、辅助设备、计量仪器和测试设备应符合操作与维修手册或规范规定的所有功能要求，并按相应的规定进行包装与标记。

提供的所有测试设备必须是新的，仅在工地由机电系统项目建设方第一次使用。机电系统项目建设方应在完工后，在施工工地处将专用工具和测试设备提交给业主。专用工具和测试设备应配有工具箱或仪器箱。

3.随机备件的订货时间

随机备件和特殊工具应与机电设备同时订货和制造，应根据技术规范和通用电气规范进行制造、测试、包装、标注标签并由机电系统项目建设方负责运输至工地。随机备件和特殊工具应按监理工程师制订的计划交付给业主，以确保工程移交给业主后，能进行正常的维修与保养。随机备件和特殊工具的交货时间不能超过监理工程师限定的日期。

（三）高速公路机电系统工程设备安装技术

1.高速公路机电系统工程施工设备安装原则

（1）实用性原则

位置的选定，须充分考虑与现有点的位置关系，避免出现点设置间距过大或重叠等问题，同时应避开天桥、高填方边坡等高大构造物，避免对视野造成遮挡。

（2）经济性原则

重视对方案经济性的比选，力求用相对简单、便宜的方案。对个别常规方案无法解决的问题，可用基本能满足功能要求的方案代替造价昂贵、性价比不高的方案。

（3）统一性原则

应根据现有点的具体情况，对中心系统统一部署、统一管理，对新增和原有设备进行整合，充分发挥管理系统的功能。

（4）先进性原则

在兼具考虑选用设备实用、经济的情况下，要求设备选用具备先进性，充分发挥新技术、新科技的优势。

（5）针对性原则

须充分考虑该项目设计的影响，最大限度地避免浪费。

（四）高速公路机电系统工程施工调试

1.安装

在安装工作开始前至少六星期，机电系统项目建设方应提交一份施工图（包括操作和维护程序），供监理工程师批准。监理工程师审批施工图文件的期限一般为28天。

如果施工图没有按期提交，或没有按监理工程师的要求提供详细的细节，则监理工程师有权依照有关合同条款指示机电系统项目建设方暂停工程，直到要求被执行。

施工图应详细说明所有设备部件的安装、测试和试运行的顺序，采取何种措施确保设备的正常功能，如何避免设备损坏和影响使用寿命，以及电缆的埋没、连接和测试等。

机电系统项目建设方不得在现场安装未经工厂测试或监理工程师批准的任何设备。

机电系统项目建设方应事先检查所有工作通道、门、房间的尺寸，以保证设备能顺利安装在正确的位置上。

在安装和变更位置等作业中，不能损坏现有设备，机电系统项目建设方应在进入施工现场前30天通知监理工程师。

所有机电设备的安装均采用下走线方式。

2.运转调试

调试包含三方面内容：单机调试、分系统调试和系统联调。单机调试、分系统调试和系统联调指标由机电系统项目建设方在投标书中予以说明。在评标阶段，业主和设计单位将对其进行评判。机电系统项目建设方有责任按业主的要求对其提供的指标进行解答和修改。

机电系统项目建设方提供的单机调试、分系统调试和系统调试的项目按照系统技术规范及合同文件中要求的技术指标项目和功能项目进行，机电系统项目建设方列出具体指标值。

业主将协助机电系统项目建设方解决安装、调试期间所必需的燃料、动力、供电等问题，因此而发生的费用由机电系统项目建设方在合同中单独列出。

3.系统完工测试

完工测试包括再次进行工厂测试（除非另有规定或经认可）和对全部或部分设备进行有选择的技术试验，监理工程师的代表应给予证明或参加全部测试工作。

机电系统项目建设方应提交全部测试的详细清单和每项测试的一般说明、指定的测试方法及所需的估算时间。测试程序和每项测试的日程将基于先前提交的详细说明并与最终的建议和监理工程师批准的相一致。没有监理工程师的批准将不允许出现偏差。

机电系统项目建设方应依据工程进度计划表制定完工测试的时间，并至少在完工测试前四周提交须经监理工程师批准的所有详细测试程序和测试的最终日程。机电系统项目建设方应在完工测试前14天，书面通知监理工程师所要进行的测试的全部细节。

4.交工验收和试运转

（1）可靠性测试

当系统圆满地进行完试运转后，应进行可靠性测试（系统的各项指标均要经过测试），连续时间为30天。在此期间，不得发生故障影响设备的连续运行，如发生故障，并且监理工程师认为要求的可靠性没有达到，监理工程师可决定重新开始可靠性测试。

机电系统项目建设方的代表在可靠性测试过程中，要有人在现场注意所发生的故障，并指导操作人员对设备的使用。

（2）试运转

试运转时间为连续三个月。如果由于机电系统项目建设方的原因，系统在三个月内达不到规范指标要求，则应在修复之后由双方重新确定再一次连续试运行开始日期。

在通知试运转开始日期之前，机电系统项目建设方应向监理工程师提供两份能证明系统联调成功，可正常运转的所有测量数据和资料（完工测试结果）。

机电系统项目建设方应修理、纠正或更换不符合规范的任何设备，若未达到要求，上述设备将被拒绝。因此而发生的一切费用由机电系统项目建设方承担。

在试运转期间，机电系统项目建设方应确保任何缺陷或故障都能在24小时内（节假日也不例外）修复。如果主要设备试运行期内24小时保障时间不能实现，则试运行的结束期应顺延。

所有试运转期间设备的修改和软件变化都应在试运转结束后写入操作和维修手册中。

（3）施工记录

机电系统项目建设方应保存和管理好工程进度记录，这些资料包括对工程进度的评估、进行工程质量评定所必需的材料、施工机械及设备资源情况。在工程完工时，这些记录连同竣工图一起接受业主和监理工程师的审批。此后需要提供六份这些记录的复印件给业主。

（4）竣工图

在试运转开始后两个月内，机电系统项目建设方须按照要求及规定编制一整套准确、清楚的竣工文件（包括原始资料和安装、调试记录资料等），并提供给业主。竣工图文件（一式六份）及散装底图，均为业主的财产。

所有竣工图文件应作为操作和维修手册的一部分，列入参考资料目录中，以便于系统和设备的维修、保养。参考资料的编排应经业主和监理工程师审批。

整个工程的所有竣工图纸经业主代表和监理工程师审查批准后，方能进行完工结算。

（五）高速公路机电系统工程验收与收尾

1.交工验收程序

①施工单位完成合同约定的全部工程内容，且经施工自检和监理检验评定均合格后提出合同段交工验收申请，报监理单位审查。交工验收申请应附自检评定资料和施工总结报告。

②监理单位根据工程实际情况、抽检资料以及对合同段工程质量评定结果，对施工单位交工验收申请及其所附资料进行审查并签署意见。监理单位审查同意后，应同时向项目法人提交独立抽检资料、质量评定资料和监理工作报告。

③项目法人对施工单位的交工验收申请、监理单位的质量评定资料进行核查，必要时

可委托有相应资质的检测机构进行重点抽查检测，认为合同段满足交工验收条件时应及时组织交工验收。

④对若干合同段完工时间相近的，项目法人可合并组织交工验收。

⑤通过交工验收的合同段，项目法人应及时颁发"公路工程交工验收证书"。

⑥各合同段全部验收合格后，项目法人应及时完成"公路工程交工验收报告"。

2.竣工验收主要工作

①成立由交通运输主管部门、公路管理机构、质量监督机构、造价管理机构等单位代表组成的竣工验收委员会。

②听取工程项目执行报告、设计工作报告、施工总结报告、监理工作报告及接管养护单位项目使用情况报告。

③听取工程质量监督报告及工程质量鉴定报告。

④竣工验收委员会成立专业检查组检查工程实体质量，审阅有关资料，形成书面检查意见。

⑤对项目法人建设管理工作进行综合评价。审定交工验收对设计单位、施工单位、监理单位的初步评价。

⑥对工程质量进行评分，确定工程质量等级，并综合评价建设项目。

⑦形成并通过《公路工程竣工验收鉴定书》。

⑧负责竣工验收的交通运输主管部门印发《公路工程竣工验收鉴定书》。

⑨质量监督机构依据竣工验收结论，对各参建单位签发"公路工程参建单位工作综合评价等级证书"。

通过竣工验收后，承包人和业主应通过协商，签订为期5年的有偿保修协议，该协议生效后，系统进入保修期。

三、高速公路机电系统工程施工管理

（一）高速公路机电系统工程施工界面管理

1.道路及桥梁机电系统与施工作业面

道路和桥梁机电系统包括监控系统、收费系统、通信、隧道供电照明、通风系统；其他机电系统项目建设方包括房建、土建等。

（1）道路和桥梁机电系统与房建专业的施工作业面

①房建区内通信收费管道、供配电管道施工作业面。从收费广场边缘（靠近房建区）的人孔到房建区内的局前人孔，以及从局前人孔至室内地沟或手孔均由房建承包人负责完成。

收费广场、收费车道之间的通信管道、电力管道均由机电系统项目建设方负责完成。收费岛上设备所需的基础和管道等由机电系统项目建设方（收费系统）负责完成。

收费广场下的地下通道及照明、排水管道等由房建承包人完成。人行通道内所需的电缆支架、桥架等由机电系统项目建设方负责提供和安装。

各收费车道（收费广场）、收费站控制室、各通信站机房以及监控、通信、收费（分）中心等机房至房建区内变配电所的电力管线、人（手）孔等均由房建承包人完成。收费广场照明的电力管道从房建区边缘人孔至收费广场照明路肩人孔处的管道由房建承包人负责完成。

收费岛（收费广场）至房建区局前人孔的管线路由和管孔数须由机电系统项目建设方在施工图补充设计时确认。

②房建设施施工作业面。房建附属设施（包括变电站房建、照明）由房建承包商完成。房建装修（包括通风、照明、空调、净电地板及骨架）由房建承包人完成。

③沟槽管洞施工作业面。各机房、变电站内的预留沟槽、电缆竖井、爬架、电缆桥架、各机房之间缆线连接所需的管洞、穿管由房建承包商负责完成。机房内设备安装和系统施工涉及的缆线槽、管箱及全部辅材由机电系统项目建设方提供和安装。

④接地作业面。房建承包商提供各附属设施和收费天棚的房建、机电的联合接地，接地电阻小于1Ù以及在各附属设施的机房内提供一个不大于1Ù的联合接地母线端子。机电工程实施时，机电系统项目建设方应复测接地电阻。如经监理工程师、机电系统项目建设方验收后达不到此要求，则由机电系统项目建设方负责完善，达到联合接地电阻小于1Ù的要求，此部分费用可另行计量。

⑤电话配线。综合楼与建筑区内其他楼之间的电话配线由机电系统项目建设方负责。从主分线盒或配线架到通信系统MDF配线架的连接由机电系统（通信系统）机电系统项目建设方负责完成。

⑥供配电。监控收费通信分中心、隧道管理所、收费站、服务区的房建区变电站供配电设备（含高、低压开关柜、变压器、柴油发电机组等）由房建承包人完成。

⑦收费岛、收费大棚和收费亭。收费大棚及照明由房建承包人负责。

收费岛、收费亭（含空调）、收费车道设备（包括广场摄像机和收费大棚信号灯，不含收费亭空调和收费大棚照明）的供电均由收费站控制室内的UPS供电，从收费站控制室至车道设备的配电设备及电缆由机电工程承包人负责。

⑧收费广场照明。房建承包人负责收费广场照明。

（2）道路和桥梁机电系统与土建专业的施工作业面

①管道作业面。主干线通信管道、主线分歧人孔及手孔、横穿过路管道、路肩手孔监控设备所需的横穿管等均由通信管道承包人负责完成。从主线分歧人孔沿匝道至房建区外

围人孔的通信管道、人手孔等由通信管道承包人完成。

从房建区外围供电手孔至外场照明灯具处的电力管道、电缆沟、人手孔等由房建承包人完成。

②设备基础和接地作业面。道路沿线的监控外场设备基础和接地、服务区内的信息发布屏基础和接地、收费广场摄像机基础、收费站入口前的信息发布屏基础由机电工程承包人负责完成。

2.通信系统与收费系统的界面

通信系统为收费系统的数据、图像传输提供光缆和传输通道。

在收费站，收费广场设备传输与通信系统的界面在ODF配线架处，收费系统负责提供收费广场视频光端机、收费广场交换机等设备以及连接，收费系统负责收费广场到ODF配线架处的光缆以及光缆的连接，收费系统负责将尾纤连接到ODF光配线架；通信系统负责从ODF向上的配线和连接。

在通信站或通信分中心处，通信与收费系统的数据接口界面划分在以太网配线单元处，收费系统负责从收费交换机、视频编码器到以太网配线单元的网络线的提供和连接；通信系统负责以太网配线单元向上的连接。

通信系统应提供符合国际标准的接口，收费系统负责协调数据终端接口的技术要求。

3.通信系统与监控系统的界面

通信系统为监控系统数据、图像传输在主干线上提供光缆、数据传输通道。

对于沿线外场设备，通信与监控系统的界面划分在监控外场设备分歧人井处，通信系统负责将监控用光缆敷设至外场分歧人井处并做盘留；监控系统负责将提供监控光传输设备（如光端机、光纤收发器、视频节点编码设备等）、光接头盒等设备以及连接，监控系统同时负责将盘留的光缆与光接头盒的光纤熔接工作。

在通信站或通信分中心处，通信与监控系统的界面划分在以太网配线单元处，监控系统负责完成从监控交换机、视频编码器到以太网配线单元的网络线的提供和连接；通信系统负责以太网配线单元向上的连接。

4.监控系统与收费系统的界面

监控分中心与收费分中心共用监控大厅，由监控系统负责分中心显示终端设备（包括液晶拼接、液晶监视器等）的供货和安装，操作控制台由监控系统供货和安装。

监控中心计算机系统与收费中心计算机系统采用两台三层交换结构成局域网，两台三层交换机分别由各自系统负责提供与安装。

收费系统须向监控系统传输交通数据（每车道分车型交通流数据和每车道开、关信号）传输的时间间隔为每30秒到5分钟可调。

监控中心设备、收费中心设备、通信中心的维护终端共用UPS进行供电，UPS的设计及提供由监控系统负责。

5.供电照明系统与其他系统的界面

供电系统负责为机电系统预留满足要求的低压回路，配电房低压开关柜出线端子开始（含电缆接头的制作）至收费站机房或监控收费通信分中心机房内的配电箱间的电缆及敷设、配电箱、浪涌保护器等由机电系统项目建设方完成。

从收费站房到收费车道设备（不含空调、雨棚照明）的配电及缆线敷设均由机电工程收费系统负责。从房建区变电所配电箱出线开始到收费广场、互通区照明的线路接续、敷设、灯具安装由房建承包人完成。从站区变电所低压配电柜出线开关至外场设备的电缆及敷设由机电工程监控系统负责。

6.隧道机电系统各专业之间的界面

主线机电系统（监控、通信、收费）与隧道机电系统界面，主线机电系统与隧道机电系统的界面划分在通信站通信设备的以太网接口上，隧道外场设备及隧道管理所内设备至无人通信站通信设备以太网接口由隧道机电负责，无人通信站的通信设备和通信网络则由主线机电系统负责。

隧道监控数据、图像，以及隧道紧急电话传输所需的光缆由隧道机电系统承包人负责，其他光缆工程则由主线机电系统承包人负责。

7.路段机电系统与省监控中心机电系统项目建设方之间的界面

分中心的网络结构、设备配置和软件系统应符合高速公路联网的统一设计和规划。省监控中心项目的承包人应向本项目机电工程承包人提供数据接口、数据格式、传输内容等要求。机电工程承包人负责路段分中心的数据接口配置，并配合省中心机电承包人负责调试、连通。

机电工程应向省中心提供 2 ～ 4 路图像并负责提供符合全省联网要求的视频数字压缩编码设备，并配合省中心项目的承包人负责视频联网的调试及开通。

机电工程承包人负责干线通信系统的采购、安装和调试开通，并配合省中心承包人完成干线通信传输设备的联网调试。

8.与相邻其他高速公路的实施界面

（1）机电系统工程与相邻高速公路的实施界面

①通信管道及光缆工程：与相邻高速公路的管道对接工程、光缆及光缆敷设均由机电系统项目建设方负责。

②通信联网：机电系统项目建设方负责在分中心 ADM 设备及相邻高速公路无人通信站中继设备各配置，并完成相应的光缆成端上架连接工程及相关的线路调通工作。

（2）机电系统工程与其他待建高速路项目的实施界面

①通信管道及光缆工程：与其他待建高速路项目的管道对接工程、光缆及光缆敷设均

由其相关后续项目负责。

②通信联网：负责在分中心 ADM 设备为其他待建高速路项目预留光接口板槽位。

（二）高速公路机电系统工程施工进度管理

施工进度计划是施工组织设计的重要内容，是进度控制的直接依据，也是安排各类资源计划的主要依据和控制性文件。

1.机电工程项目施工进度计划的类型

①按工程项目分类：总进度、单位工程进度、分部分项工程施工进度计划。

②按施工时间长短分：年度、季度、月度、旬或周施工进度计划。

③按机电工程专业分类：通风空调、管道、电气、设备安装工程等施工进度计划。

2.机电工程项目施工进度表示方法

机电工程项目表示方法有多种，有横道图、网络图、速度图、线性图等。常用的就横道图和网络图两种。

3.施工进度计划表达形式的选择

①民用施工项目的机电工程施工总进度计划与建筑工程施工总进度计划的工期目标是相同的，交工验收活动也是协同的，所以表达的形式也是一致的。

②工业施工项目的机电工程施工总进度计划要按生产工艺流程的顺序进行安装，土建工程的施工总进度计划要符合机电工程施工总进度计划安排的需要。两者的计划表达形式可依据各自具体情况进行选定。

③施工总进度节点较大，划分得也比较粗，星湖的制约依赖关系和衔接的逻辑关系比较清楚，用横道图计划表示为宜。若工程规模较大、制约因素较多，施工设计图纸、工程设备、特殊材料和大宗材料采购供应商尚未全部清晰，为便于调整计划用网络计划图表示较为妥当。

4.机电工程进度计划编制的注意要点

①机电工程进度计划要立足于实施中能持续控制和调整，应能最大限度地调动积极性，便于沟通协调，使工期、资源、费用、质量等目标获得综合最佳的效果，尽量发挥投资效益。

②确定工程项目施工顺序，要突出主要工程和工作。要满足先地下后地上、先深后浅、先干线后支线等施工基本顺序要求，注意生产辅助设施和配套设施的安排，满足质量和安全的需要，满足用户要求。

③在计算工程量，确定各项工作的持续时间时，应根据类似施工经验，结合施工条件，加以分析对比和必要修正，最后确定。

④在确定各项工程的开竣工时间和相互搭接关系时，应考虑以下因素：

第一，保证重点，兼顾一般，分清主次，抓住重点，优先安排工程量大、工艺要求严格的生产主线。

第二，满足连续均衡施工要求，使资源得到充分的利用，提高生产效率和经济效益。

第三，留出一些后备工程，以便在施工过程中作为平衡调剂使用。

第四，全面考虑各种不利条件的限制和影响，为缓解和消除不利影响做准备。

第五，业主的配合，当地政府有关部门的支持。

5.项目实际安排

整个工程应在合同生效之后算起，在业主规定的时间内完工并达到交工验收条件。

①开工期和工程实施准备。

②现场调查，设计与审批。

③生产与采购，包括样机生产和批量生产，具体要求详见各系统技术规范。

④工程测试和建造。

⑤运输及仓储保管。

⑥现场测试和检查。

⑦安装。

⑧预调试、设施完工。

⑨调试、保证测试。

⑩培训。

⑪完工测试及试运行。

⑫交工验收。

⑬缺陷责任期及竣工验收。

（三）高速公路机电系统工程施工质量管理

1.施工质量管理组织

施工质量的管理组织是确保工程质量的保证，其设置得合理、完善与否将直接关系到整个质量保证体系能否顺利地运转及操作。

2.质量管理职责

根据质量管理体系图，建立岗位责任制和质量监督制度，明确分工职责，落实施工质量控制责任，各行其职。

（1）项目经理职责

履行合同，执行企业质量方针，实现工程质量目标，组织建立和完善项目管理机构，明确项目管理人员职责，建立健全项目内部各种责任制；组织项目质量策划和质量计划的编制、实施及修改工作；组织制订项目其他各项规划、计划；对工程项目的成本、质量、安全、工期、现场文明及施工等日常管理工作全面负责；合理配置并组织落实项目的各种资源，按质量体系要求组织项目的施工生产活动；对工程分包商实施全面管理；协调项目经理部和业主之间的关系。

（2）技术负责人职责

组织项目人员进行图纸会审，编制施工组织设计，并发放至有关部门和人员；确定施工关键过程和特殊过程，并编制质量控制要点；组织编制作业指导书，并逐级交底至作业班组；负责项目技术洽商，处理设计变更有关事宜，负责项目的技术复核工作，参与质量事故和不合格品的处理，编制技术处理方案，组织对工程质量进行检查评定；负责项目竣工技术资料的收集、整理、归档及统计技术的选用。

（3）质量员职责

工程质量严格执行国家、行业和地方政府主管部门颁布的质量检验评定标准和规范，行使监督检查职能，巡回检查，随时掌握辖区内的工程质量情况，对不符合质量标准的情况有现场处置权；负责分部分项工程的检查验收与评定，发现不合格品应及时报告工程负责人，参加制订处理方案，并验证方案的实施效果，行使现场质量处罚权。

（4）技术部门职责

组织参与编制施工组织设计、施工技术方案、项目质量计划；负责执行和落实各项技术管理制度和措施；参加不合格品、不合格项分析会，负责制定；检查、纠正和预防措施的实施情况；负责各项检验和试验，正确选择取样、送检工作；负责工程施工全过程的测量工作；做好各项计量器具验收、登记、统计、送检工作；负责安装施工过程控制；负责工程技术文件资料、质量记录的管理和控制。

（5）质量部门职责

负责编制项目施工生产计划、检查生产计划执行情况；负责施工生产的协调、调度，现场文明礼貌的实施，处理好施工生产的进度与质量问题；落实好工程过程产品保护和保修服务；搞好劳动力管理，及时调配人力资源，满足施工生产需要；负责分承包管理和员工培训工作；负责管理评审、质量记录、文件和资料的控制、内部质量审核、统计技术的推广应用等要素文件的贯彻实施。

（6）项目施工员职责

施工员作为施工现场的直接指挥者，首先其自身应树立质量第一的观念，并在施工过程中随时对作业班组进行质量检查，随时指出作业班组的不规范操作，质量达不到要求的施工工艺，督促其整改。施工员亦是各分项施工方案、作业指导书的主要编制者，应做好技术交底工作。

3.施工质量保证体系

施工质量保证体系的设置及运转均要围绕质量管理职责、质量控制来进行，只有在职责明确、控制严格的前提下，才能使质量管理体系落到实处。

4.施工质量阶段控制

（1）事前控制阶段

事前控制是在正式施工活动开始前进行的质量控制，事前控制是先导。事前控制，主要是建立完善的质量保证体系、质量管理体系，制定现场的各种管理制度，完善计量和质量检测技术和手段。对工程项目施工所需的原材料、半成品、构配件进行质量检查和控制，并编制相应的检验计划。

进行设计交底，图纸会审等工作，并根据本工程特点确定施工流程、工艺及方法。对工程将要采用的新技术、新结构、新工艺、新材料均要审核其技术审定书及运用范围。检查现场的测量标桩、建筑物的定位线及高程水准点等。

（2）事中控制阶段

事中控制是指在施工过程中进行的质量控制，这是关键，主要有：完善工序质量控制，把影响工序质量的因素都纳入管理范围。及时检查和审核质量统计分析资料和质量控制图表，抓住影响质量的关键问题进行处理和解决。严格工序间交换检查，做好各项隐蔽工程的验收工作，加强交检制度的落实，达不到质量要求的前道工序绝不交给下道工序施工，直至质量符合要求为止。对完成的分部分项工程，按相应的质量评分标准和办法进行检查、验收。

审核设计变更和图纸修改。对施工中出现特殊情况，如隐藏工程未经验收而擅自封闭，掩盖或使用无合格证的工程材料，或擅自变更替换工程材料等，专项工程师有权向项目经理建议下达停工令。

（3）事后控制阶段

事后控制是指对施工过的产品进行质量控制，是弥补。按规定的质量评定标准和办法，对完成的单位工程、单项工程进行检查验收。整理所有的技术资料，并编册、建档。在保修阶段，对机电工程进行维修。

5.质量保证措施

工程施工质量实行"工序质量"控制管理方法。对主要工序实行施工技术员事先技术交底；"现场看工"质量跟踪控制；质量员对"工序质量"过程检查。做到以工作质量保证工序质量、以工序质量保证产品质量。

（四）高速公路机电系统工程施工安全管理

1.施工工地的安全措施与安全法规

机电系统项目建设方应采取一切措施确保工地施工人员的健康和人身安全以及安全高效地实施工程。机电系统项目建设方应为雇佣人员和设备提供安全保险，包括人身安全、防灾及防盗保险等。在机电工程施工全过程中（交工验收前），机电系统项目建设方应负责承担所有未移交给业主方设备的财产损失。

机电系统项目建设方、分包人和机电系统项目建设方雇佣的施工人员应严格遵守适用于本工程的安全法律、法规。

业主和监理工程师可以要求机电系统项目建设方解雇那些不遵守现场安全法规的工作人员。如果事先没有得到业主和监理工程师同意的话，这些施工人员不能再次被雇用到施工现场工作。

2.安全措施的实施

机电系统项目建设方除采取其他措施满足合同条款的要求外，还应派代表参加工程安全委员会（由业主和监理工程师或其代表领导）。机电系统项目建设方在进驻工地前30天应提交驻地安全委员会人员的姓名和资历供业主和监理工程师审批。该委员会由其他机电系统项目建设方代表、主要分包人代表、有关政府部门官员、雇员、专家、业主和监理工程师选派的工作人员组成。对于该委员会提出的安全、环境保护、卫生、健康等方面的决定或决议，机电系统项目建设方应立即执行，不得有任何延误。

外场现场安装的工作人员应穿反光交通安全服，业主和监理工程师认为有必要时，还应戴安全头盔、护眼、耳罩和安全带等。在外场施工现场须按规范设置反光锥形交通路标和施工警示标志。

3.一般安全措施

在施工安装期间，机电系统项目建设方应按合同要求尽早提供和使用进入工地的平台、通道等设备，如果不能达到要求，则应提供临时设施。

机电系统项目建设方应将详细的安全法规和紧急处理程序提交安全委员会审批，根据安全委员会的要求修改安全法规和紧急处理程序的内容，然后将批准的安全法规和紧急处理程序分发给各工作现场。安全法规和紧急处理程序应用中文编写。

4.消防规程和安全措施

机电系统项目建设方应严格遵守本规范和业主及监理工程师规定的消防规程和其他要求。在有潜在危险的地方应放置便携式灭火装置。

当施工现场发生紧急情况时，若消防部门已对现场进行控制，机电系统项目建设方应服从消防部门指挥并协助消防部门工作，直到消防部门解除紧急状态为止。

如果业主代表和监理工程师认为使用的裸露照明装置可能引起火灾，那么机电系统项目建设方应按业主代表和监理工程师的要求增加预防措施和灭火设备。

5.危险品和辐射

机电系统项目建设方应按照危险品运输和贮存安全条例的要求确保所有易燃气体、油料、易爆物或其他危险品的安全运输和贮存。

机电系统项目建设方不能进行危及人身安全的电离或静电辐射的操作，机电系统项目建设方应确保所有工作人员和社会公众免受辐射的影响。每一辐射区应设置标志和隔离护栏给予警告，以引起附近人们的注意。

6.测试中的机电设备

在测试机电产品的地方或监理工程师批准使用机电产品的地方，机电系统项目建设方及其驻地代表应创造一切条件满足关于机电设备与周围和现场工作人员安全方面的规程和要求。

7.机电系统项目建设方的设备

如果工程施工需要的话，机电系统项目建设方应提供（运输、安装和测试）机电设备、材料所需的起重、升降、开挖设备以及检测工具。这些设备和工具应根据有关技术规范定期进行维修和保养。

所有的起重设备应清楚地标明安全工作荷载和安装有超载警告装置。

所有起重设备应由熟练的工作人员操作。

8.机电系统项目建设方施工设备的测试合格证

所有起重和升降、开挖等设备都应根据有关规范进行测试。机电系统项目建设方施工所需的所有设备和工具进入施工现场之前，机电系统项目建设方应提交测试合格证供监理工程师审批。

（五）高速公路机电系统工程施工合同管理

合同范围包括：总承包合同；分包合同；机械设备采购合同。

1.机电工程项目总承包合同范围

①如果包括设备采购，则应另外签订采购合同。

②如包括负荷试运转或投料生产，应另外签订采购合同。

③总承包方根据合同或协议规定，应负责设备采购、运输、检查、安装、调试及试运行等工作。

④订立国际项目总承包合同，应按照国际惯例，如FIDIC（土木工程施工合同条件）的规定。

⑤总承包方在定购材料前，应将材料样品送审，或将材料样品送到指定的实验室试验，试验结果报监理工程师审核和确认。随时抽样检验进场材料质量。

2.机电工程项目分包合同范围

①总承包合同约定或业主指定的分包项目；不属于主体工程的项目；一些专业性较强的分部工程。

②如分包合同与总承包合同发生抵触时，应以总承包合同为准；分包合同不能解除总承包合同的义务与责任。

③只有业主和总承包方是总承包合同的当事人，但分包方也享有相应的权利，承担相应的责任和义务。

④分包合同应详细具体，不得与总承包合同抵触。

⑤劳务分包合同注意事项。

3.合同变更

（1）工程变更包括

工程量变更、工程项目变更、进度计划变更、施工条件变更等。

（2）设计变更包括

更改有关标高、基线、位置和尺寸。

（3）如何确定工程变更的责任与补偿

由于业主要求、政府部门要求、环境变化、不可抗力因素、原设计错误等导致的设计修改，应该由业主承担责任，由此所造成的施工方案的变更以及工期的延长和费用的增加应该向业主索赔。

业主向承包人授标前（或签订合同前），可以要求承包人对施工方案进行补充、修改或做出说明，以便符合业主的要求。在授标后（或签订合同后）业主为了加快工期、提高质量等要求变更施工方案，由此所引起的费用增加可以向业主索赔。

由于承包人的施工过程、施工方案出现错误、疏忽而导致设计的修改，应该由承包人承担责任。

施工方案变更要经监理工程师的批准，不论这种变更是否会对业主带来好处（如工期缩短、节约费用）。

（六）高速公路机电系统工程施工采购管理

1.设备审批

审批包括：机电系统项目建设方应负责从中国有关机构获得设备所需的审批、操作证书和类似的材料。为获得这些审批、操作证书材料所需的测试费用已包括在合同总费用中。业主代表和监理工程师将为机电系统项目建设方获得上述审批或证书等提供必要的背景材料。由于机电系统项目建设方未能提交详细的审批材料继而没有得到所需的证书和审批导致延误工期或增加费用由机电系统项目建设方自己负责。

按要求提供的设备和系统必须经中国有关机构进行型号审批。之前未经过型号审批的设备和系统，将全部进行型号审批所需的测试。测试工作应委托官方批准的独立测试机构。"审批"的词义意味着是由中国有关机构批准。

所有专利产品应经业主代表和监理工程师审批。机电系统项目建设方应保证了解专利产品生产厂家对设备运输、贮存、安装、测试、试运转、运行操作方面的要求与建议。

2.设备的实地使用与工艺规程

所有设备和系统应完全适合于项目招标书"环境条件"中规定的条件下工作。机电系统项目建设方可以进行设备的环境条件测试，并在前10天通知业主代表和监理工程师环境测试的内容，也可以提供类似设备的环境测试合格证书。所有环境条件测试应由批准的独立测试机构负责完成。

所有机电设备的外观和颜色应由业主代表和监理工程师从机电系统项目建设方提供的颜色样品中选择，设备的外表层处理和喷漆的工艺规程应符合规范，并由监理工程师批准。

在缺陷责任期开始之前，发生设备表层处理和喷漆的缺陷与损坏，机电系统项目建设方应重新进行表层处理和喷漆工作，直至监理工程师满意为止。

所有的机电设备要保证人员附近其的安全。在公众区域的设备要封装起来。这种封装要能防止损坏、表面平滑，不能使灰尘和湿气进入。门和系统中设备相似外罩要用特殊的钥匙锁锁住，防止被撬开。每把锁应提供四把钥匙。

对于重复性的现场作业，应遵循经监理工程师批准的第一次作业程序，并以第一次作业程序为样板。

机电系统项目建设方应提交电缆布设图并估计每一种电缆的规格、直径和长度。

3.质量保证

机电设备与材料采购过程中的质量保证措施是一个非常复杂的体系，其中最基本的质量保证措施包括下面三个因素：①厂商资格。②铭牌。③材料与工艺。

（七）高速公路机电系统工程施工文档管理

1.机电工程项目施工技术资料与竣工档案特征

机电工程项目施工技术资料与竣工档案的真实性、完整性、有效性、复杂性。

2.建设工程项目资料的分类

建设工程项目资料主要包括：工程准备阶段资料、监理资料、施工资料、竣工图与竣工验收资料。施工技术资料包括单位工程施工组织设计、施工方案及专项施工方案、技术交底记录，图纸会审记录、设计变更文件、工程洽商记录、技术联系（通知单）等。

3.施工技术资料的编制与填写要求

方案的编制、审核、审批，填写审批表，审定签字实施。施工单位编制单位工程施工组织设计，施工方案及专项施工方案，经施工单位相关部门审核，由总工程师审批后填写审批表，报监理单位审定签字实施。

工程质量事故处理记录。包括发生的情况及处理记录，由施工项目经理、专业技术负责人、质检员、施工工长签字。工程质量事故记录应填写事故发生的部位、直接责任人、事故性质、事故等级、事故经过和原因分析、事故预计损失、初步处理意见等内容。

4.竣工档案主要内容

机电工程项目施工单位需要归档，一般施工记录包括：施工组织设计、技术交底、施工日志。

图纸变更记录。包括：图纸会审记录、设计变更记录、工程洽商记录。

设备、产品质量检查、安装记录。包括：设备、产品质量合格证、质量保证书；设备装箱单、商检证明和说明书、开箱报告；设备安装记录；设备试运行记录，设备明细表、预检记录、隐蔽工程检查记录；施工试验记录：包括电气接地电阻、绝缘电阻等测试记录以及试运行记录等。质量事故处理记录。

工程质量检验记录。包括：检验批质量验收记录、分项工程质量验收记录、分部（子分部）工程质量验收记录。

其他需要向建设单位移交的有关文件和实物照片及音像、光盘等。

参考文献

[1] 赵世超，刘伟.高速公路施工监理手册[M].成都：西南交通大学出版社，2022.

[2] 付元坤，田世军.高速公路设计与施工技术研究[M].北京：中国石化出版社，2022.

[3] 陈柱.隧道品质工程质量与安全管理指南：以云南玉溪至楚雄高速公路齐云特长隧道
工程为例[M].昆明：云南大学出版社，2022.

[4] 王晓方，张伟.山区高速公路地下立交建设与运营关键技术[M].成都：西南交通大学
出版社，2022.

[5] 潘永辉.贵阳至黄平高速公路项目论文集[M].北京：科学技术文献出版社，2022.

[6] 谢兴华.成乐高速公路扩改施工交通安全管理[M].成都：西南交通大学出版社，2021.

[7] 吴冰，乔树勋，刁胜勇.高速公路施工大气污染防治技术指南[M].北京：科学出版社，
2021.

[8] 刘培璋，李宇，贾清柱.高速公路养护管理与桥梁工程施工[M].北京：中国石化出版
社，2021.

[9] 罗强，魏永幸.高速铁路路基[M].北京：中国铁道出版社，2021.

[10]马海民.高速铁路信号工程施工技术[M].北京：中国铁道出版社，2021.

[11]宇德明，张飞涟，孙永福.高速铁路项目建设管理[M].北京：中国铁道出版社，2021.

[12]张涛，曲子贤.高速公路联调联试安全风险管理手册[M].北京：中国铁道出版社，
2021.

[13]吴文娟，贺玉龙.高速铁路对生态环境的影响及保护措施[M].成都：西南交通大学出
版社，2021.

[14]柳墩利，马伟斌.高速铁路隧道气动效应及工程实践[M].北京：中国铁道出版社，
2021.

[15]张华，方应杰.四川公路建设中典型路基病害处治实用案例研究[M].成都：西南交通
大学出版社，2021.

[16]伍军，王圣涛，杨仲杰.超大扁平高速公路隧道掘进力学响应与关键施工技术[M].成
都：西南交通大学出版社，2020.

[17]刘昆珏，李灿德，胡俊.高原复杂山区高速公路建造关键技术——香丽高速公路施工
实践[M].成都：西南交通大学出版社，2020.

[18]许振兴，张晓峰，宋延艳.高速公路房建工程施工技术指南[M].北京：中国建材工业

出版社，2020.

[19] 肖智安，张琴光.高速公路隧道施工安全技术[M].长春：吉林科学技术出版社，2020.

[20] 杨勇.山区高速公路关键工点施工控制及安全预警技术研究[M].成都：西南交通大学出版社，2020.

[21] 姚宇，周兴顺.高速公路品质工程设计技术集成[M].南京：河海大学出版社，2020.

[22] 耿大新，曾润忠.高速铁路隧道工程[M].北京：中国铁道出版社，2020.

[23] 陈建兵，汪双杰，袁坤.多年冻土区公路路基稳定性评价[M].上海：上海科学技术出版社，2020.

[24] 张鹏飞.高速铁路轨道工程[M].北京：中国铁道出版社，2020.

[25] 方焘.高速铁路路基工程[M].北京：中国铁道出版社，2020.

[26] 邓勇.BOT模式高速公路工程施工总承包管理实务[M].北京：科学出版社，2019.

[27] 穆阿立，扈涛.高速铁路轨道施工与维护[M].成都：西南交通大学出版社，2019.

[28] 任传林，王轶君，薛飞.公路工程施工技术[M].长春：吉林科学技术出版社，2019.

[29] 杨斌，马跃明，汪逵.公路高架桥梁与长隧道施工及研究[M].北京：文化发展出版社，2019.

[30] 汪双杰，刘戈.多年冻土区公路工程施工关键技术[M].上海：上海科学技术出版社，2019.

[31] 于保华.北京高速公路巡检养护手册桥梁隧道[M].南京：东南大学出版社，2019.

[32] 王晓飞，胡铁钢.高速公路改扩建工程交通组织及安全保通技术与实践[M].广州：华南理工大学出版社，2019.